Arcum ▪ Vectrum

deutsche-internetadressen.de

mit den 800 wichtigsten Adressen zum Thema

Genuss & Kulinaria online

Herausgegeben von Jörg Krichbaum und
Christiane Kroll

mit Texten von
Tilman Abegg, Nicole Anten, Thomas Bachmann,
Beate Bongardt, Patricia Drewes, Clemens Dreyer,
Jens Fricke, Heike Galensa, Christian Gruber,
Steffen Heemann, Jörg Krichbaum, Christiane Kroll,
Akiko Lachenmann, Laurenz Lenkewitz, Manfred Luckas,
Kris Lukezic, Margit Negwer, Gabi Netz, Anja Nowka,
Pascal Reckmann, Olaf Salié, Tanja Senicer,
Susanne Speth, Cläre Stauffer, Hella Strümpell,
Vera Warnecke, Josef Weiß, Nicole Wille
und Uly Wörner

Redaktion
Christiane Kroll

Grafik und Screen-Shots
Anja Heppekausen und Petra Piskar

Internet-Service
Lisa Glatz und Yvonne Salms

Arcum ▪ Vectrum

Genuss & Kulinaria online

ist der 17. Band in der Reihe
deutsche-internetadressen.de

Der von uns für das Internet entwickelte deutsche Suchkatalog heißt:

www.vectrum.de

Der Text- bzw. Adressenteil des vorliegenden Buches ist ab der 45. Kw 2000
vollständig im Internet präsent.

Inhaltsverzeichnis

Adressverzeichnis

Von folgenden Unternehmen sind Screen-Shots in diesem Buch abgebildet:

Vorwort

Genuss und Kulinaria online

Die Küche – seit jeher ist sie Mittelpunkt von Haus und Wohnung. Früher war es das wärmende Feuer, das die Bewohner lockte, doch die Zeiten, in denen die Hausfrau die Glut im Herd regelmäßig schüren musste, sind längst vorbei – die Küche ist dennoch der zentrale Raum geblieben. Daran konnten auch zeitweilige Trends wie das regelmäßige Speisen im Esszimmer nichts ändern. Neue Küchen tragen dem Rechnung: Sie sind weit mehr als nur funktionell, sondern bestechen häufig auch durch ihr Design. In einem solchen Ambiente ist das Kochen – ob allein, zu zweit oder in großer Runde – ebenso wie das anschließende Genießen ein Vergnügen.

Die Küche ist jedoch nicht nur in optischer Hinsicht neuen Trends und Weiterentwicklungen unterworfen. Was für die meisten heute noch nach Science-Fiction klingt, ist für Computer-Experten schon keine Zukunftsmusik mehr. Die Rede ist von der vernetzten Küche. Ob sie sich dereinst als Segen oder Fluch erweist, wird erst die Zeit zeigen, die Möglichkeiten jedoch sind unbegrenzt. Ein erster Schritt in diese Richtung ist der Einkauf von Lebensmitteln über das Internet – die Zahl der Anbieter nimmt stetig zu. Das gilt auch für die Zahl der User, die die Möglichkeiten des World Wide Web nutzen.

Das Netz hält für Genießer jedoch weit mehr bereit. Das passende Kochrezept fehlt? Sie wissen nicht, welcher Wein dazu harmoniert? Wer im heimischen Gefilde nach allen Regeln der Kunst bekocht oder bewirtet werden möchte, kann sich die Anschaffung diverser Kochbücher ersparen, die im Zuge der zunehmenden Internationalisierung des Speiseplans geradezu notwendig geworden sind. Dennoch – oder gerade deshalb – konserviert das Internet auch traditionelle Zubereitungsanleitungen wie das Einmachen, eine Kunst, die angesichts von Gefrier- und Dosenkost fast in Vergessenheit geraten scheint.

Auch wer seine Küche mehr aus dekorativen Gründen installiert hat, wird in den Weiten des Webs fündig. War die Recherche in den regionalen Branchenverzeichnissen früher meist ein Experiment, so erfährt man auf zahlreichen Internetseiten nicht nur, welche landestypischen Gerichte serviert werden, sondern kann sich auch ein Bild der Gastlichkeit machen. Bistros, Cafés, aber auch Restaurants und Hotels zeigen sich im Internet von ihrer besten Seite, oder aber werden, wenn selbst die beste Seite keine gute ist, von Verkostern kritisch unter die Lupe genommen. Wer so vorbereitet auswärts essen geht, erlebt keine bösen Überraschungen mehr.

Welche Seite des Genusses Sie auch suchen, Sie können sicher sein, dass das Internet Ihren Wünschen gerecht wird, egal, ob es um Speisen oder Getränke, Restaurants oder Kochanleitungen geht – das Internet führt Sie zum gewünschten Ziel. Voraussetzung ist aber nach wie vor, dass man weiß, wo man suchen soll. Doch gerade dies erweist sich oft als schwierig.

Genuss & Kulinaria online, der kompetente Führer durch die Schlemmerseiten des Internets, nimmt Ihnen die Recherche ab. 800 ausgewählte und ausführlich besprochene Adressen, ergänzt durch zahlreiche Screenshots, präsentieren die Vielfalt des Internets in wohl strukturierter Form. Das Angebot reicht von den bereits erwähnten Rezeptsammlungen, die jedes Buchformat sprengen würden, über Print- wie auch TV-Magazine, stellt Bier- und Weinsites sowie auch die Welt des Tabakgenusses vor. Selbst wer auf der Suche nach einer neuen Küche ist, wird fündig. Relevante Verbände und Einrichtungen komplettieren diesen Webguide.

Damit wird Genuss & Kulinaria online zu einem unentbehrlichen Nachschlagewerk für all diejenigen, die sich beruflich oder auch rein privat für Küche und Kochen interessieren.

Jörg Krichbaum
Christiane Kroll
Köln, im Oktober 2000

Bars, Kneipen & Cafés in Deutschland

ALEX
http://www.alexgastro.de

Ein junges Team entwickelt ein gutes Konzept für eine Mischung aus Kneipe, Café und Bistro und feiert damit in Hildesheim die ersten Erfolge. Wen wundert es da, dass aus diesen Anfängen ein System von mehr als 20 Filialen in ganz Deutschland entsteht? Wir sprechen über das ALEX. Das Team schildert auf den Webseiten ausführlich seine Ideen, präsentiert das Angebot und lädt zum Surfen ebenso ein wie zur Kontaktaufnahme zwecks Gründung eines Franchise-Betriebes. Wer das ALEX kennt, kann nette Erinnerungen aufleben lassen, wer zu den Unwissenden zählt, findet über diese Seiten heraus, ob es eine Filiale in der Nähe gibt.

Bermuda-Dreieck Bochum
http://www.bermuda3eck.de

Verschollen im Bermuda-Dreieck – im Ruhrgebiet kommt das schon mal vor. Die meisten sind wieder aufgetaucht, klagten aber häufig über starke Kopfschmerzen. Man wird sehr leicht abgelenkt in den engen Gewässern jenseits des Hauptbahnhofs und versackt schnell auf einer einsamen Insel. Für alle, die sich im Bochumer Kneipen-Viertel nicht auskennen, ist dieser Surf-Guide gedacht, der einen an die Orte navigiert, an denen man sich wohl fühlt, nette Leute trifft und wo für jeden Musikgeschmack etwas dabei ist.

Biergartenführer München
http://www.biergarten.com

Viele Bierkrüge voll bayerischer Lebenslust schwappen über den Bildschirm. Nach der Lektüre des Biergartenführers mit seinem „Biergarten ABC" und ausführlichen Beschreibungen guter Biergärten in München und Umgebung können selbst Preußen dem feuchtfröhlichen Dasein unter Kastanienbäumen nicht mehr widerstehen. Prosit!

Bodensee-Nightlife – Der Gastronomieführer am See
http://www.bodensee-nightlife.com

Restaurants, Diskotheken, Cafés, Hotels, Ferienwohnungen und Kneipen: Wer seinen Aufenthalt am Bodensee plant, kann sich hier vorab informieren. Die übersichtliche Navigationsstruktur erleichtert das Auffinden des gewünschten Bereichs. Die Seite ist aber nicht nur für Urlauber gedacht: Gastronomie-Betriebe vor Ort haben die Möglichkeit, sich unter dieser Domäne im Web zu präsentieren.

cityclubs.de – Dein Szeneführer
http://www.cityclubs.de

cityclubs ist der ultimative Nightlife-Guide für alle, die in Nürnberg ausgehen wollen. Wichtige Szene-Kneipen und Diskos werden mit einem kurzen Text und den Öffnungszeiten sowie mit einem Foto oder aber einem Lageplan vorgestellt. So gewinnt man schon mal einen ersten Eindruck von dem, was einen am Abend erwartet. Der Blick in den Veranstaltungskalender verrät überdies, was an Konzerten und Events läuft.

Kneipen in Köln
http://www.cologne-in.de/kneipen/k_acetosn.htm

Wer diesen Köln-Guide in Augenschein genommen hat, braucht keinen anderen mehr. Jede der aufgeführten Kneipen wird mit einem Foto vorgestellt, außerdem erfährt man, was sie ausmacht. Ob man das Fazit von Cologne-In teilt, überprüft man am besten in der Praxis.

Dazu kommen Kinoprogramme mit Filmlexikon, Theater, Stadtplan, Verkehrsmittel, Chatroom, Foren und Weiteres. Hier kann man gezielt und frustfrei seinen Abend in Köln planen.

Restaurantführer Dresden

http://www.dresden-tourist.de/ger/gc/gc04.html

Wer Sachsens Hauptstadt einen Besuch abstattet, sollte auch Dresdens Spezialitäten kennen lernen, am besten natürlich in einem der zahlreichen gastronomischen Betriebe. Einen guten Wegweiser durch die vielfältigen Angebote stellt dieser Restaurantführer dar, der Teil der offiziellen Webpräsentation der Stadt Dresden ist. Neben Ballhäusern, Biergärten, Cafés, Fischrestaurants, Gartenlokalen und Internet-Cafés sind auch Spezialitätenrestaurants, Szenebars, Tageskneipen und Weinlokale aufgeführt. Allerdings: Die eine oder andere Information mehr hätte auch nicht geschadet, so findet man in erster Linie die Adresse, angereichert mit drei bis vier Worten. Aber was nicht ist, kann ja noch werden!

szene franken

http://www.frankenonline.de/szene/szene.asp

szene franken ist nicht das einzige Projekt, das versucht, sich Marktanteile als Freizeitführer für den Raum zwischen Nürnberg, Erlangen und Fürth zu sichern. Aber es hat gute Chancen, die Nummer eins zu werden, denn es bietet nicht nur gut strukturierte Informationen zu vielen Gastronomiebetrieben (allein der Anfahrtsplan mit öffentlichen Verkehrsmittel ist eine lobenswerte Seltenheit), sondern auch Kinotipps, aktuelle Veranstaltungen und Events in den angesagten Clubs. Das hat den Vorteil, dass man ohne ewiges Surfen an alle Informationen gelangt, die man für eine lange Nacht in Franken braucht.

Deutschlands Gastroführer im Internet

http://www.gastro.de

Wer Deutschlands Gastronomie umfassend erkunden will, kommt um diesen Führer nicht herum. Hier hat man wirklich an alles gedacht. Der „GastroGuide" ist eine solide Suchhilfe, egal ob Sie eine Kneipe in Thüringen beehren möchten, in Bayern einen Gasthof suchen, der echte Schweinshaxe serviert oder westfälischen Schinken probieren wollen. Sie finden nicht nur die Lokalität Ihrer Wahl, sondern dazu auch noch Informationen über das Verkehrswesen und aktuelle Veranstaltungen. Die deutsche Gastronomie hat aber noch einiges mehr zu bieten, und hier zeigen sich die wahren Qualitäten dieses Guides. Das umfangreiche Branchenverzeichnis verdeutlicht, wie vielfältig dieses Dienstleistungsgewerbe ist, die Jobbörse bietet zahlreiche Karrieremöglichkeiten. Zu guter Letzt kennt gastro.de auch noch vielversprechende Cocktail-Rezepte und bietet mit mall.gastro.de allen Zulieferern einen Zugang zum E-Business. Kompliment!

GastroLink – Deutscher Gastronomie Web-Index

http://www.gastrolink.de

Wenn man nur einen Führer durch die Gastronomie zu seinen Favoriten legen möchte, sollte man einen Blick auf GastroLink, den Gastronomie-Index für Deutschland, werfen. Er gehört zu den wenigen, die das gesamte Bundesgebiet erfassen und die auch Gaststätten in kleineren Orten im Angebot haben. Branchenangehörige finden viele Aspekte, die von anderen Anbietern leider vergessen werden, zum Beispiel Gastronomiezubehör, Links zu Partyservices, Künstleragenturen, Reinigungsunternehmen und Behörden. Als kleines Extra gibt es eine Tabelle zu Kochsendungen im Fernsehen. (Homepage S. 22)

German Guide

http://www.germanguide.de

Deutschland à la carte: GermanGuide, die kostenlose deutsche Gastronomie-Datenbank, verrät, wo man in Deutschland gut essen kann. Mehr als 100.000 Adressen wurden mitt-lerweile ins Verzeichnis aufgenommen. Da muss man einfach fündig werden! Wo Sie Ihren Schwerpunkt legen, bleibt ganz Ihnen überlassen, denn hier gibt es nicht nur Bars, Kneipen und Cafés, sondern auch Weinlokale, Bistros, Pubs, Restaurants und Hotels. Die Suche er-folgt über die Deutschlandkarte, genauer gesagt, über die einzelnen Bundesländer.

Gastliches Hamburg: Hamburg Magazin

http://www.hamburg-magazin.de/gastl.htm

Hamburg weiß seine Besucher zu begeistern. Wer die Hansestadt auch in kulinarischer Hinsicht erobern möchte, findet im Hamburg Magazin genüssliche Anregungen. Darf's mal wieder Fisch sein? Oder wie wäre es zur Abwechslung mal mit etwas Exotischem? Die Stadt an der Elbe weiß, wie man die Gaumen kleiner und großer Gourmets erfreut. In der Rubrik „Gastliches" verrät das Online-Magazin nicht nur die Adressen der zahlreichen Schlemmer-Tempel, sondern informiert auch darüber, was den Hotel-, Restaurant- und Lokal-Besucher erwartet. Und das ganz praktisch, denn die Kneipen und Gaststätten sind nach ihrer Art sortiert. Einer der besten Guides rund um die Hansestadt!

Happy-Hour-Führer München

http://www.happyhour.de

Für Münchner und Münchenbesucher eine tolle Sache, im Norden tut sich Neid auf: Wer unter weißblauem Himmel ein paar glückliche Stunden verbringen will, muss seinen Geldbeutel nicht mehr unnötig belasten. Wie das geht? Ganz einfach: Sie müssen nur den Happy-Hour-Führer befragen. Um zu erfahren, wann und wo welche Drinks regelmäßig ermäßigt angeboten werden, genügt es, den Namen des Wunschlokals zu wissen, alterna-tiv kann man auch nach Wochentag und Uhrzeit suchen.

Homepage GastroLink

info 49

http://www.info49.de

Ein recht junger Stadtführer für Berlin und München, der rundum gut ist, denn Stadtteilauswahl und verschiedene Suchkriterien liefern schnelle Ergebnisse. info49 hat sogar an den schmalen Geldbeutel gedacht und die Jugendherbergen mit aufgenommen. Für jeden Fund kann man sich einen Stadtplan einblenden lassen. Und alles, was dieser Server nicht selbst bietet, ist bestimmt in der Vielzahl von Links enthalten. Dort gibt es zum Beispiel spezielle News für die Techno-Szene. Durch einen Eintrag in die Mailingliste bekommt man übrigens die neuesten Tipps, ohne regelmäßig ins Netz zu müssen.

Irish Pubs in Deutschland

http://www.irish-pubs.de

Der Irland-Urlaub ist vorbei, die Urlaubsfotos sind schon ganz abgegriffen und man will am liebsten auf dem schnellsten Weg zurück, nur der nächste Urlaub ist noch fern. Was tun? Wie wäre es mit einem Besuch in einem der in Deutschland befindlichen Irish Pubs? Fast überall im Bundesgebiet gibt es mittlerweile eine dieser grünen Inseln. Dieser Server hat alle Adressen in Deutschland zusammengefasst. So können Irland-Fans schnell ihren Weg zum nächsten Guinness finden.

Gastronomieführer Karlsruhe

http://www.karlsruhe.de/Tourismus/essen.htm

Die ultimative Seite für alle Karlsruhe-Besucher, aber auch für Einheimische ist sicher noch der eine oder andere Tipp dabei. Man glaubt gar nicht, wie viele Kneipen, Bistros, Restaurants und Imbissbuden es in dieser Stadt gibt. Der Verkehrsverein hat jede dieser Lokalitäten mit Angebot und Öffnungszeiten aufgeführt. Besonders lobenswert ist, dass auch immer angemerkt wird, ob sie behindertengerecht ist. Wer auf der Suche nach einem Hotel vor Ort ist, wird hier ebenso fündig.

Homepage Hamburg Magazin

kneipen.de – Der beliebteste und umfangreichste deutsche Gastronomieführer im Internet

http://www.kneipen.de

Was auf den ersten Blick so schlicht daherkommt, ist – um es mal mit den Worten der Verfasser auszudrücken – einer der „umfangreichsten deutschen Gastronomieführer im Internet". Damit übertreiben die Initiatoren dieser Seiten keineswegs. Die „Suche" ermöglicht den Zugriff auf die Angebote von Kneipen im gesamten Bundesgebiet. Wer also seinen Aufenthalt außerhalb der heimatlichen Gefilde nicht ohne einen Kneipenbesuch ausklingen lassen möchte, kann bei kneipen.de nachschauen, was es vor Ort an Möglichkeiten gibt. Bars, Bierlokale, Brauereien, Cafés, Nachtlokale und Diskotheken lassen sich über diese Suchmaschine ermitteln. Ergänzend können Sie eingeben, ob Sie Cocktails, Live-Musik oder warme Küche wünschen. Und für alle, die ein wenig auf ihre Finanzen achten müssen, gibt es die Vorauswahl der Happy Hour.

Kneipen in Deutschland

http://www.kneipen.net

14.708 Lokale sind nur die Spitze des Eisbergs. Wer innerhalb Deutschlands einen gemütlichen Kneipenbummel machen möchte, kann hier eine Vorauswahl treffen. In alphabetischer Reihenfolge oder aber gezielt nach Namen gelangt man an das Lokal seiner Wahl. Wer darüber hinaus noch etwas erleben möchte, findet unter „Events" Highlights für den Abend.

Kneipenführer Deutschland

http://www.kneipenfuehrer.de

Mehr als 450 Kneipen sind mittlerweile im Kneipenführer Deutschland verzeichnet. Freiwillige Tester schicken dem Betreiber der Seite verschiedene Informationen über eine Bar ihrer Wahl, dazu gehören Preise, Öffnungszeiten, Publikum, Musik und Besonderheiten. Diese Informationen sind dann über ein Suchsystem zugänglich, Ergänzungen können aber jederzeit hinzugefügt werden.

Marcellino's Restaurant Report

http://www.marcellinos.de

Die Online-Version des erfolgreichen Restaurant-Führers, den es seit 1988 gibt, reicht in Niveau und Funktionalität an sein gedrucktes Pendant heran. Die Herangehensweise ist denkbar einfach. Sie suchen nach der gewünschten Region, anschließend bieten sich vier Möglichkeiten, um weiter vorzugehen: Entweder wählen Sie nach Küche, gehen nach Stadt bzw. Stadtteil vor, geben Extra-Wünsche ein oder suchen ganz direkt nach einem Namen.

Der ultimative Studentenkneipen-Guide

http://www.studentenseite.de/guide.htm

Studenten aufgepasst! Hier kommt eine Seite, die sich nur mit Ausgehtipps für BAföG-Empfänger und Von-Mutti-und-Vati-Ausgehaltene beschäftigt. Von Studenten für Studenten, könnte man auch sagen, denn hier haben Lerneifrige aller Wissenssparten ihre Kneipentipps zusammengetragen. Dabei ist schon eine ganze Menge zusammengekommen, aber natürlich kann man weiterhin eigene Vorschläge einsenden. Auch die Hauptseite ist einen Hingucker wert: Referate, Kleinanzeigen und Chatroom ergänzen das Angebot.

Bier

Bierführer Österreich

http://members.vienna.at/bierfuehrer

Falls Sie einen Aufenthalt in Österreich planen und sich beim Ausgehen nicht auf ihr Glück verlassen wollen, sollten Sie einen Blick auf diese Site werfen. Über 170 ausführlich und gnadenlos getestete Kneipen, Bars und Restaurants vereinfachen die Suche nach dem richtigen Ziel für die abendliche Einkehr enorm. Aber auch jeder Bierliebhaber wird unter den übersichtlich geordneten Links zu Brauereien, Bier- bzw. Gastroführern und sogar Biermagazinen die eine oder andere interessante Adresse finden.

Vollmond-Bier

http://vollmond-bier.com

Der Mond gilt als des Trinkers Sonne, folgerichtig gibt es nun auch Vollmond-Bier. Die Spezialität wird von Privatbrauereien angefertigt, von denen eine vielleicht auch in Ihrer Nähe zu finden ist. Eine Suchmaschine hilft beim Auffinden der gewünschten Adresse, respektive: des Händlers Ihres Vertrauens. Im Vertrauen darauf, dass es die User interessiert, haben die Vollmondler auch (inter-)nette Vollmonderlebnisse und -geschichten auf den Pages niedergeschrieben. Zum Mitlesen und Mitgruseln. Darauf einen kräftigen Schluck des „vollmondigen" Getränks!

1516 – Bier in Deutschland

http://www.1516-online.de

1516 ist ein wichtiges Datum in der deutschen Geschichte. Just in jenem Jahr legte Bayernherzog Wilhelm IV. das Reinheitsgebot fest: „Bier wird aus Wasser, Malz, Hopfen und Hefe gebraut." An diesem Gebot entzündeten sich gerade in der vorangegangenen Dekade die Geister, moderne und coole Biere verwässerten buchstäblich den Geschmack und trübten das Getränk und die Freude „echter" Genießer. Diesem und vielen anderen Aspekten rund ums (hoffentlich) kühle Nass widmet der gelernte Koch und jetzige Online-Redakteur Christian Mund eine außergewöhnliche Site, die sowohl inhaltlich als auch optisch dem Reinheitsgebot entspricht: übersichtlich, klar strukturiert und höchst informativ.

Beck's

http://www.becks.de

Beck's bittet an Bord, um dort Spaßiges, Spannendes, aber natürlich auch Informatives rund um „das Spitzen-Pilsener von Welt" zu präsentieren. Dabei ist gar nicht so offensichtlich, dass es sich hier um ein Bier dreht. Erst die Rubrik „Basics" verrät darüber mehr. Bei Beck's hat man offensichtlich ein großes Faible für Sport, denn hier rollt nicht nur der (Fuß)Ball, sondern auch die Formel Eins. Doch die Brauerei beweist auch Engagement auf dem künstlerischen Sektor. Neben einem großen Shopping-Bereich gibt es Chats zu den genannten Bereichen und eine Vielzahl von Gewinnspielen.

Brauerei Rosengarten BierShop

http://www.beer.ch

Die originell gestaltete Homepage der Brauerei Rosengarten kommt ohne viel Schnickschnack aus und richtet sich in erster Linie an potentielle Kunden, die Informationen zum Angebot suchen oder direkt online eine Bestellung aufgeben möchten. Infos zum Werdegang des kleinen, aber feinen Unternehmens und den Spezialitäten wie Alpen- oder Lagerbier stehen ebenfalls zur Verfügung.

Schweizer Bier

http://www.bier.ch

Auch die Schweizer wissen ein kühles Blondes zu schätzen. Wie sehr, beweist diese Seite. Hier bezieht man ganz klar Stellung gegen die 0,5-Promille-Grenze und zitiert für diese Haltung gar den Direktor des Bundesamtes für Gesundheit. Der Schweizerische Bierbrauerverein hat natürlich noch mehr Themen in petto. Kennen Sie schon die Geschichte des Bieres? Wenn nicht, können Sie sie hier nachlesen. Für Unterhaltung sorgen außerdem Literaturtipps und das Bierrezept des Monats. Wer jetzt immer noch nicht genug hat, kann sich in den „bierfreundlichen" Links umschauen und sich dann den nationalen und internationalen Organisationen zuwenden.

BIER.DE – Deutschlands beliebtester Bierserver

http://www.bier.de

Pils gegen den Rest der Welt: Getreu diesem Motto hat die Terramedia GmbH alles Wissenswerte rund um den Gerstensaft ins Netz geschleust. Dem Sujet angemessen wird flüssig – aber nicht bierernst – über die hohe Kunst des Brauens, die unterschiedlichsten Typen und Sorten und, last but not least, die traditionsreiche Geschichte des Gebräus referiert. Neben der anschaulichen und detaillierten Schilderung des Brauprozesses, der selbst regelmäßigen Biertrinkern nicht geläufig sein dürfte, werden wertvolle Tipps zum richtigen Genießen gegeben. Der virtuelle Stammtisch lädt überaus gastfreundlich zum Verweilen ein, beim Überfliegen der Seiten können Sie sich ja ein kühles Blondes genehmigen. Die Site ist auch für Anti-Alkoholiker ein Hochgenuss. Na denn: Prost!

BIERakademie – Das Forum für Bierkultur der Brau Union Österreich

http://www.bierakademie.at

Flüssiges Gold für die Figur – Bier als Wellnessgetränk. Dass Bier diesen schönen Körper formte, ist also keineswegs nur eine Rechtfertigung für üppige Rundungen. Dies und vieles mehr erfahren Sie in der BIERakademie, dem Forum für Bierkultur der Brau Union Öster-

Homepage BIER.DE

reich. Die Site bietet Tipps und Informationen rund um den Gerstensaft und Events, denn auch beim Biertrinken kommt es auf den gelungenen Rahmen an. Zudem können Sie hier diverse „pro-gastro"-Folder anfordern, die allen Gastronomen als Quelle für Ihr Fachwissen dienen können. Wer noch informationshungriger ist, kann sich in der Rubrik „Seminare" umschauen, um seinen Bildungsdurst zu stillen.

Bierclub

http://www.bierclub.de

Ein Pro-Bier-Angebot der besonderen Art offeriert Ihnen der Bierclub: Sollten Sie Mitglied im bierseligen Verein werden, kommen Sie Monat für Monat in den Genuss von ca. 3,5 Litern Bier regionaler Brauart, erhalten die PROBIER-Zeitung im Abonnement und das vierteljährlich erscheinende Hochglanzmagazin „Bierkultur". Wie es sich für ein richtiges (pardon!) „Herrenmagazin" gehört, findet allmonatlich die Wahl zum „Bier des Monats" statt. Dabei gibt es allerhand Wissenswertes rund um die kühlen blonden Flüssischätze zu erfahren: wo sie herkommen, wie sie verarbeitet werden und diverse andere Spezifika. In diesem Verein möchte man(n) Vorkoster sein...

Krupka Niemann – Spezialversand für Heimbrauer

http://www.bier-selbstgebraut.com

Wenn Sie von Bier niemals genug kriegen können, sollten Sie vielleicht in Erwägung ziehen, daheim zu brauen. Alles, was Sie dazu benötigen, finden Sie bei Krupka Niemann. Neun Schritte führen zum Genuss: Der erste ist das Sterilisieren des Zubehörs, am Ende können Sie Ihr eigenes Bier in Flaschen oder Spezialfässer umfüllen. Doch so ganz ohne Zubehör geht das nicht. Das können Sie zum Glück online bestellen und dann – nach Erhalt – endlich „losbrauen".

Bier selbstgebraut

http://www.bier-selbstgebraut.de

Haben Sie schon einmal überlegt, welche Vorteile es hat, Ihr Bier selbst zu brauen? Sollten

Homepage Bierclub

Sie aber! Nicht nur, dass Sie Ihren Lieben ab und an ein wirklich persönliches Geschenk machen können, Sie können auch selbst bestimmen, wie es schmecken soll. Allerdings: Erst die Übung macht den Meister, und mit dem Üben kann man nicht früh genug anfangen. Was Sie wissen müssen, welches Zubehör Sie benötigen und wie man welche Biersorte braut, verrät Ihnen „die Seite für den Hobbybrauer". Wenn es noch nicht so recht mundet, sollten Sie vielleicht Rat einholen. Möglich macht dies das Online-Forum. Bierige Links verraten, was es noch alles über den Gerstensaft zu wissen gibt. Viel Spaß beim Stöbern und bei der Produktion Ihrer Hausmarke!

Haus der 131 Biere
http://www.biershop.de

Der Titel dieser Seite ist wahres Understatement: Allein online lassen sich an die 180 verschiedene Biersorten aus aller Herren Länder bestellen, darunter Kuriositäten wie das „Neandertaler Gesöff" oder das „Biker-Bier" in der praktischen Aluflasche. Angesprochen fühlen sollen sich nicht nur Biertrinker, sondern vor allem „Bierliebhaber und Bierkenner", die in dieser Richtung ihren Horizont erweitern wollen. Für alle Interessierten gibt es den „Beer of the Month"-Club mit Mitgliederzeitschrift und monatlichem Präsent – natürlich in flüssiger Form.

Binding – Bierbrauer seit 1870
http://www.binding.de

Seit der Küfer und Brauer Conrad Binding vor rund 130 Jahren in der Altstadt von Frankfurt am Main sein erstes Binding gebraut hat, ist viel Gerstensaft durch den Zapfhahn geflossen. Dass die Brauerei inzwischen zur Nummer eins in Deutschland geworden ist, verwundert spätestens dann nicht mehr, wenn man erfährt, welche Biersorten alle unter dem Namen Binding vertreten sind, von Binding Lager bis Radeberger Pilsner, von Clausthaler bis Schöfferhofer Weizen und und und. Der Webauftritt der Binding-Gruppe ist eine gelungene Verschmelzung von optischer Eleganz, grafischer Aufbereitung und verständlicher Information. Schauen Sie mal rein und ... prost!

Binding Lager
http://www.binding-lager.de

Check in to another world: Eine andere Welt ist Binding Lager zumindest für die meisten Bierfreunde Deutschlands, denn sie bevorzugen nach wie vor das gute alte Pils. Dabei hat der Rest der Welt sich längst aufgemacht, neue Geschmackswelten zu entdecken. An der Spitze liegt das Lager mit einem Marktanteil von ca. 70%. Um auch die deutschen Bierfreunde endlich dahin zu bringen, hat man sich auf der Homepage von Binding Lager allerhand einfallen lassen. Der internationale Geschmack wird ergänzt durch internationales Flair (wenn auch vor allem in deutschen Kneipen), die Stargate-Crew gibt sich ein Stelldichein mit Robert Lager und Alex Binding. Check in to this other world!

Bitburger
http://www.bitburger.de

Das Premium Pils aus dem Hause Bitburger ist Biertrinkern ein Begriff. Mittlerweile hat es aber Konkurrenz bekommen – und zwar aus den eigenen Reihen. „Light" und „Drive" heißen die Neuen, die alkoholfrei und kalorienreduziert daherkommen und damit attraktive Alternativen darstellen. Die überzähligen Kalorien des Klassikers kann man natürlich auch abtrainieren, zum Beispiel beim Sport. Die Mitglieder des HERZOGtel Trier, die von der Brauerei gesponsert werden, haben jedenfalls keine Figurprobleme. Wer lieber selbst aktiv wird, kann im Bit Shop sportliche Outfits erwerben, sich aber natürlich auch mit Accessoires versorgen, die einfach nur schön sind oder Spaß machen. „Bitte ein Bit!"

Brauerei Altenburg

http://www.brauerei-altenburg.de

Brauereibesichtigung gefällig? Dies ist eine ausführliche Präsentation der 1871 gegründeten Brauerei im Süden Deutschlands. Ein Rundgang führt den Besucher von den Büros der Chefetage über die Brauanlage bis hin zur Abfüllung. Detaillierte Informationen zur Firmengeschichte und natürlich zur Produktpalette, die mit sieben verschiedenen Biersorten jeden Geschmack bedient, lassen keine Fragen offen. Ein Online-Shop ist in Vorbereitung.

Bayerische Staatsbrauerei Weihenstephan

http://www.brauerei-weihenstephan.de

Die Bayerische Staatsbrauerei ist die älteste noch bestehende Braustätte. Wer sich zusammen mit Weihenstephan auf einen Streifzug durch die Geschichte des Bieres begibt, lernt nicht nur, dass Bierbrauen einst die Arbeit der Hausfrauen und Mägde war, sondern kann sich auch modernste Technik wie das vollautomatische Sudwerk anschauen. Außerdem wird ein virtueller Rundgang durch die Brauerei geboten, der, nach vollzogener Anmeldung, auch vor Ort stattfinden kann.

breWorld

http://www.breworld.com

Die größte Internet-Site, die (laut Eigenangabe) dem Bier gewidmet ist, kommt nicht etwa aus Deutschland, sondern aus Großbritannien, einer Nation also, deren Braukünsten die Kontinentaleuropäer eher misstrauisch gegenüber stehen. Dennoch: Die Briten haben eine hervorragende Website aufgemacht, auf der alles, aber auch wirklich alles übers Bier und die Braukunst in Erfahrung zu bringen ist. Einziger Haken: Die Seiten sind komplett in englischer Sprache gehalten, was sich besonders bei den Insider-Jokes und nicht ganz so ernsten Betrachtungen negativ bemerkbar macht – man möchte schließlich mitlachen können, gerade bei einem so bierernsten Thema.

Clausthaler

http://www.clausthaler.de

Sie kennen Clausthaler? Nicht immer, aber immer öfter lernt man Genießer des alkoholfreien Bieres kennen. Auf den Seiten der Antialkoholiker aus Clausthal lernen Sie „Punch" kennen. Der schlagfertige Vierbeiner, der aufs Clausthaler-Kommando (fast) immer das tut, was Herrchen befiehlt, kommt einem in „realer" Form, d.h. mit Lebenslauf (= Stammbaum) und als virtuelles Tier daher. Die Cyber-Version ist nach dem Prinzip des Tamagochi angelegt und verdient rund um die Uhr Ihre volle Aufmerksamkeit. Wenn Sie Punch richtig betreuen winken viele Preise, eine Spielanleitung ist beigefügt. Eine Super-Idee der cleveren Braumeister der Binding-Gruppe, doch bevor Sie so richtig auf den Hund kommen, sollten Sie auch dem Rest der exzellenten Webpage gebührendes Augenmerk schenken, denn die ist in puncto Infogehalt, Menüführung und Optik herausragend. Schön zu wissen, dass man nicht immer, aber immer öfter solch (inter-)netten Schätzen begegnet.

Dortmunder Actien-Brauerei

http://www.dab.de

Mit Schwung präsentiert sich die Dortmunder Actien-Brauerei im Internet. Nach der Vorstellung des Unternehmens und seiner Produktpalette wird's unterhaltsam. Puzzle, Screensaver und Rätsel sorgen für Kurzweil. Die Dortmunder Actien-Brauerei gibt es auch live, und das nicht nur bei der Brauerei-Besichtigung, zu der man sich hier anmelden kann. Zahlreiche Veranstaltungen, die von DAB gesponsert werden, sind im Veranstaltungskalender aufgeführt.

Dom-Kölsch

http://www.dom-koelsch.de

Mit dem Wahrzeichen einer der größten deutschen Partystädte im Firmenlogo muss natürlich auch die Website etwas bieten: Schatzsuche, unterhaltsames Gästebuch, Bilder von der letzten Party und ein Führer durch Biergärten, Restaurants, Discos und Szenetreffs stellen den Fun-Faktor in den Vordergrund. Für alle, die sich schon immer mal mit den „Eingeborenen" in deren Muttersprache unterhalten wollten, werden Kölsch-Sprachkurse angeboten.

Einbecker Brauhaus AG

http://www.einbecker-bier.de

Die Niedersachsen aus Einbeck brauen schon seit über 600 Jahren ihre schmackhaften Biere. Das bekannteste Erzeugnis der Brauerei dürfte das berühmte Ur-Bock sein, ein Bock-Bier, das bereits Martin Luther anno 1521 mundete. Auf den Seiten der Einbecker erfahren Sie alles über Historie und Produktpalette, das Ganze in eine ansprechenden Slide-Show verpackt. Ein „Brau-Lexikon" und ein virtueller Besuch im Brau-Keller vervollständigen das Bild eines vorbildlichen Unternehmens, das auch über den Tellerrand hinaus schaut, wie man der Rubrik Umweltschutz entnehmen kann.

Erdinger Weissbräu

http://www.erdinger.de

Man kann über die Bayern sagen, was man will, aber vor ihrer Liebe zur Heimat muss man doch den Hut ziehen. So präsentiert sich auch die Erdinger Brauerei mit G'schichten aus der Heimat, Gedichten und Bauernregeln sehr traditionsbewusst. Die weltweit größte Weißbierbrauerei ermöglicht aber auch Einblicke ins Herstellverfahren und erläutert die Charakteristika der sieben verschiedenen Biersorten. Und natürlich sind auch alle Nicht-bayern herzlich dazu eingeladen, im attraktiven Fanclub Mitglied zu werden.

Flensburger Brauerei

http://www.flensburger.de

In Flensburg sind Hopfen und Malz noch lange nicht verloren. Im Gegenteil: Die dort heimische Brauerei braut ein Bier, das nicht zuletzt wegen der praktischen Bügelverschlussflaschen in aller Munde ist. Und das ist schon seit 1888 so – wie die „Historie" der Brauerei aus dem hohen Norden berichtet. Doch wie kommt das herbe Bier eigentlich in die Flasche? Die Flensburger Brauerei erklärt ihren Brauvorgang Schritt für Schritt, illustriert von zahlreichen Fotos, die die Arbeit noch einmal veranschaulichen. Dazu gibt es die Spots aus der Fernsehwerbung in zwei unterschiedlichen Formaten, außerdem eine Übersicht über die Veranstaltungen, die von Flensburger gesponsert werden. Wer dem Kult gar nicht abschwören kann, kann sich im Shop mit Fanartikeln eindecken. Fazit: „Das flenst!"

Frankenheim Alt

http://www.frankenheim.de

Ganz auf junge und junggebliebene Netsurfer ist die Homepage der Düsseldorfer Brauerei zugeschnitten, die ihrer neuen Sorte L.N. im coolen blauen Design sogar eine eigene Lounge eingerichtet hat. Kleinanzeigenmarkt, Konzerttermine und jede Menge Links zum Thema Kultur im weitesten Sinne laden zum Umsehen ein. Bei einem Filmquiz werden Kinokarten verlost, und sogar auf das Liebesleben wird Rücksicht genommen: Singles können mit etwas Glück ein Blind Date gewinnen. Eine Seite zum Verlieben!

Früh Kölsch

http://www.frueh.de

Früh Kölsch ist eines der klassischen Biere der Stadt Köln, ein ähnliches Wahrzeichen wie der

Dom, der Geißbock oder 4711. Peter Josef Früh, so erfährt der User auf der Website von Früh, war nicht nur Firmengründer, sondern auch der Kunst zugetan. Der künstlerische Aspekt ist auch heute noch integraler Bestandteil der Firmenphilosophie und zieht sich als roter Faden quer durch die Seiten der Homepage. Dazu: Ein kleines Brevier für Nicht-Kölner, in dem Fachbegriffe wie „Köbes" (Kellner) oder „Pittermann" (10-Liter-Fass) erläutet werden.

Fürstenberg
http://www.fuerstenberg.de

Die adlige Brauerei aus Donaueschingen gibt sich auf ihrer Website zeitgemäß und engagiert. In lockerem, freundlichen Ton wird der Besucher durch Beiträge zu Geschichte und aktuellem Profil des Unternehmens geführt und erfährt einiges über das soziale, kulturelle und sportliche Engagement, das von Open-Air-Konzerten bis hin zu Tandemfallschirmsprüngen viele attraktive Angebote zur Freizeitgestaltung beinhaltet. Zum Downloaden stehen die Plakate und TV-Spots bereit.

Gaffel Shop
http://www.gaffel.de

Hätten Sie gedacht, dass das erste Bier vor über 6.000 Jahren in Mesopotamien getrunken wurde? Und was hat die Tatsache, dass ein paar Kaufleute 5.000 Jahre später die Gabel aus Venedig mitbrachten, mit dem beliebten Kölsch zu tun? Fragen über Fragen, auf die Sie eine Antwort bekommen, wenn Sie auf die Homepage von Gaffel schauen. Selbstverständlich können Sie sich auch über das Kölsch selbst sowie das historische Haus am Alten Markt informieren.

Hasseröder
http://www.hasseroeder.de

Biertrinker sind nicht immer die sportlichsten, anscheinend aber die größten Sportfans. Wie sonst soll man erklären, dass fast jede große Brauerei Sportler, sportliche Events und auch Vereine unterstützt? Hasseröder bildet da keine Ausnahme. Ob Boxen, Fußball, Tennis oder Motorsport: Wer sich für das sportliche Engagement der Harzer Brauerei interessiert, sitzt dank dieser Seiten in der ersten Reihe.

Na dann Prost! – Bierbraubedarf für Heimbrauer
http://www.heimbrauen.de

Sie wollen Ihr eigenes Bier brauen und das Malz ist ausgegangen? Oder die Würze kocht und der Kühler hat den Geist aufgegeben? Dieser umfangreiche Katalog mit Geräten und Zubehör für alle Heim- und Hobbybrauer bietet außer Malz und Würzekühlern auch alles andere, was der Brauer benötigt, inklusive vieler Rezepte und nützlicher Tipps zum Brauvorgang. Darüber hinaus sind Katalog und Braubeschreibung auch im Akrobat-Format verfügbar.

Herforder Pils
http://www.herforder-pils.de

Dass der lateinische Wunsch „Prosit!" (zu Deutsch: „Es möge nützen!") vor einem Glas Bier gar nicht so abwegig ist, sondern dass maßvoller Bierkonsum der Gesundheit durchaus zuträglich sein kann, ist Teil eines auf dieser Seite veröffentlichten Interviews mit einem Ernährungswissenschaftler und damit wohl für jeden Biertrinker interessant. Neben Brauereibesichtigung, Online-Shop, Infos zum Sportsponsoring und Terminkalender hält die Herforder Homepage noch ein nettes Spielchen bereit, das an die kultigen LCD-Taschenspiele der 80er erinnert.

Hirter Net-Beer – Das 1. virtuelle Bierlokal

http://www.hirterbier.at

Kneipenbesuch ohne Reue! In dieser virtuellen Bar bekommt man einiges, aber garantiert keinen Kater. Im Gegenteil, macht man beim Rundgang mal kurz auf der Toilette Station, erfährt man vielmehr Rezepte gegen Katzenjammer und Witze, die einen auf andere Gedanken bringen. An der Theke wird über News und Jobs geplaudert, am Gästetisch dreht es sich um feste und flüssige Nahrung, in der Küche gibt's Kochrezepte, Magazine in Linkform sorgen für Information, in der Galerie werden Künstler vorgestellt... Virtuelles Infotainment!

Bierflohmarkt der Zeltbräu

http://www.hof.net/Bierflohmarkt

Wie praktisch! Ein witterungsunabhängiger Flohmarkt ohne Parkplatzprobleme und plötzliche Regengüsse, der überdies über eine eigene Rubrik zum Thema Bier verfügt. Die effiziente Suchmaschine erleichtert die Vorauswahl, gewerbliche Anzeigen können von vornherein herausgesiebt werden. Bisher ist die Inanspruchnahme des Angebots zwar noch etwas zurückhaltend, es lohnt sich aber in jedem Fall, selbst eine Anzeige aufzugeben. Kost' ja nix!

Holsten Pilsener

http://www.holsten.de

Freundschaft wird groß geschrieben auf der Homepage des Hamburger Braukonzerns. Aus diesem Grund bietet die Seite eine Art Freundevermittlung an, die ähnlich funktioniert wie viele Partnervermittlungen und natürlich kostenlos ist. Auch zur Pflege bestehender Freundschaften wird in Form von E-Cards, also Postkarten via E-Mail, ein Beitrag geleistet. Mit Firmengeschichte, Gästebuch, Shoppingbereich und Gewinnspiel wird das Angebot komplettiert.

Binding-Icebeer

http://www.icebeer.de

Bier on the rocks? Mitnichten! Icebeer wird mit einem völlig neuen Brauverfahren hergestellt, wie man der Seite der Binding-Gruppe entnehmen kann. Das „unterkühlte" Blonde präsentiert sich in verschiedenen Gewändern bzw. – um es mal fachmännisch auszudrücken – in verschiedenen Gebinden. Auf der kleinen, aber schicken Website können Sie grundlegende Informationen über das frische Premium in Erfahrung bringen, ein weiterer Klick führt Sie auf die Homepage des Unternehmens, auf der man auch die weiteren Biersorten der Binding-Gruppe kennen lernen kann.

Iserlohner Pilsener

http://www.iserlohner.de

Auch bei Iserlohner geht man mit der Zeit. Gab es bis vor kurzem nur die traditionellen Bierspezialitäten Sauerländer Kräusen, Iserlohner Pilsener und Sauerländer Winter, so bereichert jetzt Sladdi's Shakesbier die Produktpalette. Da gehört es natürlich zum guten Ton, den unbelesenen Schwaben ins rechte Licht zu rücken, etwa in Form seiner Sprüche. Ansonsten besinnt man sich natürlich auch weiterhin auf das, was die Brauerei im Märkischen Kreis erfolgreich gemacht hat.

Jever

http://www.jever.de

Auch im hohen Norden wird ordentlich gesurft. Die friesisch-herbe Website ist das Online-Magazin des friesischen Brauhauses zu Jever. Sie ist vollgepackt mit Informationen, Spaß und Highlights und wird ständig aktualisiert. Das ist für die Jever Surfer drin: die WebCam auf dem Kirchturm zu Jever, der virtuelle Spaziergang durch das Brauhaus, der Jever Shop,

Gewinnspiele, Surftipps, jede Menge Infos über das Land, die Leute und natürlich alles über das Unternehmen und Jever Pilsener. Sommerzeit ist Live-Zeit! Dann berichten die Jever Internet-Reporter aktuell von den Beach-Volleyball-Masters und den Super-Tourenwagen-Meisterschaften. Das sorgt bei den Jever Online-Friends natürlich für Begeisterung, ein Blick ins Guestbook stellt das immer wieder unter Beweis.

König-Brauerei
http://www.koenig.de

Der virtuelle Biergenuss der König-Brauerei aus Duisburg kann ein frischgezapftes Pils natürlich nicht ersetzen. Viel schlimmer noch: Hier bekommt man erst richtig Durst. Neben den appetitlich in Szene gesetzten Leckerchen aus Hopfen und Malz bietet diese Seite noch ein Shopping-Angebot, das von einer Zwei-Liter-Tulpe bis zum Design-Flaschenöffner reicht. Wer sich für eine Brauereibesichtigung interessiert, kann sich per E-Mail gleich einen Termin besorgen.

Krombacher
http://www.krombacher.de

Krombacher – eine Perle der Natur. Analog zum Marken-Slogan entwickelt sich auch der Webauftritt der Siegerländer Brauerei: eine Perle im Cyberspace. Das kostbarste Gut von Krombacher ist seit dem 19. Jahrhundert das reine Felsquellwasser, aus dem das Pils gebraut wird. So unverwechselbar wie der Geschmack, so originell auch die Website, die z.B. einen Blick hinter die Kulissen erlaubt. Auf die Art erfährt man alles zur erfolgreichen Werbekampagne oder kann sich vor Ort ein Bild von der Privatbrauerei machen – eine Wegbeschreibung führt einen direkt nach Krombach. Transparenz wird hier groß geschrieben, was sich in der Offenlegung der Zahlen und dem Engagement im Bereich Sportsponsoring dokumentiert. Geschichtliches und natürlich das Sortiment ergänzen eine Webpage, die in puncto Informationsgehalt und Optik Maßstäbe setzt.

Landskron Brauerei
http://www.landskron.de

Dass man sich auch als alteingesessene Brauerei nicht immer so bierernst nehmen muss, beweist das Görlitzer Unternehmen auf seiner Homepage. Eine humorvoll gestaltete Titelseite führt den geneigten Surfer ohne Umwege zum Terminkalender mit Daten zu Veranstaltungen aller Art in und um Görlitz. Insgesamt etwas sparsam ausgefallen, aber dank der Aufmachung durchaus einen Klick wert.

Ludwigs Bierseite
http://www.lfi-tir.de/bier

Ein wenig übertreibt der Ludwig ja schon. Die eigene Homepage aufgrund einer zufälligen Namensgleichheit mit dem Märchenkönig zu schmücken... Aber zugegeben, seine Seite ist schon sehr schön, wenn auch kein Vergleich mit den Projekten von Ludwig II. Beeindruckend ist auch die Bierdeckelsammlung, die man hier bewundern kann. Doch was wäre der Deckel ohne ein zünftiges Blondes? Darum findet man auch die Geschichte des Bieres, das Reinheitsgebot und kernige Sprüche wie: „Am achten Tag schuf Gott das Bier und blieb dann mit dem Hopfen hier!"

Licher
http://www.licher.de

Kaum jemand weiß, woher das Licher Bier seinen Namen hat. Die Lösung ist einfach: weil es aus Lich kommt. Das Licher Pilsener mit seinem feinherben Geschmack ist längst über die Grenzen Hessens hinaus bekannt. Der Clou der Seite ist die Dokumentation der Werbe-

spots: Wenn Sie wollen, können Sie TV-Werbespots seit Beginn der 70er-Jahre downloaden. Eine Reise in die eigene Fernsehvergangenheit ist garantiert!

Moorgeheimnis

http://www.moorgeheimnis.de

Normalerweise sorgt man ja dafür, dass ein Geheimnis nicht gelüftet wird. Beim Moorgeheimnis ist dies anders. Da führt das Irrlicht nicht – wie man ja nun vermuten könnte – in die Irre, sondern zu den Spezialitäten, die Ingrid Weißenbach über diese Seiten vertreibt. Und die heißen Bierwhisky, Weißbierlikör, Bockbierlikör, Bierbrand, Malz-Cream-Likör und Malzschnaps. Das kühle Blonde einmal anders: Dieses Angebot gibt es nur in den Tiefen des Moores!

Päffgen Kölsch

http://www.paeffgen-koelsch.de

In einem der beliebten Ausgehviertel Kölns, der Friesenstraße, steht ein Brauhaus, in dem man sich schon seit mehr als 100 Jahren der Herstellung des Kölsch widmet. Die „kurze Geschichte der letzten Hausbrauerei Kölns" erzählt, warum das Pittermännchen Pittermännchen heißt, der Braumeister erklärt, was „Faßwichs, Stern, Schrulle und Schalander" mit dem Brauvorgang zu tun haben, bei „Haxe & Co." schließlich geht es um das dem Brauhaus angeschlossene Restaurant. Unentbehrlich für alle Nicht-Kölner: Hier können sie den Umgang mit den Köbessen erlernen. Wenn man der Erläuterung auf der Seite allerdings Glauben schenken darf, gehört diese Gattung der Kellner eher in den Zoo als ins Brauhaus. Doch schauen Sie selbst.

Paulaner

http://www.paulaner.de

Was ist eigentlich ein Saccharometer? Und was haben „Läutern" und „Kräusen" mit Bier zu tun? Die Paulaner-Homepage gibt in ihrem Bierlexikon mit über 100 Stichworten die Antworten und erklärt darüber hinaus ausführlich, wie aus Wasser, Hopfen, Malz und Hefe das gute Bier gebraut wird. Den Surfer erwarten außerdem eine Firmen- und Produktpräsentation sowie ein großer Shopping-Bereich.

Die Mutter aller Pilsner: Pilsner Urquell

http://www.pilsner-urquell.de

Das Zapfen eines guten Glases Pilsner Urquell dauert im Web nur ein paar Sekunden, und selbst wenn das virtuelle Gebräu bei weitem nicht so erfrischend wie ein reales Glas des legendären tschechischen Bieres ist – es bereitet Vergnügen. Geradezu liebenswert wird in Text und Bild ein Blick auf die Geschichte des ersten Pils der Welt geworfen. Ganz zeitgemäß sind hingegen die Events für Szenegänger, bei denen das Pilsner Urquell eine entscheidende Rolle spielt. Ob man durch einen Besuch bei einem dieser Termine aber „echt in" ist, sei dahingestellt...

Radeberger

http://www.radeberger.de

Eine einfallsreiche und mit aufwendigen Effekten verzierte Anfangssequenz begrüßt den Besucher dieser Website. Ebenso design-orientiert zeigt sich auch der Rest der Seite und führt mit Sounds und Animationen durch die virtuelle Brauerei, den mit Kneipenspielchen unterhaltenden Stammtisch, die Geschichte der Öffentlichkeitsarbeit und einiges mehr. Firmenchronik, Shop und Terminkalender gibt's natürlich auch. Gelungen und sehenswert!

Schöfferhofer Weizen

http://www.schoefferhofer.de

Ein prickelndes Erlebnis verspricht die Site von Schöfferhofer Weizen. Das Bier ist ein Produkt der Binding-Brauerei, der es 1978 als erster nicht-bayerischer Brauerei gelang, den nord-deutschen Markt zu erobern. „Weizenbier ist das wildeste aller Biere", so die Werbekampagne. Dafür geht es auf der Homepage weitaus gesitteter, wenn auch prickelnd zu. Alles übers Prickeln, das Weizen und seine spezifischen Eigenarten, Gläser und Gebinde, die Werbung und die Binding-Gruppe finden Sie unter dieser Adresse.

Bier online Index

http://www.stud.unisg.ch/~EMPORIA/bier

Das ultimative Bierlexikon! Bier in der Antike, im Mittelalter und in der Neuzeit, Bier-Lexikon, Bier-Kochbuch, Tipps zum Biergenuss und sogar Weisheiten zum Thema Bier. Eine nicht ganz ernst gemeinte studentische Seite mit didaktischer Qualität, die wieder mal zeigt, auf welchem Gebiet sich (männliche) Studenten am besten auskennen... Zum Auswendiglernen für alle biertrinkenden Machos: 110 gute Gründe, warum ein Bier besser ist als eine Frau. Alles klar?

Thorbräu

http://www.thorbraeu.de

Wer nicht in den Landkreisen Augsburg und Aichach-Friedberg bzw. in München-West wohnt, kann getrost zur nächsten Adresse übergehen, denn Thorbräu wird nur dort ausgeschenkt. Oder vielleicht doch nicht, denn es gibt über die Produktpräsentation hinaus einige Menüpunkte, die von allgemeinem Interesse sind, so z.B. die Geschichte des Bieres (sehr schön bebildert) oder der Fanshop, in dem man unter anderem den beliebten Thorbräu-Truck ordern kann. Ein kleines, aber feines Angebot, das auch durch seine Links besticht!

Tuborg

http://www.tuborg.de

Hinter der mit dem bekannten „durstigen Mann" geschmückten Titelseite versteckt sich durchaus Sehenswertes: Das breite Sponsoring-Programm der Tuborg-Company umfasst Musicals, darüber hinaus Sportvereine, Zirkus-Veranstaltungen, Kinos und Theater und

Homepage Thorbräu

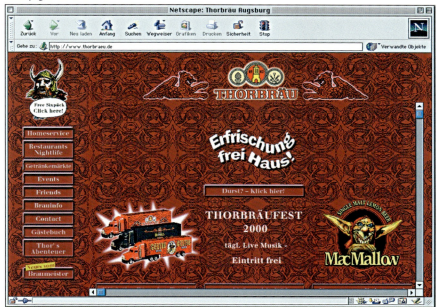

ermöglicht mit entsprechenden Links schnellen Zugriff auf Online-Kartenreservierung, Anfahrtspläne und Ähnliches. Selbstverständlich werden auch Firmengeschichte und Sortiment vorgestellt. Mit dem Fotoalbum und einem Alkoholtest der etwas anderen Art ist für Unterhaltung gesorgt.

Veltins
http://www.veltins.de

Die Veltins-Seite besticht durch ein umfassendes Informationsangebot. Ganz auf die Firmenfarben grün und weiß ausgerichtet werden die Geschichte, die Produkte und das früh einsetzende Umweltbewusstsein präsentiert (mit der ersten braueigenen Kläranlage hat das sauerländische Unternehmen 1966 die Branche revolutioniert). Die Produktpalette umfasst neben dem Pilsener auch eine leichte Linie sowie ein alkoholfreies Bier.

Villacher Bier
http://www.villacher.com

„Willkommen im CyBierspace!" Teils Lifestyle-orientiert, teils der Information verpflichtet präsentiert sich die Kärntner Brauerei im Internet. Genauso vielseitig zeigt sich das Sortiment: Altbewährtes wie das „Villacher Märzen" wird ebenso angeboten wie das coole „Icebear" und des „Piraten Vollbier." Was die Zusammenfassung der Firmengeschichte für die Informationshungrigen, ist der E-Mail-Postkartenservice mit erfrischend stilvollen Motiven für den ästhetischen Anspruch. Gelungen!

VLB Berlin – (Deutsches) Bier im Internet
http://www.vlb-berlin.org/bier

Diese Seite der Versuchs- und Lehranstalt für Brauerei in Berlin glänzt durch Vielfalt, Aktualität und Vollständigkeit. Es gibt einen Index mit Links, die die folgenden Gebiete umfassen: Brauereien und Mälzereien in Deutschland, Österreich und der Schweiz sowie sonstige Getränkeanbieter, eine Auswahl internationaler Seiten, Fachzeitschriften und Brauereizulieferer. Unter Verschiedenes finden sich weitere private Seiten. Außerdem gibt es eine Suchmaschine und, damit es nicht allzu trocken wird, noch eine große Liste von Links zu Screensavern aller Art.

Warsteiner
http://www.warsteiner.de

Deutschlands größte Privatbrauerei Warsteiner liegt auch im Internet ganz vorne. Neben den üblichen Rubriken wie der Beleuchtung des Firmenprofils mit Einblicken in Werdegang, Produktpalette, Geschäftsbericht und Stellenmarkt kommt auch der Spaßfaktor nicht zu kurz: E-Mail-Postkarten für die Lieben, der Werbespot sowie mehrere Desktop-Hintergründe und Screensaver zum Downloaden – und sogar ein elektronisches Adressbuch! Alles natürlich in ausgefeiltem Warsteiner-Design.

Wernesgrüner Pils Legende
http://www.wernesgruener.de

1436 wurde den Gebrüdern Schorer das Braurecht verliehen. Dies und mehr Geschichtliches können Sie in der Wernesgrüner „Pils Legende" nachblättern und sich damit über mehr als 560 Jahre Brauereikunst ins Bild setzen. Wer sich für die einzelnen Produktionsschritte interessiert, kann an einem virtuellen Rundgang mit Führung teilnehmen. Das Premium-Bier wird auch auf dem denkmalgeschützten Wernesgrüner Brauerei-Gutshof ausgeschenkt, der zur Teilnahme an zahlreichen Veranstaltungen einlädt.

Bringdienste, Partyservice & Catering

Partyservice und Gastronomiebetrieb „Torf-Eck"
http://home.t-online.de/home/wolfgang.dulies

Heinz Klein, Meister aller vorstellbaren kulinarischen Genüsse, serviert Ihnen Kostproben seiner Kunst. Die Präsentationen seiner kalten und warmen Büfetts, die Fischplatten und Bratenvariationen werden Ihnen das Wasser im Mund zusammenlaufen lassen. Womit er Ihnen und Ihren Gästen bei Feierlichkeiten eine Freude bereiten kann, klären Sie am besten im persönlichen Gespräch. Das leistungsstarke Programm des Meisters und seiner fleißigen Helfer umfasst außerdem Dekoration, Tischschmuck. Geschirr-, Rückhol- sowie Personalservice und natürlich die Erstellung eines kostenlosen Angebots. Einfach toll!

Bringdienst
http://www.bringdienst.de

Wer ist der Leerste im ganzen Land? Wenn Sie wieder einmal nicht wissen, ob Ihr Magen oder Ihr Kühlschrank diesen Wettstreit gewinnt, ist es an der Zeit, etwas zu unternehmen. bringdienst.de verspricht Rettung in der Not. Sämtliche Restaurants, die auf dieser Seite aufgeführt sind, bringen ihre Speisen auch zu Ihnen nach Hause. Und das Beste: Sie können gleich online bestellen – zumindest in den meisten Fällen. Sollte das noch nicht möglich sein, ist das nicht Ihr Problem, sondern das von bringdienst.de. Ihre Bestellungen werden in diesem Fall via Fax oder E-Mail an die jeweilige Adresse weitergeleitet.

Flying Pizza
http://www.flying-pizza.de

Der Magen verlangt mal wieder nachdrücklich Nahrung? Der Kopf hingegen gibt zu verstehen, dass es eine Zumutung sei, sich jetzt aus dem Sessel zu erheben und sich auf den Weg in die Küche zu machen? Kein Problem! Ein Griff zum Telefon genügt und Flying Pizza liefert, was immer man bestellt, und das sogar bis 22 bzw. 23 Uhr. Natürlich wird jedes Gericht frisch zubereitet, Mikrowelle und Friteuse sind bei den fliegenden italienischen Köchen tabu. Also nichts wie los. Auswählen, anrufen und abwarten – und dann: Guten Appetit!

Gourmet-Partyservice Spies
http://www.gourmet-partyservice-spies.de

Die Mitarbeiter des Gourmet-Partyservices aus Burgschwalbach tragen mit ihren Buffets dazu bei, Ihre Feier zu einem einzigartigen Erlebnis werden zu lassen. Mit seinem Können stellt das Familienunternehmen „in der heutigen Fast-Food-Generation eine besondere Rarität dar". Es versteht sich, dass auf die Verwendung von Fertigprodukten jeglicher Art verzichtet wird. Unter dem Link „Service" finden Sie die Offerten, die auch die Beschaffung von Zelten, Bestuhlung, Tischen, Geschirr, Bestecken und Dekorationen umfasst. Sogar Bedienungs-, Küchen- und Servicepersonal sowie einen Mietkoch stellt Ihnen der Gourmet-Partyservice für große Events zur Verfügung.

Hauer's Partyservice
http://www.hauers.netestate.de/partyser.htm

Hauer's Partyservice empfiehlt sich als kompetenter Partner für die kulinarische Ausstattung von Feierlichkeiten. Ob eine Hochzeit ins Haus steht, eine Konferenz organisiert werden muss oder ob Sie nur keine Lust haben, an Ihrem Geburtstag in der Küche zu schuften – Hauer's Partyservice liefert Ihnen Köstlichkeiten, von denen Ihre Gäste noch lange schwärmen wer-

den. Nehmen Sie gleich nach dem Augenschmaus, der sich Ihnen auf den Seiten bietet, Kontakt mit dem Unternehmen auf. Denn am besten berät es sich doch persönlich...

Hungrig?

http://www.hungrig.de

Wohnen Sie in Bocholt, Mülheim oder Oberhausen? Wenn ja, dann hat das Team von „Hungrig?" eine wunderbare Möglichkeit gefunden, Sie vor dem Hungertod zu bewahren. Alle Restaurants in dieser Region, die über ein Online-Bestellsystem verfügen, stellen Ihnen Ihre Speisekarte vor und stehen in den Startlöchern, um das Loch in Ihrem Magen zu schließen. Wohnen Sie nicht in einer dieser Städte, müssen Sie sich leider etwas anderes einfallen lassen. „Hungrig?" ist eine tolle Idee, die es wert wäre, deutschlandweit ausgebaut zu werden!

Joey's Pizza Service

http://www.joeys.de

Endlich hat der Hunger vor dem Bildschirm ein Ende. Joey's Pizza Service liefert seine Speisen bundesweit über seine Filialen in vielen, aber nicht allen größeren Städten frei Haus. Die Bestellung klappt zwar nur mit aktiviertem JavaScript, dafür ist die Speisekarte optisch ansprechend: Soll's eine Junior-Pizza oder doch lieber ein Salat sein? Auf Wunsch serviert Joey's auch den „Miniwahn" mit fast allem, was die Küche zu bieten hat. Die Lieferzeit beträgt eine halbe Stunde. Doch aufgepasst: Tastaturen und Mäuse mögen Käse und Tomatensoße gar nicht!

Le Gourmet Partyservice

http://www.le-gourmet.de

Wenn Sie Ihre Gäste gern kulinarisch verwöhnen, ihre Party aber nicht in der Küche verbringen möchten, sollten Sie sich an einen guten Partyservice wenden. Auf diesen Seiten empfiehlt sich Le Gourmet, der Partyservice, der auf Wunsch auch die Gestaltung Ihrer Festlichkeit übernimmt. Mit welchen Angeboten Jens Thielen noch um Ihre Gunst wirbt, lesen Sie am besten selbst. Es lohnt sich!

LOBSTER Catering & Partyservice

http://www.lobster-party.de

Der Gourmet-Service des Unternehmens Lobster hat sich schon bis zu Rita Süssmuth, Depeche Mode und der Chefetage von FORD herumgesprochen. Sie können Ihre Veranstaltungen also ganz vertrauensvoll in die Hände dieses Catering- und Partyservices legen. Aufs Feinste präsentiert Ihnen das Unternehmen Highlights der internationalen Küche, ob mit Fleisch oder Fisch, italienisch oder auch mal japanisch, klassisch oder rustikal. Lobster organisiert Servicepersonal, Zelte, Dekoration und Accessoires, Besteck und Porzellan sowie Musik und Tanz. Der Webauftritt überzeugt von individueller Beratung und professioneller Abwicklung.

Pizza-Express

http://www.pizza-express.de

Stellen Sie sich vor, es klingelt an Ihrer Tür und ein freundlicher Bote überreicht Ihnen ein frisches, duftendes Menü! Dieser Traum wird Wirklichkeit, wenn Sie sich beim Pizza-Express aus über 80 Spezialitäten Ihr Lieblingsessen auswählen und bestellen. Ob Ihnen der Sinn nach Pizza in vielen leckeren Variationen, nach einem frischen Salat, Pizza-Brötchen, nach Pasta und Überbackenem oder aber nach saftigen Croques steht, der Pizza-Express bringt es Ihnen ins Haus. Guten Appetit!

Pizzeria.de

http://www.pizzeria.de

Eine unterhaltsame und informative Einrichtung für alle Fans der runden Köstlichkeit. Um *die Suchmaske, die bei Postleitzahlen- oder Ortseingabe eine Liste aller Pizzerien der Hei-matstadt ausspuckt, gruppiert sich allerlei Nützliches und Wissenswertes: Jede Pizzeria ist mit Telefonnummer und genauen Angaben zu Lieferservice oder Homepage versehen, außerdem gibt es eine Umfrage zu den beliebtesten Pizzabelägen (Ananas scheint der Renner zu sein), man erfährt, dass das Grundkonzept für Pizza von den Etruskern und Griechen erarbeitet wurde, wann die Tomate dazukam und vieles mehr. Für Leute mit eige-nem Herd ist das Kochbuch mit Pizza-Rezepten unverzichtbar. Sehr praktisch!*

Denzer & Frenzel GbR Party Service
http://www.presenter.de/partyservice

Der Partyservice der Denzer & Frenzel GbR bietet Ihnen das perfekte Party-Rundumangebot für bis zu 500 Personen. Er bereitet kalte und warme Speisen zu, von bürgerlich bis exklusiv, vom Büffet bis zum Menü. Dazu stellt er Ihnen eine große Auswahl internationaler Getränke zur Verfügung. Das Service-Spektrum reicht von Geschirr und Besteck über die komplette Ausstattung mit Tischen, Stühlen und Dekorationen bis zum Personal. Setzen Sie sich mit dem Partyservice Denzel & Frenzer in Verbindung und kombinieren Sie im persönlichen Beratungs-gespräch Ihre speziellen Wünsche mit dem vielfältigen Angebot des Unternehmens!

Tiffany's Partyservice – Hamburg
http://www.tiffany.de

Der Hamburger Partyservice Tiffany's unterstützt Sie bei der Realisierung Ihrer großen oder kleinen Feierlichkeiten nach Kräften. Ob Sie es lieber rustikal, exotisch oder exklusiv mögen, hoch hergehen wird es in jedem Fall. Lassen Sie sich ein spezielles Buffet liefern oder nut-zen Sie gleich den Rundumservice inklusive Geschirr, Personal und Dekoration. Sie können in aller Ruhe mit Ihren Gästen feiern, denn Tiffany's kümmert sich um sie. Das Einzige, wofür Sie die Verantwortung tragen, ist die Auswahl Ihres Besuchs, damit Ihre Feier auch diesbezüglich zum Erfolg wird.

Vinicole Spezialitäten
http://www.vinicole.de

Magazzino di Vinicole ist eine Weinhandlung in Krefeld, die ihre Produktpalette um medi-terrane Köstlichkeiten erweitert hat. Was unter dem Motto „klein, aber fein" begonnen hat, hat sich mittlerweile zu einer der besten Weinhandlungen gemausert. Neben dem Verkauf ihrer Produkte bietet Magazzino di Vinicole einen exklusiven Catering-Service mit Menü-vorschlägen, die man auf der Homepage einsehen kann.

Ernährungsberatung & Warenkunde

Alles rund um gesunde Ernährung, Wohlbefinden und Genuss
http://ernaehrung.coop.ch/d

Der Handstand auf der Gabel bzw. Tiefseetauchen im Wasserglas gehören nicht zu den Disziplinen, die Sie sich aneignen müssen, um gesund zu bleiben und sich wohl zu fühlen. Doch was tut man nicht alles für einen originellen Webauftritt! Bei Coop dreht sich alles um gesunde Ernährung, wie man sie erlangt, wie man sie behält und was sonst noch relevant ist. Zum Beispiel die Verdauungsdauer. Hätten Sie's gewusst? Pilze verharren fünf bis sieben Stunden in Ihrem Magen, Ölsardinen gar acht bis neun. Ganz wichtig auch die Aufnahme von Flüssigkeit. „Der ideale Trinkplan" verrät, wann man was in welchen Mengen trinken sollte. Sie sehen: ein absolut unentbehrlicher Ratgeber!

Michl's Lebensmittelpage
http://members.vienna.at/michlk

Michl vermittelt auf seiner Homepage die Grundlagen gesunder Ernährung. Wichtig ist es, regelmäßig eine ausreichende Menge in der richtigen Zusammensetzung von Waren mit natürlich einwandfreier Beschaffenheit zu sich zu nehmen. Klingt kompliziert? Ist es auch. Michl sorgt dafür, dass man den Nahrungsdschungel durch- und überschaut. Natürlich geht es dabei um Eiweiße, Kohlenhydrate und Co. – aber nicht ausschließlich. Fisch, Fleisch, Gemüse und was uns sonst noch nährt hat er unter ernährungstechnischen Gesichtspunkten unter die Lupe genommen und mit Ratschlägen ergänzt. Dazu gibt es natürlich auch die entsprechenden Fachausdrücke mit einfacher Erklärung. Oder wussten Sie bereits, was „lardieren" bedeutet?

Warenkunde Kaffee
http://www.abseits.de/wk_kaffee.htm

Kaffee als Ausdruck von Lebensart, als Kultgetränk, als Kulturobjekt und als Genussmittel, aber auch als Objekt wissenschaftlicher Untersuchungen und als Hauptbestandteil leckerer Rezepte: Wer sich mal auf die eine oder andere Art mit dem Wachmacher Nummer eins auseinander setzen möchte, dem sei diese ebenso informative wie unterhaltsame Linksammlung ans Herz gelegt. Anklicktipps sind die „Kaffeehaus"-Seite und die Comic-Page des „Too-Much-Coffee-Man".

Lebensmittelkunde – Volltextsammlung
http://www.agrar.uni-giessen.de/~gj54/lmkunde2.htm

Über 70 Einträge befinden sich in der Volltextsammlung des ernährungswissenschaftlichen Instituts der Justus-Liebig-Universität Giessen zum Thema Lebensmittelkunde. Kategorial unterschieden findet man hier Beiträge zu Milchprodukten, Eiern, Fleischprodukten, Fisch, alkoholfreien und -haltigen Getränke sowie einer Reihe von Artikeln über Fitnessdrinks. Die ausgesuchten und fundierten Publikationen werden ständig erweitert, so dass es sich lohnt, öfter mal vorbeizusurfen.

Verbraucherpolitik
http://www.agv.de/politik/ernahrung

Die Arbeitsgemeinschaft der Verbraucherverbände deckt Mängel in den Bereichen Ernährung, Gesundheit und Umwelt auf und sorgt dafür, dass sie beseitigt werden. So fordert die AgV nachdrücklich eine Kennzeichnungspflicht für britisches Rindfleisch, setzt sich für den Mehrwegschutz ein oder weist darauf hin, dass Vitamin- und Mineralstoffpillen überflüssig und meist überteuert sind. Es gibt natürlich noch viele weitere Schwerpunktthemen, über die man sich dank der übersichtlichen Navigationsleiste rasch informieren kann. Die Info-Börse sowie die Veranstaltungsübersicht runden die aufschlussreiche Seite ab.

Auswertungs- und Informationsdienst für Ernährung, Landwirtschaft und Forsten (aid)

http://www.aid.de

Was sollten nicht nur Landwirte, Lehrer, Berater und Journalisten, sondern alle Verbraucher über „Landwirtschaft und Umwelt" sowie Ernährung wissen? Der aid - Auswertungs- und Informationsdienst für Ernährung, Landwirtschaft und Forsten – vermittelt zu diesen Themen fundiertes Wissen in übersichtlicher Form, das auch über die Homepage des eingetragenen Vereins abrufbar ist. Das Medienangebot erstreckt sich aber nicht nur auf das Internet allein: Warenkunde, Einkaufsratgeber und Nährstoffempfehlungen (um nur einige Beispiele aus dem Bereich Ernährung zu nennen) werden auch in Printmedien sowie Computerlernprogrammen, -spielen, Fernsehen und Multi-Media-Projekten ins rechte Licht gerückt. Besondere Erwähnung verdienen die Publikationen für Kinder, mit denen die Kleinen in phantasievoller Weise in die Materie eingeführt werden. Wer mit dem Auswertungs- und Informationsdienst in Kontakt treten möchte, kann den Weg zu aid der Homepage entnehmen oder aber eine der aufgeführten Fachmessen aufsuchen, bei denen der aid vertreten ist.

Arte Vida – Forum für Ernährung und Bewegung

http://www.arte-vida.de

Wir essen, um zu leben. Aber das, was wir essen, macht uns zuweilen krank. Ein Teufelskreis? Nein, denn die Ernährungsberaterin Wera Eich weiß, wie man sich dem Druck der (Körper-)Massen entziehen kann. Wenn Sie sich zu dick fühlen, allzu gern in Gesellschaft essen oder ein medizinisches Problem Grund für Ihre Essstörungen ist, finden Sie hier Rat, Tat und Tipps. Diese kleinen Hilfen bekommen Sie online, aber auch in Kursen, denn gemeinsam essen macht Spaß, gemeinsam bewusst essen noch mehr!

Homepage aid

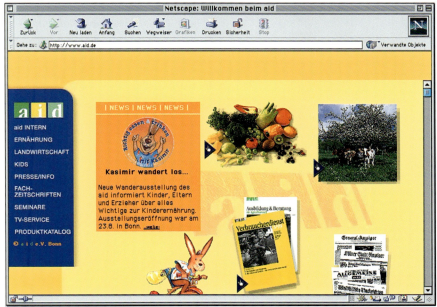

Atlanta-Gruppe
http://www.atlanta.de

Wissenswertes über Herkunft, Saison, Inhaltsstoffe sowie Tipps zur Lagerung und Zubereitung von Obst, Gemüse und Gewürzen enthält das umfangreiche Lexikon auf der Website der Atlanta AG. So erfährt man beispielsweise, dass Ingwerknollen länger frisch bleiben, wenn man sie mit Sherry übergießt oder dass Nektarinen verdauungsfördernd wirken. Eine Rezept-liste liefert Vorschläge für die Zubereitung, die ebenso wie die Einträge im Lexikon ständig ak-tualisiert wird. Außerdem lassen sich über Links Informationen zum Unternehmen abrufen.

Becel
http://www.becel.de

Mücken suchen sich ihre Opfer nach dem Cholesterin- und Vitamin E-Anteil im Blut aus: Je höher dieser ist, desto eher wird man gestochen. Bestünde ihre Nahrung aus Informa-tionen zu Herz-, Kreislauf- und Stoffwechselkrankheiten, es ginge auf dieser Website zu wie am Ufer eines Sees im Sommer: Nach Interessensgebieten und Schwerpunkten unterteilt finden Journalisten hier Basiswissen und Fotomaterial, Ärzten und Medizinstudenten ste-hen Fachinformationen und neueste Forschungsergebnisse zur Verfügung, und Ernäh-rungsberatungsfachkräfte können sich über neue Diät- und Cholesterinuntersuchungen ins Bild setzen lassen. Die Artikel sind mit Foto- und Folienmaterial ergänzt und zumeist auch für den interessierten Laien verständlich.

Bundesinstitut für gesundheitlichen Verbraucherschutz und Veterinärmedizin
http://www.bgvv.de

Möchten Sie gerne Tributylzin zu Abend essen? Damit das nicht zu häufig passiert, gibt es das Bundesinstitut für gesundheitlichen Verbraucherschutz und Veterinärmedizin, eine For-schungseinrichtung des Gesundheitsministeriums. Rückstände in Lebensmitteln und Kosme-tika zu verringern, die Kontrolle von Novel Food (das sind gentechnisch manipulierte Nah-rungsmittel) oder der Schutz vor Rinderwahn sind hier alltägliche Herausforderungen. Die Forschungsergebnisse lassen sich in Datenbanken wie dem Chemikalieninformationssystem für verbraucherrelevante Stoffe oder in der Übersicht über Alternativmethoden zu Tierver-suchen abfragen.

Bund für Lebensmittelrecht und Lebensmittelkunde
http://www.bll.de

Schweinepest und Rinderwahn, dazu noch gentechnisch veränderte Nahrungsmittel, man kann schon ins Grübeln kommen angesichts der Horrormeldungen, die einen täglich über die Medien erreichen. Der Bund für Lebensmittelrecht und Lebensmittelkunde, der Spitzen-verband der deutschen Lebensmittelwirtschaft, sollte Ihnen daher einen virtuellen Besuch wert sein. Die umfangreichen Materialien und Broschüren werden die meisten Ihrer Fragen beantworten – ob Sie sich nun über Nahrungsmittelzusätze, funktionelle Lebensmittel oder das gemeinsame Lebensmittelrecht der EU kundig machen wollen. Fachleute können auch das Online-Rechercheangebot des Hauses nutzen, dies allerdings ist nicht ganz preiswert.

BMG – Lebensmittelrecht
http://www.bmgesundheit.de/lebensmi/leben.htm

Das Bundesgesundheitsministerium informiert auf diesen Seiten sowohl Verbraucher als auch Fachleute über Lebensmittelrecht und Verbraucherschutz. Die Gesetze werden ver-ständlich erklärt und auch kontroverse Themen wie Lebensmittelbestrahlung oder die Aufnahme von Schädlingsbekämpfungsmitteln über die Nahrung finden sich dort. Dazu sind die Statistiken der Behörde einsehbar, die über das genaue Verhältnis zwischen geprüfter und beanstandeter Ware in Deutschland Auskunft geben.

Güte verdient ein Zeichen: CMA

http://www.cma.de

„Hallo Fleisch!" Diese Kampagne der CMA soll das gesunde Image von Fleisch und Wurst wiederherstellen. Aber auch die anderen Grundnahrungsmittel zeigen sich auf dieser umfangreichen und interessanten Homepage von ihrer besten Seite. Die Warenkunde zu nahezu jedem Bereich der täglichen Kost lässt keine Fragen offen. Sonderinformationen für den Handel mit Marketingtipps, eine Rätselecke für Kinder und eine erfrischend aufbereitete Ernährungsberatung sorgen dafür, dass jeder auf dieser Seite nach Herzenslust stöbern kann – bis der Hunger einsetzt.

Deutsches Ernährungsforum

http://www.d-e-f.de

Das lustigste Abendessen ist wohl das alljährlich wiederkehrende „Dinner for One", das romantischste Mahl ist und bleibt das „Dinner for Two". Neben den schönsten Rezepten für zwei bietet Hagemann viele Links zu umfassenden Themen wie Ernährung oder Produktinformationen und die neuesten Meldungen aus Fachzeitschriften. Auch wenn Sie dann den Überblick über die gesamte Palette der Nahrungsaufnahme haben: Reden Sie beim „Dinner for Two" nicht über Kalorien, Cholesterin und Kohlenhydrate, auch wenn Sie dank des Deutschen Ernährungsforums alles darüber wissen. Schließlich wollen Sie die mühsam erzeugte Romantik doch nicht gleich wieder zerstören, oder?

Der Kochtipp

http://www.derkochtip.de

Sie bekochen Ihre Freunde und alle laufen schreiend davon? Ein zugegebenermaßen dramatisches Beispiel für Schwierigkeiten in der Küche, doch solche und andere Probleme rund

Homepage BLL

ums Thema Kochen werden dank des Forums und des E-Mail-Kontakts zum Betreiber der Seite (er ist Koch) hoffentlich bald der geschmacklosen Vergangenheit angehören. Wer neugierig auf Hintergrundinformationen ist und sich grundlegendes Wissen über Themen wie Ernährung, Diäten, die sechs wichtigsten Nährstoffe und Küchenkräuter sowie ausgewählte Fachliteratur-Tipps aneignen will, ist mit dieser Seite gut bedient.

diaet.de
http://www.diaet.de
Die Hose kneift und die Wangen sind auch ein wenig pausbäckiger geworden? Dann ist es wohl mal wieder an der Zeit, Diät zu halten. Doch wie? Um das Durchhaltevermögen ist es bei den meisten schlecht bestellt. „Helfen Medikamente?" Was ist mit den zahlreichen Schlankheitskuren, die allerorten angeboten werden? Oder doch lieber nur FdH? Hilfreich ist oft schon eine Umstellung der Ernährung, wie die Rubrik „Essen mit Durchblick" nahe legt. Das und was man sonst noch beachten sollte, verrät diaet.de.

Du darfst
http://www.du-darfst.de
Ich will so bleiben wie ich bin?!? Bloß nicht, wird da wohl so mancher denken. Der Bodycheck verrät nicht nur, ob das eigene Körpergewicht okay ist, sondern liefert auch wertvolle Ernährungstipps. Deshalb: Den Fragebogen unbedingt sorgfältig ausfüllen. Natürlich geht's auch allgemeiner, z.B. in der Frage der Woche oder der Nährwert-Tabelle. Wer die Austausch-Tabelle öffnet, ist verloren. Gnadenlos weist sie auf Fette und Kalorien hin, über die man sonst hinweggeblickt hätte. Gut, dass sie gleichzeitig verrät, welche Alternativen es gibt. Und verpassen Sie auf keinen Fall das in der Ernährung versteckte „Apropos". Das Prinzip gleicht dem eines Glücksrades. Sie bringen die Ernährungsblume in Schwung, stoppen sie an beliebiger Stelle und erhalten interessante Auskünfte. Ein Beispiel: Wussten Sie schon, dass ihre Magenwände ebenfalls erröten, wenn Sie rot werden?

Amt 39 Verbraucherschutz
http://www.emsland.de/pages/a39_02.htm
Haben Sie Angst vor BSE, Salmonellen oder der Verseuchung von Fleisch durch Tierarzneien? Müssen Sie nicht, das Amt 39, Veterinäramt Verbraucherschutz, sorgt dafür, dass Sie gesund bleiben. Online stellt es kurz und knapp die Bereiche vor, in denen es tätig wird und erläutert am Beispiel der Lebensmitteluntersuchung, worauf geachtet wird. Bei Fragen oder Problemen kann man sich über die Service-Hotline an die Mitarbeiter des Amtes wenden.

Ernährungsinformation online
http://www.ernaehrung.de
Wenn Sie sich für gesunde Ernährung interessieren, kommen Sie an der „Ernährungsinformation online" nicht vorbei. Die Nutri Science GmbH, Initiator dieser Seiten, wurde im Jahre 1990 gegründet. Sie stellt Software für den Ernährungsbereich her, betreut und vertreibt sie. Das bekannteste Ernährungsberatungsprogramm ist Prodi; viele Nutzer haben sich mittlerweile bundesweit zu kleinen Kontaktgruppen zusammengeschlossen, um Informationen und Rezepte auszutauschen oder sich einfach im Falle einer Diät zur Seite zu stehen. Sie erfahren alles über die Gesellschaft selbst, bekommen Einblick in die firmeneigene Zeitung und können die Ernährungsdatenbank Nutri Base nutzen. Hier wurden wichtige Daten zu Lebensmitteln, Produkten, Patienten und Zufuhrempfehlungen gesammelt. Noch im Testlauf befindet sich die Möglichkeit zur Online-Nährwertberechnung.

Institut für gesunde Ernährung und Lebensführung Pfisterer

http://www.ernaehrungs-berater.de

Dr. med. M. Pfisterer vom Institut für gesunde Ernährung und Lebensführung bietet ausführliche Beratung. Man kann (kostenlos) per E-Mail Fragen stellen und bekommt fachlich fundierte Antworten. Für umfangreichere Analysen werden Pauschalen erhoben. Dazu sollten Sie Ihre Ernährungsgewohnheiten eine Woche lang gründlich beobachten und das Protokoll anschließend an das Institut schicken. Innerhalb kürzester Zeit erhalten Sie eine genaue persönliche Auswertung.

Ernährungsberatung Maria Gröne-Stremmel

http://www.ernaehrungsberatung.com

Die diplomierte Ökotrophologin Maria Gröne-Stemmel bietet auf ihrer Website Informationen zu Ursachen und Gefahren der verbreitetsten Erkrankungen, die auf Ernährungsfehler zurückgeführt werden, und macht auf eigene Publikationen aufmerksam, die sich mit diesen Themen befassen und Heilungsmöglichkeiten aufzeigen. Die Methoden beruhen auf anerkannten Diagnoseverfahren wie dem Body-Mass-Index und behandeln Übergewicht, Diabetes, Bluthochdruck, Osteoporose und Nahrungsmittel-Allergien. Eine Linkseite enthält weiterführende Adressen und Literaturhinweise.

Campina GmbH

http://www.ernaehrungstip.de

Wer schon immer wissen wollte, was genau sich eigentlich hinter dem Begriff „Ballaststoff" verbirgt, ist hier ebenso an der richtigen Adresse wie derjenige, der klare Antworten auf häufig gestellte Fragen zum Thema Ernährung sucht. Daneben gibt es monatlich aktualisierte Rezepte für die gesunde Küche und aktuelle Artikel der Ernährungsberichterstattung in Kurzform. Zur weiteren Recherche lädt zudem eine Linksammlung. Und hat man sich so richtig schlau gemacht, kann man das erworbene Wissen im Multiple-Choice-Quiz unter Beweis stellen und gewinnen. (Homepage S. 46)

Warenkunde Fleisch

http://www.fleischinfo.ch

Wie friere ich Wildfleisch ein, wie viel Eiweiß enthält ein Schweinefilet und was muss ich beim Braten von Rindfleisch beachten? Fleisch ist nicht gleich Fleisch, und je nach Sorte gibt es bei Kauf, Aufbewahrung und Zubereitung einiges zu berücksichtigen. Die Lektüre dieser Website vermittelt ein umfassendes Grundwissen, erlaubt aber auch schnellen Zugriff auf Antworten zu bestimmten Fragen. Die besten Küchengeräte zur Fleischbearbeitung sind aufgelistet und kommentiert, die Bezeichnungen der einzelnen Körperteile von Rind, Lamm, Kalb und Schwein werden anhand eines Diagramms erläutert.

nimm-ab Ernährungsberatung

http://www.formular-diaet.de

Wer abnehmen will, muss essen! Klingt zu schön, um wahr zu sein. Leider verrät diese Aussage noch nicht, wie groß die Mengen sein dürfen. Die Antwort folgt auf dem Fuße, genauer gesagt im Konzept der Premed Ernährungsberatung. Wer den einleitenden Text über den gezielten Abbau von Fett gelesen hat, kann Kurs A absolvieren. Natürlich online und kostenlos. Aber: Die Tipps bitte nicht nur lesen, sondern auch beherzigen! Kurs B dient der Stabilisierung der erreichten Gewichtsstufe.

Just-Fit.de

http://www.just-fit.de

Löblich: Just-Fit.de erspart seinen Besuchern den Anblick von Astralkörpern, die man selbst mit noch so viel Diät und Sport nicht erlangt. Im Mittelpunkt der Präsentation stehen „Ernährung, Gesundheit, Fitness und Wohlbefinden". Und so erfährt man, dass das Geheimnis für Wohlbefinden und Ausdauer viele kleine Mahlzeiten anstelle von nur wenigen ausgiebigen sind. Auch was man zu sich nimmt, spielt eine entscheidende Rolle. Mit den Übungen aus dem Fitness-Archiv hat man dann schon die halbe Miete. Deshalb: reinschauen!

Küchentipps

http://www.kuechentipps.de

Was macht einen guten Koch aus? Sicher, er muss die gängigen Rezepte kennen, wissen, wo die Töpfe hängen, aber das Wichtigste ist doch ein reicher Erfahrungsschatz an Kenntnissen über die Dinge, die nicht in den Rezepten stehen. Mehrere hundert dieser kleinen Tipps und Kniffe zu Auswahl der Lebensmittel, Lagerung, Vor- und Zubereitung, die auch online eher selten sind, wurden hier zu einer wahren Fundgrube für alle Hobbyköche zusammengefasst. Die einfache, effektive Navigation in appetitlichem Layout führt schnell zu den Bereichen, für die man sich interessiert. Zusätzlich können alle, denen es an „Hardware" mangelt, von den Online-Auktionen für alle Arten von Kücheninventar und Kochliteratur profitieren.

Was Sie schon immer über Quark wissen wollten...

http://www.lebensmittelpraxis.de

...aber nie zu fragen wagten, bringt der Lebensmittel Praxis Verlag Neuwied ungeniert auf den Punkt! Der weiße Genuss ist allerdings nicht das einzige Thema: Bunt gemischte Warenkunde für den Privatgenießer und Tipps zur Verkaufsförderung für den Profi werden hier farbenfroh und unterhaltsam aufbereitet. Der Bereich Food-Navigator eröffnet Ihnen das weite Feld der Ernährung im Internet: Unzählige Links zu vielen Seiten versprechen eine lange und appetitanregende Surfnacht!

Homepage Campina GmbH

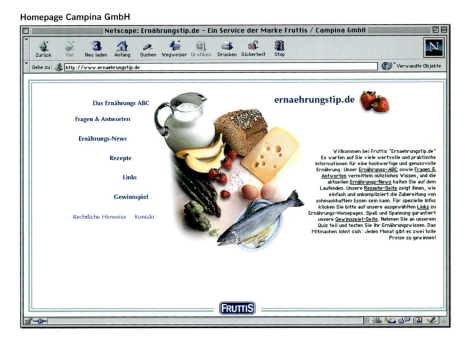

Margarine-Institut

http://www.margarine-institut.de

Wussten Sie schon, dass ein Mensch in seinem Leben etwa 60 Tonnen Lebensmittel zu sich nimmt? Das entspricht insgesamt dem Gewicht von 10 ausgewachsenen Elefanten, wie die Website des Margarine-Instituts für gesunde Ernährung pointiert feststellt. Solche Aha-Effekte gehören zu den Informations-Highlights auf der Margarine-Seite, die der User mit Schmunzeln wahrnimmt. Andere Informationen dagegen liest der digitale Besucher mit allergrößtem Interesse, z.B. solche, die sich mit der Rolle der Nahrungsfette in unserer Ernährung auseinandersetzen. Dies und viel mehr erfahren Sie auf einer rundum gelungenen Website, auf der dem modernen und vor allem gesundheitsbewussten Menschen eines ganz sicher klar gemacht werden dürfte: Beim Thema Gesundheit führt heute kein Weg an der Margarine vorbei!

Naturkost.de

http://www.naturkost.de

Erschöpfende Information und effiziente Navigation, die dabei ohne den missionarisch erhobenen Birkenstock-Zeigefinger auskommt, so könnte man die Präsentation dieser Website zusammenfassend beschreiben. Die Verlags-Homepage bietet das komplette Programm: Aktuelle Szene-News, Adressen und Produktlisten von Naturkostläden, eine Rezept-Datenbank mit weit über 1.000 Einträgen sowie Angebote zu ökologisch orientierten Seminaren und Urlaubsreisen; und auch die Kommunikation kommt mit Chat, Tauschbörse und schwarzem Brett nicht zu kurz. Was ist Naturkost? Hier erfährt man's!

nutrition consulting

http://www.nutrition-consulting.de

Essen kann ich, hab ich doch gelernt und benehmen kann ich mich auch? Wenn Sie so denken, sollten Sie mal auf diese Seiten schauen, denn hier wird klar, dass die Kunst des Essens nicht nur aus der Fähigkeit, das Besteck zu halten, besteht. Grundlage bewusster Ernährung ist das Wissen um die Bedeutung der Nährstoffe ebenso wie die Konfrontation mit Ernährungsstörungen. Bei soviel Rede über Essen bekommt man Appetit. Damit Sie Ihr neues Wissen gleich in der Praxis erproben können, hat die Initiatorin ein paar leckere Gerichte angefügt.

Olympiastützpunkt – Ernährung und Fitness

http://www.olympiastuetzpunkt.de/ernaehrung.htm

Was für Jan Ullrich, Michael Schumacher und Boris Becker gut ist, kann für den Normalverbraucher und Hobbysportler ja nicht schlecht sein: Ernährungsberatung auf der Grundlage der Spitzensportmedizin. Hier werden zwar nicht die Menüfolgen der Profis vor einer Weltmeisterschaft verraten, dafür erhält man aber detaillierte Anweisungen zum Erstellen eines individuellen, leistungsgerechten Ernährungsplans, den jeder Breitensportler auf seine Bedürfnisse hin abstimmen kann, dazu noch nützliche Tipps zu sportspezifischen Themen wie Flüssigkeitsverlust, Osmosewert und Wettkampfvorbereitung. Go for gold!

Talking Food – Wissen was auf den Tisch kommt

http://www.talkingfood.de

Zahlreiche Skandale haben zur Verunsicherung der Verbraucher geführt. Aus diesem Grund wurde 1998 eine europaweite Aufklärungskampagne ins Leben gerufen, die sich vor allem an Jugendliche richtet. In Deutschland stand sie unter dem Motto „Talking Food – Wissen was auf den Tisch kommt". Eine Ausstellung und zahlreiche Diskussionen haben dabei geholfen, diese Problematik von allen Seiten zu beleuchten. Und die Kampagne geht weiter. Nähere Informationen dazu findet man auf der Webseite. Über die Linkliste gelangt man zu wichtigen staatlichen Stellen und privaten Organisationen, die sich gesundheitliche Aufklärung auf die Fahne geschrieben haben.

Ernährungs-Informationsangebot
http://www.uni-giessen.de/nutriinfo

Einen guten Ausgangspunkt für die Suche nach wissenschaftlichen Abhandlungen zu ernährungsrelevanten Fragen stellt die Website der Universität Giessen dar. Die reiche, übersichtlich geordnete Sammlung von Links enthält Volltext-Informationen, Journale, Datenbanken, Adressen und Termine nationaler und internationaler Veranstaltungen. Verknüpfungen zu Software, Shareware und Demos sind extra aufgeführt, institutseigene Veröffentlichungen ebenfalls. Für die selbstständige Recherche steht eine Suchmaschine zur Verfügung.

Infosystem Ernährung der Uni Hohenheim
http://www.uni-hohenheim.de/~wwwin140/info/info.htm

Wer von sich behaupten kann, dass er sich gesund ernährt, hat entweder einen persönlichen Ernährungsratgeber oder eine der zahlreichen Seiten im Web aufgesucht, die sich mit dem Essen im Allgemeinen und im Besonderen beschäftigen. So auch diese. Die Uni Hohenheim verrät allerhand: Wie man den eigenen Energiebedarf berechnet, zu welchen Zufuhrempfehlungen die Deutsche Gesellschaft für Ernährung rät und und und. Das Highlight ist jedoch die Ernährungsanalyse. Sie füllen den vorhandenen Fragebogen aus und schicken ihn ab. Die Analyse zeigt Ihnen, welche Nährstoffe Ihrem Körper fehlen.

Hersteller & Handel

Anbieter allgemein

EDEKA

http://www.edeka.de

Die EDEKA-Gruppe ist ein freiwilliger Zusammenschluss selbständiger Einzelhandels-Kaufleute. Auf diesen Seiten erhalten Sie alle Informationen, die Sie benötigen, um sich über EDEKA ein Bild zu machen. Sie finden mit Hilfe einer Suchmaschine den EDEKA-Markt in Ihrer Nähe und können sich zu über 500 Produkten genauer informieren. EDEKA gibt Ihnen Antworten auf so wichtige Fragen wie: Wo kommt die Ware her? Warum ist sie so gesund? Wie wird sie am besten zubereitet? Was muss man bei der Lagerung beachten? Exklusive Rezepte von Gabriele Voigt-Gempp runden die Präsentation der EDEKA-Gruppe ab.

eismann

http://www.eismanncity.de

Konservierungsstoffe sind aus vielen Gründen in die Kritik der Verbraucher geraten. Die natürlichste und damit auch gesündeste Art der Konservierung ist ohnehin das Tiefgefrieren. Damit alles taufrisch in der heimischen Tiefkühltruhe landet, gibt es Lieferspezialisten wie den eismann. Ob Garnelen in Knoblauchsoße oder Fruchtmus-Trios, alles was des Einfrierens bedarf, wird in und um Berlin noch am gleichen Tag ausgeliefert. Alle Nicht-Hauptstädtler müssen vielleicht ein wenig länger warten, dafür aber nicht auf den eismann verzichten, denn auch wer online bestellt wird beliefert – garantiert!

forster

http://www.forster.de

Wenn es um die Wurst geht, macht dem traditionsreichen Hause Forster niemand etwas vor. Kennen Sie die würzigen original Nürnberger Rostbratwürstchen? Ob als Snack-Pack oder in Schneckenform, ob Riesenknacker oder Weißwurst – die Würstchen diese Unternehmens sind einfach lecker! Doch aus dem Hause Forster kommt noch mehr: Für alle, die keine Zeit, aber große Lust am Essen haben, gibt es die 3-Minuten-Gerichte mit der Qualität eines Sternemenüs. Die Präsentation des Unternehmens Forster macht viel Appetit. Schade, dass der Online-Einkauf noch nicht möglich ist!

Kellogg's

http://www.kelloggs.de

Wie man aus ein paar Morgen Land einen guten Morgen macht, erfahren Sie auf den Seiten von Kellog's. Die sonnengereiften Getreideprodukte, die auf die Namen Smacks, Toppas, Fruit Loops usw. hören, muss man wohl niemandem mehr vorstellen. Einfach mit Milch für die richtige Portion Kalzium aufgießen und schon kann man sich über ein ebenso leckeres wie gesundes Frühstück hermachen. Die Präsentation (der Produkte) wird durch Tipps zur gesunden Ernährung, durch Spiele und eine Sammlerbörse für die netten Packungsbeigaben ergänzt.

Kraft Ketchup

http://www.ketchup.de

Womit nur kann Ed, der Held des neuen UBI Soft Spieles Tonic Trouble, die schrecklichen Killertomaten, die weißbrotschießenden Toaster und die durchgeknallten Karotten besiegen? Mit der roten Soße von Kraft Ketchup natürlich! Auf den Seiten von Kraft geht es jugendlich frisch und sehr trendy zu. Weit weg von Stress und Hektik finden junge Ketchup-Fans hier tolle Grill- und Snack-Ideen und können attraktive Preise gewinnen. Auf zur „Red Side of Life"!

Knorr

http://www.knorr.de

Knorr bringt die besten Ideen auf den Tisch – und mit der Homepage knorr.de eine erfreulich unkommerzielle Serviceseite auf Ihren Bildschirm. Hier dreht sich alles ums Kochen: Im „Treffpunkt Küche" gibt es jede Menge Rezepte, ob für die deftige Küche oder für das pikante Sonntagsmahl. Dazu werden unter der Rubrik „Healthy Choice" Hinweise und Rezepte für die gesunde Ernährung geboten. Besonders nett: Knorr schickt Sie außerdem auf eine kulinarische Reise und stellt Esskulturen anderer Länder vor. Rundherum gelungen!

Kraft

http://www.kraft.de

Hier bei Kraft geht es natürlich und vor allem ums Essen, denn davon versteht dieses Unternehmen wirklich etwas, ohne den Mund zu voll zu nehmen. Das Thema wurde so umfassend und unterhaltsam aufbereitet, dass für Spaß ordentlich und Spannung gesorgt ist. In der Rubrik „Ideen á la Kraft" finden Sie neben der Geschichte des Unternehmens auch alle Produkte der Firma, von Mirácoli bis Velveta. In dem Highlight dieser Rubrik, der Rezeptdatenbank, entdecken Sie passend zu jedem Anlass und für jeden Geldbeutel Köstlichkeiten zum Selbstkochen. Sollten Sie sich lieber „Fit in den Tag" klicken wollen, seien Ihnen die wertvollen Tipps zur Ernährung ans Herz gelegt.

Lukull

http://www.lukull.de

Auch die internette Liebe geht bekanntlich durch den Magen. Eine Site, die Appetit macht, ist die Webpage von Lukull. Köche aus Gastronomie und Großküchen (z.B. Betriebsrestaurants und Krankenhäusern) sind die Zielgruppe, der rund 850 Rezepte mit der Möglichkeit zur Portionsumrechnung verraten werden. Alle Informationen sind kinderleicht aufzurufen und abzufragen. Das große Plus: die vielen zusätzlichen Servicekomponenten. Die Maitres haben die Möglichkeit, via Mailservice rasche Hilfe(stellung) anzufordern, ein Lexikon mit über 1.500 Fachbegriffen steht zur Verfügung, das „Schwarze Brett" dient als Gebraucht-börse und die „Lukull-Kuriere" setzen Auszubildende wie Profis stets über das Neueste aus der Branche in Kenntnis. Regelmäßige Informationen in Bezug auf Termine, News oder Aktionen – alles natürlich kostenlos – runden eine Site ab, die von Profis für Profis erstellt worden ist – und deswegen auch nur per Passwort zugänglich ist. Wer jetzt also Hunger auf mehr verspürt, sollte sich fix seinen Code besorgen und darf im Anschluss daran im Reich der lukullischen Genüsse schwelgen!

Néstle

http://www.nestle.de

In jedem deutschen Haushalt ist Nestlé im Durchschnitt mit 100 Artikeln pro Jahr präsent. Wenn Sie in sich gehen, werden Sie diese Zahl sicher bestätigen können, denn wer kennt nicht den Schokoriegel KitKat, die leckeren Getränke von Nescafé oder die Maggi-Produkte? In seiner Internet-Präsentation verwöhnt Sie das Unternehmen mit Spiel, Spaß, Ernährungstipps und bietet Ihnen die Möglichkeit, in den sechs verschiedenen Online-Shops zu stöbern. Besonders erwähnenswert: die neue Diät-Mahlzeit Nestlé pro Figur. Damit lassen sich kleinere und größere Pölsterchen beseitigen, die durch den Genuss von zuviel KitKat entstanden sind.

Dr. Oetker

http://www.oetker.de

Der Internet-Auftritt von Dr. Oetker bietet neben vielen wissenswerten Produktinformationen einen großen Fundus an gelingsicheren Back- und Kochrezepten, die von Omas Traditionsküche bis zur modernen Schnellküche rangieren. Darüber hinaus findet der User auf den Dr. Oetker Seiten viele Informationen über das Unternehmen, die Geschichte, Karrieremöglichkeiten und eine "Cult-Corner". Außerdem: Im Dr. Oetker Shop kann man neben Dosen und Schildern mit historischen Motiven auch Koch- und Backbücher und andere Dr. Oetker Produkte kaufen.

Opt Art Home Service

http://www.optart.de

Haben Sie sich schon mal überlegt, was Sie alles auf den Tisch zaubern könnten, wenn Sie die Zutaten problemlos bekämen? Der Opt Art Homeservice bietet neben einer Vielzahl normaler Lebensmittel auch die „Kleinigkeiten", die eine Mahlzeit zu etwas Besonderem machen. Überraschen Sie Ihre Lieben doch mal mit Tintenfisch oder Krustentieren! Sie füllen den Warenkorb nach Belieben, bestätigen Ihre Bestellung und lassen sich die Genussvielfalt vom Rungis Express nach Hause bringen. Guten Appetit!

Schamel Meerrettich

http://www.schamel.de

Seit über 150 Jahren schätzt man Schamel-Meerettich als scharfe und gesunde Delikatesse zu Wurst, Fleisch, Fisch und Geflügel sowie für leckere Saucen und Salate. Ob Sie den milden Sahne-Meerrettich favorisieren oder es lieben, wenn der scharfe „Rachenputzer" Ihnen die Tränen in die Augen treibt, Sie können bei Schamel verschiedene Sorten ganz nach Ihrem persönlichen Geschmack ordern. Für Feinschmecker hält der traditionsreiche Familienbetrieb eine besondere Köstlichkeit bereit: verschiedene Gourmet-Frucht-Sorten. Viele Tipps für die Verwendung des Meerrettichs ergänzen die Präsentation des Unternehmens Schamel.

Homepage Dr.Oetker

Tengelmann-Gruppe

http://www.tengelmann.de

Nicht ohne Grund herzen sich „Frosch und Schildkröte" auf der Homepage der Unternehmensgruppe Tengelmann, die sich auf diese Weise mit ihrem Umweltpärchen auch im World Wide Web konsequent zum Schutz der Umwelt, einem festen Bestandteil der Unternehmensphilosophie, bekennt. Wie die Mülheimer es schaffen, im Zeichen von „Frosch & Schildkröte" Ökonomie und Ökologie erfolgreich miteinander in Einklang zu bringen, demonstriert der virtuelle Supermarkt der Website. Hier werden alle Punkte der Umweltschutzleitlinien und die Möglichkeiten für den Kunden, einen aktiven Beitrag zum Umweltschutz zu leisten, ausführlich erläutert. Ansonsten bietet diese sehr schön gestaltete Site ein Online-Bewerbungsformular für die begehrten Jobs sowie die Ausbildungs- und Traineeprogramme bei Tengelmann, eine Unternehmens-Chronik und Kurzinformationen zu allen Vertriebslinien, die teilweise mit Hyperlinks versehen sind. Eine praktische Zusammenfassung aller Themen ist darüber hinaus im lesefreundlichen PDF-Format zu erhalten.

Bestfoods Treffpunkt Küche

http://www.treffpunkt-kueche.de

Der Treffpunkt Küche sorgt von nun an für Ihre gesunde und vor allem schmackhafte Ernährung: Unter „Fit & vital" finden Sie ein Fitnessprogramm für Genießer, „Kochimpulse" klärt die berühmt berüchtigte Frage: „Was gibt's heute zu essen?" (eine Typberatung für Feinschmecker inklusive), außerdem wird per Newsletter regelmäßig das Rezept der Woche verschickt. Neben dem Bereich „Cyber Talk", in dem gemailt und gechattet werden kann, stellen sich natürlich auch die Markenartikler vor, die hinter diesem ausführlichen Angebot stehen: Sie heißen Mondamin, Pfanni, Mazola, Ubena und Dextro Energen und gehören zur Unternehmensgruppe Knorr.

Wild Wingers

http://www.wildwingers.de

Wild Wingers sind köstlich marinierte, vorgegarte Chicken Wings nach original kanadischem Rezept. Doch bevor Sie sich an das Geflügel wagen, sollten Sie erst einmal den spielerischen Umgang mit den Fleischstückchen erproben. Sie glauben, das sei einfach? Dann versuchen Sie einmal, die Wild Wingers mit einem Backofen zu fangen. Darum geht es nämlich in „The Wing Ding". Ganz herzig wird es in der „Foto-Lovestory". Und das ist noch nicht alles. Was diese Seite noch zu bieten hat, sollte man sich am besten selbst anschauen!

Wein Marketing Service

http://www.wms-net.de

Wein ist ein schier unerschöpfliches Thema in den unendlichen Weiten des WWW. Während es bei den meisten anderen Präsentationen jedoch darum geht, die Vorzüge eines Anbaugebiets herauszustellen, bemüht sich die Wein Marketing Service GmbH darum, den Produkten aller gerecht zu werden. Das Unternehmen bietet Weinbauern und -händlern nicht nur die Möglichkeit, mit Hilfe eines Banners auf ihr Unternehmen aufmerksam zu machen, sondern hält außerdem Software bereit. Auch für diejenigen, die nicht vom Fach sind, lohnt sich ein Besuch dieser Site: Unter „Wein & mehr" verrät die GmbH, wo auf der Welt welche Weine angebaut werden. Antworten auf vielleicht noch bestehende Fragen liefert das „Weinlexikon".

Feinkost & Spezialitäten

Bianchi

http://www.bianchi.ch

Das Schweizer Feinkostunternehmen Bianchi bietet im Rahmen seiner Firmenhomepage einen Überblick über das Warenangebot, das eine große Auswahl an Süßwasser- und Meeresfischen, Meeresfrüchten und Geflügel umfasst. Alle Produkte werden mit Bild und den wichtigsten Angaben zu Gewicht und Herkunft vorgestellt, eine Auswahl an Rezepten liefert Vorschläge zur delikaten Zubereitung.

heiss – Das Fachhaus für Feines, Deftiges und Kräftiges

http://www.feinkost-heiss.de

Seit mehr als 45 Jahren versorgt heiss, das Fachhaus für Feines, Deftiges und Kräftiges, Genießer in Bad Endorf und Traunstein mit allerlei Delikatem. Diesen Service können Sie nun auch über das Internet in Anspruch nehmen. Ob Sie einen der deftigen Präsentkörbe favorisieren oder im Internet-Kühlkaufladen zu Lagerverkaufspreisen shoppen möchten, hier werden Sie fündig. Gewerbetreibenden steht ein eigener Link zur Verfügung ("Großhandel"). Die Zustellung der Waren erfolgt mit dem Frischdienstwagen oder mit der Frischespedition.

Feinkost Käfer

http://www.feinkost-kaefer.de

"Qualität aus Leidenschaft" – Feinkost Käfer ist Münchens erste Adresse für den feinen Gaumen, ein Traditionsunternehmen für gehobene kulinarische Ansprüche. Der Feinkostladen und die Käfer-Schänke im Stammhaus, die Gastronomie im Deutschen Bundestag und in der Düsseldorfer Kö-Galerie sowie der legendäre Käfer Party-Service werden auf dieser Website ausführlich und liebevoll vorgestellt. Bald schon muss niemand mehr auf Käfer verzichten. Unter www.kaefer-shopping.de können Sie demnächst eine Vielfalt an Geschenken, Weinen und Accessoires bestellen sowie verschiedene Dienstleistungen nutzen. Feinkost Käfer freut sich auf Ihren Besuch!

Gareis

http://www.gareis.de

Wer kanadische Spezialitäten auf den Tisch bringen will, kommt um dieses Angebot nicht herum: Gareis hat sich auf Appetitliches aus dem "Land der Kontraste und Abenteuer" spezialisiert. Weniger für Abenteuer, umso mehr aber für Abwechslung auf dem Tisch sorgen die Leckerbissen, die jeden Feinschmecker erfreuen dürften: Lachs, Hummer und Bisonsteaks sind im Online-Shop erhältlich. Damit sie auch kompetent zubereitet werden können, wurden außerdem Rezepte bereitgestellt. Für die Abrundung des Genusses sorgen Weinspezialitäten – natürlich ebenfalls aus Kanada.

Genusstempel

http://www.genusstempel.de

Eine Site für Feinschmecker: Kulinarische Genüsse in immenser Anzahl erwarten den Gourmet auf den Seiten des Genusstempels. Hier kann man schlemmen ohne auf den Diätplan achten zu müssen, denn es bleibt (zunächst) beim Augenschmaus. Weine, Feinkost, eine Glaserie, Tabakwaren, Sekt und Champagner, Spezialitäten – allein die Aufzählung lässt einem das Wasser im Munde zusammenlaufen. Ob Schnapsbrenner-Seminar oder der Kauf von Weinberg-Aktien: Der Tempel der Hochgenüsse verfügt über viele Töpfe, aus denen Sie naschen können. Klasse statt Masse präsentieren die Anbieter, die sich selbst mit ein *paar Hintergrundinfos vorstellen. Das Leben auf die feine Art bewusst genießen: Der Genusstempel hat seine virtuellen Pforten rund um die Uhr für Sie geöffnet!*

Gourmethek

http://www.gourmethek.de

„Wir bringen Ihnen nicht den Himmel auf Erden, aber den absoluten Genuss bei Tisch", verspricht Ihnen die Gourmethek. Wenn Sie das Spezialitäten-Sortiment aus Italien und Griechenland betrachten, glauben Sie diesem Versprechen. Zahlreiche Köstlichkeiten, zum Beispiel Essig und Öl, Pesto, Fisch, Käse und Trüffel, Patés und Eingelegtes, Pasta und Brotaufstriche sowie Wein und Grappa warten auf Ihren Online-Einkauf. Um Ihnen zu beweisen, wie ernst es der Gourmethek mit ihrem Versprechen ist, stellt Sie Zweiflern ein Testpaket zum Kosten zusammen.

Italien Online Shop

http://www.internetto.de

Schließen Sie die Augen und denken Sie an Sonne, Amore und Temperament. Stellen Sie sich den Geschmack von Artischockencreme mit Knoblauch, Pasta in genuesischer Basilikumsauce und toskanischem Mandelgebäck vor... und nun schnell zum Italien-Shop Internetto! Die Begeisterung für das Land und die Leidenschaft für die italienischen Küche gaben den Impuls, Ihnen die Köstlichkeiten Italiens ins Haus zu liefern. Das Angebot beginnt bei Zutaten, reicht über Weine und endet beim italienischen Espresso. Alle Erzeugnisse wurden vom sympathischen Internetto-Team selbst verkostet. Selbstverständlich erhalten Sie nur qualitativ hochwertige Produkte, die auch von Kennern geschätzt werden und direkt vom Hersteller oder von einem seiner direkten Vertriebspartner bezogen werden.

Kattus

http://www.kattus.de

Kattus ist Deutschlands größter Anbieter für internationale Spezialitäten und bringt Lecke-

Homepage Internetto

reien und Zutaten aus fernen Ländern in die heimischen Gefilde. Wer sich über die Produkte von Kattus, die auch unter den Markennamen Bamboo Garden, Lacroix, Pace und milerb vertrieben werden, informieren möchte, wird auf dieser Website nicht enttäuscht. Darüber hinaus wird die Unternehmensstruktur offengelegt, die Presseberichte werden zum Download angeboten und last but not least gibt es auch noch ein paar nette Kochrezepte.

Delikatessen Köser – Die Welt des Genießens
http://www.koeser.com

Wenn sich sanfte Mandarinenscheiben und fruchtige Ananasstückchen zwischen den mit dänischem Speck eingehüllten Scampi-Spießen vergnügen, sind Gourmetfreuden in nicht allzu weiter Ferne. Delikatessen Köser verspricht die Welt des Genießens. Neben obligatorischem Beluga Kaviar reicht das exquisite Angebot von Suppen und Saucen über Krustentiere bis hin zu argentinischem Rindfleisch. Um nicht nur Ihren Gaumen zu verwöhnen, sondern auch Ihren Augen eine kleine Freude zu gönnen, werden im Netz alle offerierten Gerichte appetitlich illustriert. Wenn ihre Geschmacksnerven dann vibrieren, genügen einige wenige Mausklicks, um Sie in den Genuss der Delikatessen von Köser zu bringen.

Die Leipner Selektion
http://www.leipner.de

Mögen Sie Champagner, edle Weine und Grappa? Genießen Sie Nudeln mit feinen Saucen, Lachs oder Pasteten? Gönnen Sie sich Essig und Öl erstklassiger Herkunft? Die Leipner Selektion ist Sachsens feiner Delikatessenhandel und bietet Ihnen ein riesiges Angebot kulinarischer Köstlichkeiten, die Ihnen das Wasser im Munde zusammenlaufen lassen. Jedes einzelne Produkt wird auf „Herz und Nieren" geprüft und nur das Beste der Leipner Selektion zugeordnet. Zusätzlich zu den verführerischen Schlemmereien bietet das Unternehmen eine erlesene Rezeptdatenbank für Gourmets und informiert Sie über kulinarische Neuigkeiten. Ein Mekka für Feinschmecker!

Mabuhay Asienshop
http://www.mabuhay-asienshop.de

Liebhaber thailändischer und philippinischer Spezialitäten haben die Wahl zwischen Lebensmitteln, Saucen, Gewürzen, Getränken, Kochbüchern, Kochgeräten und Porzellan. Darüber hinaus gibt es Buch- und Musik-Tipps sowie den Partyservice des Hauses, der Ihren persönlichen Festtag zu einem unvergesslichen (kulinarischen) Ereignis macht. Weitere Einzelheiten zum Unternehmen, dem Service, den konkreten Einkaufs- und Lieferkonditionen und den offerierten Kochkursen finden Sie unter dem Link „Information".

Mileva – Italienische Feinkost
http://www.mileva.de

Italien! Blauer Himmel, duftige Blüten, fröhliche Menschen und dann diese Küche! Exklusiv, lecker, vielseitig und auch noch gesund! Mileva bringt Ihnen ein Stückchen „dolce vita" ins deutsche Haus. Im Online-Shop finden Sie eine reichhaltige Auswahl italienischer Leckerbissen aus den verschiedenen Regionen des Landes, von Piemont bis Sizilien. Angefangen bei den Zutaten, deren Qualität und Geschmack die Basis eines guten Gerichts bilden, über Antipasti, Saucen bis hin zu den herrlichen Süßigkeiten, das Ganze begleitet von einer guten Tasse Espresso... schwelgen Sie bei Mileva in Urlaubslaune und Sinnesfreuden.

Seifarth Caviarversand
http://www.seifarth.de

Willkommen im ultimativen Feinschmecker-Paradies! Hier können Sie sich auf Schatzsuche begeben, denn bei Seifarth finden Sie märchenhafte Delikatessen aus Alaska, dem Iran, *aus Frankreich und aus der eigenen Naturholz-Räucherei. In Europas großem Kaviarversand erhalten Sie nicht nur die berühmten Fischeier, sondern auch Krustentiere, Pasteten, Fisch, Schinken und Geflügel. Der Räucherlachs aus dem Hause Seifarth ist preisgekrönt und wird Ihnen auf der Zunge zergehen. Täglich frisch, wie zu Uropas Zeiten drei Tage lang auf Naturholz geräuchert, vermittelt er Ihnen jenen Hauch Luxus, der das Herz jedes Gourmets zum Schmelzen bringt.*

Spezialitäten

http://www.spezialitaeten.de

Haben Sie schon mal einen wirklich guten Obstbrand gesucht? Eine ausgesuchte Flasche Wein? Echten schottischen Lachs? Doch leider hat das nächste Feinkostgeschäft geschlossen oder ist einfach zu weit weg? Mit www.spezialitaeten.de hat die Suche nun ein Ende. Anbieter hochwertiger Feinkostwaren, edler Tropfen und feiner Rauchwaren bieten hier exklusiv ihre Ware an. Sie können in Ruhe auswählen und Ihren virtuellen Warenkorb immer wieder verändern bzw. Dinge zurücklegen, bevor Sie zur endgültigen Bestellung schreiten.

Viani Importe

http://www.viani.de

Viani Importe ist Ihr Großhandelsspezialist für Delikatessen und Spezialitäten aus Italien und dem Mittelmeerraum. Aus den unterschiedlichen Regionen Italiens hat Viani Importe Spezialitäten ausgewählt, die den Ruf der italienischen Küche begründen. Sie erhalten Antipasti, Gebäck, Saucen und Cremes, Käse, Kaffee, Gewürze, Öle, Trüffel und vieles mehr. Insgesamt stehen dem Fachhandel und der Gastronomie über 1.000 italienische und internationale Feinkostartikel zur Verfügung.

Molkereierzeugnisse

A-Cheese – Allgäuer Käseversand

http://www.a-cheese.de

„Bestellen Sie ihn nicht, dann essen wir ihn selbst!" Ebenso humorig wie selbstbewusst werden bei A-Cheese die Vorzüge des Käses aus dem Allgäu angepriesen. Ob Bergkäse oder Emmentaler, das „Käsespatzen-Set" oder die „Allgäuer Geschenkschachtel", hier bekommen Sie den Käse – garantiert frisch! – direkt von der Sennerei. Eine interessante „kleine Käselehre" zu Herstellung und Lagerung rundet das sympathische Angebot ab.

Bärenmarke

http://www.baerenmarke.de

Seit mehr als 80 Jahren begleitet das kuschelige Bärchen den Werdegang von Deutschlands Kaffeemilch-Produzent Nummer eins. Gemeinsam mit dem Plüsch-Teddy hat auch das Angebot von Bärenmarke zugenommen: Dem Trend der Zeit entsprechend gibt es leichte Varianten, die dem Klassiker „Die Ergiebige" zur Seite gestellt wurden. Wer den Werdegang von Bär und Bärenmarke nachvollziehen möchte, ist hier an der richtigen Adresse, denn die Historie ist mit den Werbeplakaten seit 1912 illustriert worden. Stellt sich nur eine Frage: Wann gibt's das niedliche Plüschtier endlich zum Kuscheln?

Campina AG

http://www.campina-ag.de

Die Campina GmbH gehört zu den führenden Anbietern von hochveredelten Milch- und Molkereiprodukten in Deutschland. Unter seinem Dach vereint das Unternehmen die bekann-

ten Marken Puddis, Fruttis und Südmilch. Die Besucher der Homepage erwartet ein vielfältiges Angebot an leckeren Milchprodukten, wichtigen Tipps und Neuigkeiten. Zahlreiche Aktionen und Spiele, Rezeptvorschläge sowie Antworten auf Fragen rund um die Milch und gesunde Ernährung bieten spannende Unterhaltung und interessante Informationen.

CMA-Milchbar

http://www.cma-milchbar.de

Dass die Centrale Marketing Gesellschaft der deutschen Agrarwirtschaft (CMA) auch für Milch wirbt, liegt nahe. Überraschend dagegen der witzig gestaltete Webauftritt. Auf der Homepage erscheint eine Milchbar in absolut modernem, futuristischem Design. Dort kann mit der Maus entweder auf den Barkeeper, die Gäste oder den Zeitungsständer geklickt werden. Wunschgemäß lassen sich auf diese Weise monatlich wechselnde leckere Rezepte für Milch-Shakes und appetitanregende Milchgerichte abrufen. Außerdem gibt's einige bemerkenswerte Fakten rund um das Thema und nicht zuletzt tolle Rätsel und Gewinnspiele.

Ehrmann

http://www.ehrmann.de

Schon die Kleinsten kennen den prägnanten Slogan der Ehrmann AG: „Ehrmann – Keiner macht mehr an." In seiner mehr als 80jährigen Geschichte hat das Unternehmen seinen Erfolg mit neuen Produkte stetig ausgebaut. Besonderen Wert legt das Traditionsunternehmen auf seine Heimat, das Allgäu. Zusammen mit dem BUND Naturschutzbund setzt man sich deshalb konsequent für die Erhaltung des Naturraumes ein. Wer die Seite der Ehrmann AG besucht, lernt natürlich auch das Sortiment kennen: vom allseits bekannten Almighurt bis hin zu den Kinderprodukten.

frischli Milchwerke

http://www.frischli.de

frischli sorgt nun schon in der vierten Generation für „Milch und Mehr". Leider lässt die Frische bei dieser Seite ein wenig nach. Den Besucher erwartet traditionell die Vorstellung der Produkte, des Weiteren sind Neuheiten, die Unternehmensgeschichte in Kurzfassung und Zahlen zu den Milcherzeugern aufgeführt. Und das war's leider auch schon. Alles in allem eine sehr nüchterne Seite.

Fruttis

http://www.fruttis-online.de

Auch die Fruchtjoghurts der Marke Fruttis sind mit einer eigenen Homepage vertreten. Ob erfrischend-fruchtig, sahnig oder als Diät-Joghurt - Interessierte erfahren hier alles rund um die einzelnen Produkte, die Aktionen und die Nährwerte. (Homepage S. 58)

Hansa-Milch Mecklenburg

http://www.hansa-milch.de

Hansa-Milch gewährt seinen Besuchern einen Rundgang durch das Werk. 570 Millionen Kilogramm Milch werden dort Jahr für Jahr weiterverarbeitet. Der „Marktplatz" zeigt die Endprodukte: Butter, Joghurt, Milch, Sahne, Quark, Molkeprodukte und vieles mehr haben die verschiedenen Stationen wie Tanklager, Butterei, Quarkerei und Abfüllung durchlaufen. Die Informationen der Homepage sind jedoch nicht nur für den Endverbraucher gedacht. Milcherzeuger finden hier eine Adresse, an die sie ihre Vorschläge bzw. ihre Fragen richten können.

Landliebe

http://www.landliebe-online.de

Die Marke Landliebe verwöhnt ihre Kunden mit einer reichen Auswahl an Premiumprodukten *hochwertiger Qualität. Entsprechend der Landliebe-Qualitätsgarantie werden hierfür nur beste Milch und erlesene Zutaten ohne Zusätze wie Speisegelatine, Konservierungsstoffe oder natur-identische Aromen verwendet. Ob es sich um Fruchtjoghurt oder Sahnepudding handelt, sämt-liche Produkte sind online in Augenschein zu nehmen und über Neuigkeiten wird man eben-so informiert wie über Aktionen und Landliebe-Rezeptvorschläge.*

Landesvereinigung der Bayerischen Milchwirtschaft

http://www.milchland-bayern.de

Die Milch ist, um es mal mit den Worten der Landesvereinigung der Bayerischen Milchwirt-schaft auszudrücken, ein wahrer „Tausendsassa". Nährstoffe, Mineralien und Spurenele-mente machen sie zu einem wichtigen Bestandteil der Ernährung. Bayern ist mit etwa 70.000 milcherzeugenden Betrieben der größte Milchlieferant Deutschlands und verfügt noch über die meisten Molkereien und Käsereien, deren Standort auf einer eigenen Seite erkundet wer-den kann. Darüber hinaus finden Sie alle Aktivitäten der Landesvereinigung, wie Messeauf-tritte, Events, Gastronomieseminare, Verbraucherveranstaltungen und Verkaufsförderungs-Aktionen im Handel. Demnächst ist auch ein Rezeptdienst verfügbar mit vielen köstlichen Beispielen, was man mit Milch und Milchprodukten zaubern kann. (Homepage S. 60)

Milch & Markt

http://www.milch-markt.de

Mit 37,6 Milliarden DM Umsatz ist die Milch- und Molkereibranche der stärkste Zweig in der Ernährungsindustrie. Kein Wunder: Jeder Deutsche nimmt durchschnittlich 65 Liter Milch pro Jahr zu sich. Milch und Markt präsentiert Informationen zur Marktlage, zu Pro-dukttrends, Produktion und Marketing, außerdem Adressen und Links.

Infobörse deutscher Molkereien

http://www.milk.de

Diese Seite, initiiert vom Bundesverband der Privaten Milchwirtschaft, versteht sich als

Homepage Fruttis

Forum für all diejenigen, die gezielt Informationen und Neuigkeiten über Molkereien suchen. Darüber hinaus soll die Benutzung der Homepage Kunden den Zugang zu Firmen und Produkten erleichtern. Diese Funktion wird durch eine große Linksammlung zu allen wichtigen Marktteilnehmern gewährleistet. Pluspunkt: Die Links sind alphabetisch sortiert und durch ein Register aufrufbar, so dass man sich das mühsame Scrollen erspart.

Molkerei Strothmann

http://www.molkerei-strothmann.de

Seit der Gründung des Unternehmens vor 100 Jahren haben viele der Produkte der Molkerei Strothmann den Markt verändert. Sie hatte den ersten Fruchtjoghurt , später dann den ersten Dreikornjoghurt. Wer so innovativ ist, weiß sich auch im Internet zu präsentieren: Rezepte, Milchlexikon, Jobbörse, ein Händlerforum, die Pressemappe zum Herunterladen – die Liste mag gar nicht enden. Auch nach außen hin zeigt man sich siegesgewiss: Neben den üblichen Fakten findet man die Zielgruppendefinition und Strategien des Unternehmens. (Homepage S. 61)

Müllermilch

http://www.muellermilch.de

Wenn der kleine Hunger kommt oder vielleicht auch der etwas größere Durst, ist man mit den Produkten von Müller gut beraten. Man kann sich mit Buttermilch schön trinken, es sich mit Müllermilch schmecken lassen oder das Pro für die Gesundheit genießen: Müller-milch, die schmeckt eben! Und dabei ist sie auch noch so gesund. Milcheiweiß, Milchfett, Milchzucker, Kalzium und Vitamine machen die (Müller)Milch so wertvoll.

Nordmilch

http://www.nordmilch.de

Kennen Sie die Nordmilch-Gruppe? Zumindest die Markenprodukte müssten Ihnen ein Begriff sein. Mehr über Bremerland, Botterbloom, Milram und Oldenburger erfahren Sie, wenn Sie die einzelnen Symbole anklicken. Auf der Homepage selbst stellt sich die Gruppe vor, die für

Homepage Landliebe

„Kompetenz auf ganzer Linie" sorgt – auch auf der Website, denn hier werden nicht nur die Standorte des Unternehmens aufgezeigt, sondern auch die Geschäftsfelder. Abgerundet wird die Präsentation mit einem Ausblick auf die strategischen Ziele der Nordmilch-Gruppe.

Dresdner Molkerei Gebrüder Pfund

http://www.pfunds.de

Treten Sie ein in den schönsten Milchladen der Welt. Schon Erich Kästner stand hier als kleiner Junge staunend vor buntem Keramikambiente und Bergen von Käse. Natürlich kann die Website den Prunk und die Pracht eines solchen architektonischen Glanzstückes nicht ganz einfangen, macht aber Hunger auf mehr, welcher durch eine Führung vor Ort, mit Speis und Trank, gestillt werden kann. Individuell zusammengestellte Präsentkörbe gibt es online, für Käseduft und Augenschmaus sollte man einen Ausflug nach Sachsen wagen, dem Land, in dem Milch und Honig fließt.

Puddis

http://www.puddis-online.de

Puddis aus dem Hause Campina bietet Pudding-Spezialitäten in den verschiedensten Variationen: Ob als Multipack, Schlemmerpudding oder Pudding mit Milchcreme - hier findet jeder sein Lieblingsdessert. Und im Schlemmertreff serviert Puddis eine regelmäßig erweiterte Auswahl an exotischen und regional-typischen Desserts. Dazu liefert die Info-Line detaillierte Angaben über die Nährwerte der einzelnen Produkte von Puddis. (Homepage S. 62)

Hier kommt der Milchmann

http://www.steffen-heinrich.de

Wenn es noch Milchmänner gäbe und sie so viele Informationen weitergeben würden wie Steffen Heinrich, würde ihre Gewerkschaft auf die Barrikaden gehen, denn mit einem 12-Stunden-Tag wäre es bei durchschnittlicher Kundenzahl nicht getan. Dieser Milchmann weiß einfach alles! Selbst die intimsten Fertigungsprozesse werden hier ans Tageslicht

Homepage Landesvereinigung der Bayerischen Milchwirtschaft

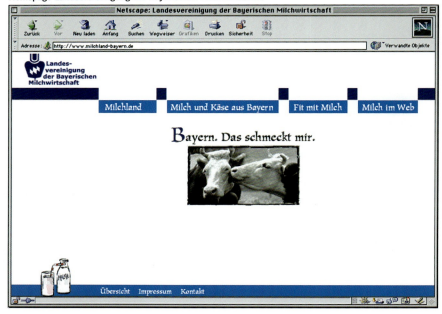

gebracht. Darüber hinaus kennt er die „Geschichte" der Milch und weiß, was auf dem Weg „vom Bauernhof zur Molkerei" alles passiert. „Links in die Milchwirtschaft" ergänzen eine Site, die in puncto Informationsgehalt kaum zu überbieten ist.

Naturkost

allesBio – Der Bio-Einkaufsführer

http://www.allesbio.de

allesBio hat es sich zum Ziel gesetzt, den gesundheitsbewussten Verbraucher flächendeckend über Einkaufsmöglichkeiten bei nahegelegenen Biobetrieben zu informieren und somit die Direktvermarkter und die regionale Ökonomie und Ökologie zu stärken. Mit der mächtigen Firmen-Suchmaschine findet man schnell den Vertrieb in unmittelbarer Nähe, der das gewünschte Produkt führt, ein Forum gewährleistet die Kommunikation zwischen den Besuchern und die News-Abteilung versorgt mit interessanten ökologischen Themen. Eine rundum gelungene Bio-Plattform.

Allos – Ökologische Produkte

http://www.allos.de

Bei Allos ist alles anders. Allos (griechisch für „anders") vertreibt Naturkostprodukte und ist einer der großen Lieferanten für Honig. Im idyllischen Mariendrebber, 10 km vom norddeutschen Diepholz entfernt gelegen, wird hier seit 1974 an einer Erfolgsstory gestrickt, die kontinuierlich fortgesetzt wird. Die Maxime, eine natürliche Lebensweise auf Grundlage ökologischer Landwirtschaft zu fördern, wurde konsequent verfolgt, und so entwickelte sich aus einem anfänglichen Selbstversorgungsprojekt ein stattliches Unternehmen mit mehr als 100 Mitarbeitern. Die Kontakte der Norddeutschen sind weltweit und reichen bis nach Süd- und Mittelamerika. Besonderes Schmankerl: Als erstes Unternehmen hat Allos von der „Sesamstraße" die Lizenz zur Keksproduktion erhalten. Das freut nicht nur das Krümelmonster, son-

Homepage Molkerei Strothmann

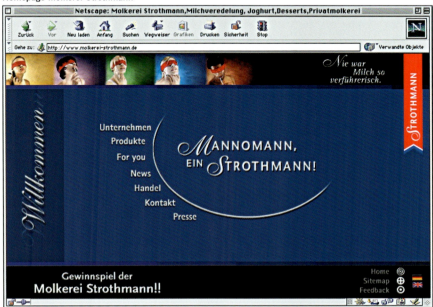

dern alle Kinder. Die Erwachsenen bevorzugen da – obwohl die Kekse aus kontrolliert ökologischem Anbau stammen – doch eher original japanischen Grüntee; Satsuma heißt der „Göttertee", der vor der Ernte mit Tüchern abgedeckt wird. Das alles (und noch viel mehr) gibt's im Allos-Shop, dem Sie unbedingt einen Besuch abstatten sollten.

Die Biofritzen

http://www.biofritzen.de

Fischers Fritze fischt hier ausnahmsweise mal keine Fische, sondern durchgehend vegetarische Bioprodukte aus kontrolliert biologischem Anbau. Die selbsternannten „Biofritzen" bieten dem Shopper ein sehr grünes, dafür aber stellenweise oft unillustriertes Sortiment an Trockenprodukten, Getränken und Schoko-Riegeln an. Die Navigation ist kinderleicht und selbst für ungeübte Online-Einkäufer kein Problem. Ein Shop für den gesunden Hunger zwischendurch!

bioworld.de: gesund und lecker

http://www.bioworld.de

bioworld.de widerlegt das sich unter Fleischessern immer noch hartnäckig haltende Gerücht, vegetarische Küche – und noch dazu Vollwert – sei langweilig und bestünde nur aus Tofu und Soja. Die Lebensmittelliste und besonders die Aufstriche und Süßigkeiten beweisen das Gegenteil. Wer trotz des reichhaltigen Angebots immer noch nicht weiß, was er kochen soll, kann sich von bioworld.de Kombiboxen für eine Woche zusammenstellen lassen, wobei neben den Lebensmitteln auch ein Speiseplan mit Rezepten und eine Einkaufsliste für die Frischware mitgeliefert wird. Bioworld hat außerdem Kosmetik, Wasch- und Reinigungsmittel sowie Tierfutter im Programm. Dank der günstigen Preise auch für gestresste Familienoberhäupter zu empfehlen.

Demeter

http://www.demeter.de

Die Qualität der Demeter-Produkte beginnt bereits bei der Tierhaltung. Fleisch und Wurst

Homepage Puddis

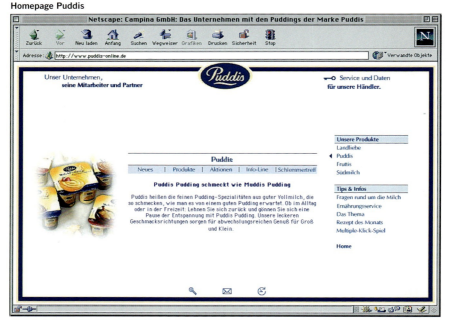

oder auch Molkerei-Produkte unterliegen strengen Kontrollen. Neben den Erzeugnissen werden im Internet verschiedene Anbauhöfe vorgestellt. Unter der Rubrik „Rund ums Kind" sind alle europäischen Hersteller von Kindernahrung erfasst, die mit dem Demeter-Qualitätssiegel ausgestattet sind. Zudem wird das Buch „Beseelter Wein" vorgestellt, das den biologischen Weinanbau von Nicolas Joly vorstellt und selbstverständlich online bestellt werden kann.

Die Gemüsekiste
http://www.gemuesekiste.de

Schon ewig nehmen Sie sich vor, sich endlich gesünder zu ernähren? Sie misstrauen dem Gemüseangebot in Supermärkten? Sie möchten mehr über Naturkost, gesunde Ernährung, Vitamine und Mineralstoffe erfahren? Dann sind Sie in der Gemüsekiste gut aufgehoben. Die Idee besteht darin, regional angebaute, frische und schmackhafte Lebensmittel direkt vom Erzeuger zu beziehen. Sie geben in die Suchmaske die Region ein, in der Sie leben und erhalten eine Liste von Anbietern, bei denen Sie gesunde Lebensmittel der Saison, meist aus ökologischem Anbau, in Top-Qualität und absoluter Frische beziehen können. Das Abo garantiert Ihnen einen abwechslungsreichen Speisezettel das ganze Jahr hindurch.

Reformen im 19. Jahrhundert
http://www.neuform.de

Als das Grammophon die ersten krächzenden Geräusche von sich gab und die nächtlichen Straßen allmählich mit elektrischem Licht erleuchtet wurden, tat Carl Braun etwas für die Gesundheit der Berliner Bevölkerung: Er eröffnete dort den Naturkostladen, die „Gesundheitszentrale". Die Ableger dieses Treffpunktes für gesundes Leben findet man heute in ganz Deutschland: Über 2.000 Geschäfte und Reformhäuser führen heute die Produkte der Marke Neuform. Wo diese zu finden sind, erfahren Sie hier. Und was man mit den Rohkostzutaten alles zaubern kann, steht in der gut bestückten Rubrik „Rezepte". Reinschauen lohnt sich!

Homepage Allos

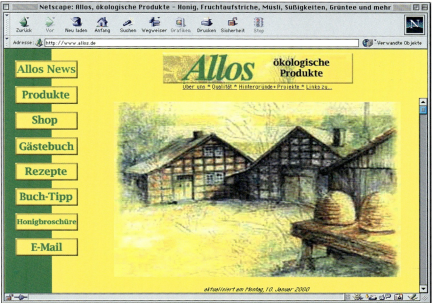

Der Nudelmacher Hierl

http://www.nudelmacherhierl.de

Liebhaber frischer Nudeln und Teigwaren haben auf den Webseiten von Nudelmacher Hierl die Chance, ihr Lieblingsgericht direkt vom Bio-Hof in Kammersdorf bei Stallwang zu ordern. Die Nudelmacher-Familie hat Teigwaren mit eindeutigem Profil entwickelt, die nicht nur besonders gut schmecken, sondern auch für Lebensmittel-Allergiker geeignet sind. Entsprechende Informationen sind auf den Seiten für Sie aufbereitet. Alle Zutaten werden nach Qualität und Herkunft ausgewählt, Vorrang dabei hat BIOLAND. Im „Teigwaren-shop" finden Sie eine Auswahl an Raviolini, Maultaschen, Schnittnudeln, Lasagneplatten, Rigatoni, Eier-Spätzle und Spezialitäten aus Bayern. Beliefert werden sowohl Einzelkonsumenten als auch Geschäfte und Naturkostgroßhändler.

Alles ganz natürlich

http://www.nurnatur.de

Naturverbundenheit in Inhalt und Design: So präsentiert sich die Seite der Firma nur natur. Frische grüne Blätter im Hintergrund lassen den Einkauf zu einer neuen Erfahrung werden. Beim Bummeln und Bestellen von Kaffee, Tee, Kosmetik und Feinkost fühlt man sich, als würde man direkt bei Mutter Natur einkaufen. Für weitergehende Informationen und die Lektüre in der Badewanne ordern Sie am besten den ausführlichen Print-Katalog – per Online-Formular, versteht sich!

Paul – Naturprodukte Direktversand

http://www.paul-natur.de

Sie mögen's natürlich? Dann liegt ein Besuch bei Pauls Naturprodukte Direktversand nahe. Denn hier findet man all das, was der Name bereits ankündigt: große und kleine Küchenhelfer wie die elektrische Saftpresse, Küchenmaschinen oder Aquasy, den handlichen Wasserfilter. Natürlich gibt's auch jede Menge Gesundes. Einziges Manko dieser Seiten ist die unvorteilhafte Präsentation. Die Farben sind eine Spur zu grell geraten, die Anordnung ein wenig unübersichtlich. Doch wenn's um die Gesundheit geht, sollte einem kein Weg zu lang und mühevoll sein. Und ein paar Mausklicks liegen mit Sicherheit noch im erträglichen Bereich.

neuform Vereinigung deutscher Reformhäuser eG

http://www.reformhaus.de

Das Reformhaus ist der „Treffpunkt für ein gesundes Leben" und eine kompetente Einkaufsstätte für Menschen, denen ihre Gesundheit und eine natürliche Lebensgestaltung wichtig sind. Schon 1930 wurde die neuform-Vereinigung deutscher Reformhäuser gegründet. Heute gehören ihr mehr als 1.300 Mitglieder an. Auf den Seiten von neuform können Sie in Rezepten und Ratgebern für ein gesundheitsbewusstes Leben stöbern und sich über viele Reformhaus-Produkte informieren. Seminarempfehlungen und ein eigenes Magazin, der „Reformhaus Kurier", runden das Angebot von neuform ab.

Der Berg ruft – Schneekoppe

http://www.schneekoppe.de

Ja, wie ruft er denn? Entscheiden Sie sich für die richtige Betonung und gewinnen Sie Produkte der Firma aus Bremen, die ihren Ursprung ganz woanders hat. Denn im Jahre 1927 begann Fritz Klein seinen Leinsamenhandel am Fuße des höchsten Berges im Riesengebirge, der Schneekoppe. Heute bietet die Firma 120 verschiedene Produkte an. Welche das sind, das entnehmen Sie am besten dieser aufwendig gestalteten Homepage!

unitednature.net

http://www.unitednature.net

Noch sind sie nicht in aller Munde, aber der Trend geht eindeutig zu ökologisch angebauten Produkten. Warum? Nun, dafür gibt es zwei gute Gründe: Sie sind sehr viel gesünder, gleichzeitig garantiert ökologischer Anbau die Gesunderhaltung der Natur - und davon profitiert jeder. unitednature bietet mehr als 4.000 Naturprodukte, darunter nicht nur Lebensmittel, sondern auch Kosmetika, Haushaltsartikel und Bücher, die über den ansprechend gestalteten Online-Shop erhältlich sind. Die Offerten werden durch zahlreiche Features ergänzt. So kann man im Forum seinen Beitrag zu einem der Diskussionsthemen leisten, den Service nutzen, der an wichtige Termine (wie z.B. Hochzeitstag oder Geburtstage) erinnert oder gar ein virtuelles Bäumchen pflegen. Ein zeitgemäßer Auftritt, der zum umweltbewussten Einkaufen animiert!

Viva Vitamins

http://www.vitalstoffe.de

Unumgänglich für eine gesunde Ernährung ist das Aneignen eines gewissen Wissensfundus über Vitamine, ihre natürlichen Lieferanten und Wirkungsweisen. Vitalstoffe.de frischt brachliegendes Wissen auf und klärt über grundlegend benötigte Informationen auf. Wenn Sie ein Vitaminprofil erstellen wollen, schonendes Garen erlernen und einen Blick auf den Saisonkalender für Gemüse werfen möchten, kommen Sie an dieser Seite nicht vorbei. Praktischerweise ist der Shop gleich angegliedert, so dass einem Vitaminstoß nichts mehr im Wege steht.

Wiesenhof

http://www.wiesenhof.de

Immer mehr ernährungsbewusste Menschen bauen Geflügel in ihren Speiseplan ein, denn es ist besonders leicht und lecker. Vor allem aber besticht Geflügel durch seinen Reichtum an Vitaminen und Ballaststoffen und zeichnet sich durch einen geringen Fett- und Kohlenhydratgehalt aus. Das bestätigt auch die von Wiesenhof begeisterte Katarina Witt. Das

Homepage unitednature.net

Unternehmen Wiesenhof bietet eine Vielzahl von Geflügelideen, frische Ware ebenso wie Tiefkühl-Produkte und natürlich auch Geflügelwurst. Außerdem finden Sie unter Neuheiten eine breites Sortiment an Spezialitäten für jeden Anlass wie z.B. Geflügel-Burger, Hot Wings oder Geflügel-Sticks. Viel Spaß, Unterhaltung und wertvolle Informationen ergänzen die Präsentation von „Wiesenhof" auf hervorragende Weise.

Süßes & Knabbereien

Bahlsen
http://www.bahlsen.de

Ob süß oder salzig – Snacks und Kekse von Bahlsen sind in aller Munde. Deswegen steigert sich mit der Länge des Aufenthaltes auf den leckeren Seiten der Appetit auf all die feinen Sachen, die Bahlsen herstellt. Seit über 100 Jahren schmecken die Produkte sowohl kleinen als auch großen Leuten. Ob Messino, Butterkeks, Kuchen oder die neue Kreation PickUp... welches Produkt Sie favorisieren, bleibt Ihrem Geschmack überlassen. In jedem Fall erfahren Sie viel Wissenswertes über die einzelnen Artikel, können sich die jeweiligen TV-Spots ansehen oder an Gewinnspielen teilnehmen. Nur eines ist bedauerlich: Die Nutzung des Bahlsen-Shops bleibt Geschäftskunden vorbehalten, der kekssüchtige Normalverbraucher muss sich in den nächsten Supermarkt bemühen.

Chio Chips
http://www.chio.de

Die leckeren Knabbereien aus dem Hause Chio sind längst in aller Munde. Was liegt also näher, als dem Webauftritt durch die Präsentation der schärfsten Seite im Netz die nötige Würze zu verleihen? Wie man nominiert, was man dabei gewinnen kann und vieles mehr verrät der Hersteller der Knabberartikel auf seiner Homepage.

Die Schokoladenseite des Internets
http://www.chocoman.de

Eine der süßesten Seiten im Netz lädt ein zur zarten, zart-bitteren oder vollmilchigen Verführung. Und die gelingt hervorragend, ohne Gewichtzunahme. Was Sie auch über Schokolade wissen wollen, beim Chocoman finden Sie die Antworten auf Ihre Fragen. Damit dürfte diese Seite für etwa 80 Mio. Deutsche hochgradig interessant sein, denn wer ist dem süßen Naschwerk nicht verfallen? In der „Infothek", dem ersten von fünf Menüpunkten, kann man den alltäglichen Genuss mit reichlich Wissenswertem untermauern (oder wussten Sie, dass die katholische Kirche Schokolade ursprünglich als ideale Fastenspeise empfahl?). Die „Cuisine" lockt mit einer Vielzahl von Rezepten, deren kakaohaltige Hauptzutat im Shop erhältlich ist. Schließlich wird es noch einmal informativ: In den „News" und „Dates" wartet der Chocoman mit Neuigkeiten und Terminen aus der Schokoladenwelt auf. Diese Site wird ihren Magen im Sturm erobern!

Original Dresdner Christstollen
http://www.dresdnerstollen.de

Der delikate Dresdner Christstollen schmeckt nicht nur zur Weihnachtszeit. Die Bäckersleute vom Dresdner Backhaus können mit Recht stolz auf diese traditionsreiche, handgefertigte Köstlichkeit sein. Nur allerfeinste, erlesene Rohstoffe werden nach altem Familienrezept behutsam zu einem wohlriechenden, geschmeidigen Teig verarbeitet. Dieser wird von Hand zum traditionellen Stollen geformt. Nach dem Backen und einer Ruhepause bekommt der Stollen durch Hinzufügen von Butter und Puderzucker sein endgültiges Aussehen.

Diabetiker müssen auf diese Köstlichkeit übrigens nicht verzichten, seit kurzem ist auch der delikate Diabetikerstollen erhältlich. In verschiedenen stilvollen Schmuckdosen oder Geschenkkartons liefert Ihnen das Dresdner Backhaus Ihre Stollen zum Wunschtermin.

Haribo

http://www.haribo.de

Ganz schön verspielt, das kleine Goldbärchen. Da wirft es doch glatt die einzelnen Rubriken durcheinander. Was für ein Glück, dass Jonglieren nicht zu seinen herausragenden Fähigkeiten gehört, so stehen die Unterpunkte dieser Seite zum Schluss des Intros wieder in Reih und Glied. Dabei sollte ihm der Rhythmus eigentlich im Blut liegen, hat das Goldbärchen seine Karriere doch als Tanzbär gestartet! Sowohl seine Geschichte als auch seine Herstellung werden auf diesen herrlich bunten Seiten liebevoll geschildert. Das vom Aussterben bedrohte Tierchen stellt aber auch seinen Leidensgenossen, die Lakritzschnecke, vor. Obwohl sie schnell in den Mägen großer und kleiner Leckermäuler verschwinden, wissen sie sich in Erinnerung zu bringen, zum Beispiel auf T-Shirts oder beim Bärchen-Lauf-Spiel. Wetten, dass der blondgelockte Herr mittleren Alters mit seiner Vorliebe für Bärchen und Co. nicht allein ist?

Katjes

http://www.katjes.de

Es begann alles ganz harmlos: Xaver Fassin bringt ein Rezept zur Herstellung von Lakritz aus Sizilien mit. Der Sohn, Klaus Fassin, stellt daraus Naschzeug in Form einer kleinen schwarzen Katze her und nennt dieses Produkt Katjes, was soviel wie „kleine Kätzchen" bedeutet. Das war 1950. Heute erhalten Sie neben diesen Katzen auch salzige Heringe, verrückte Kühe, Fruchtgummi-Schweinchen, Salmiakpastillen und vieles mehr. Katjes ist ein riesiger Konzern geworden, die unbestrittene Nr. 2 der Branche. Das Unternehmen unterhält Sie nun im Web – mit Spielen, Spaß, Wissenswertem über das Unternehmen und einem Stefan-Raab-Special. Kinder, wie die Zeit vergeht!

Langnese

http://www.langnese.de

Auf den Seiten des Eis-Imperiums Langnese fällt es schwer, Prioritäten zu setzen. Schaut man sich die berühmten Werbe-Jingles der Marke Magnum an oder sollte man zuerst in den cremigen Eis-Genüssen schwelgen? Die Merchandising-Produkte (z.B. Sporttaschen, Pins, Kugelschreiber, Kühlboxen oder die Musik-CD mit den bekanntesten Melodien aus der Langnese-Werbung) sind ebenfalls attraktiv und können im Shop bestellt werden. Langnese bedeutet natürlich auch Freizeit, Vergnügen und Unterhaltung, davon können Sie sich in der Rubrik Erlebniswelt ein Bild machen. Durch Kooperation mit vielen Partnern, z.B. dem Heidepark Soltau, dem Ravensburger Spieleland oder dem Phantasialand schafft Langnese Erlebnisse der besonderen Art.

Lindt

http://www.lindt.com

Ach ja, die Schweizer Schokolade... süß und delikat schmilzt sie auf der Zunge und gleich darauf schmilzt auch unser Herz! Die Spezialitäten von Lindt sind international bekannt. Auf den Lindt-Seiten kann sich die Welt zudem ausführlich über die Geschichte des traditionsreichen Hauses informieren oder gleich voller Vorfreude den Online-Shop heimsuchen. Das Unternehmen offeriert Ihnen erlesene Praliné-Mischungen und die zarten, kleinen Köstlichkeiten der Nouvelle Confiserie. Ebenfalls im Sortiment ist das Lindor-Herz, gefüllt mit den beliebten zartschmelzenden Lindor-Kugeln. Wenn Sie sich nicht selbst mit diesen Schleckerchen beglücken möchten, bestellen Sie doch ein Geschenkpaket für Ihre Lieben!

Milchschnitte

http://www.milchschnitte.de

Wer kennt sie nicht? Eine der Grundnahrungsquellen aus dem Kühlschrank und Kohle-hydratlieferant für unterwegs: die Milchschnitte. Hier kümmern sich die Hersteller des süßen Hungerstillers ausnahmsweise mal wirklich um die Gesundheit der Konsumenten, da die Site keineswegs zum Essen verleitet, sondern zur sportlichen Betätigung. Auf den Seiten der Milchschnitte verbirgt sich nämlich eine Fitness-Partner-Börse, in der nicht nur Milchschnit-ten-Esser neue Sportkollegen suchen und finden können. Eine Pinnwand sorgt für regen Informationsaustausch und führt schnell zum sportlichen Pendant. Allerdings nur unter der Bedingung, dass man sich anschließend eine Milchschnitte brüderlich teilt!

Die schönsten Pausen sind lila...

http://www.milka.de

Ganz und gar witzig und kreativ präsentiert sich Milka im Internet. Neben der Geschichte der „zartesten Versuchung, seit es Schokolade gibt" kann der echte Schokofan auch die Patenschaft für eine virtuelle Kuh übernehmen, die er pflegen und füttern muss, damit sie wächst und gedeiht. Tut er das nicht, geht es der Kuh schlecht. Beim Chatten mit anderen Kuhhirten kann man sich Tipps holen und Erfahrungen austauschen. Ein besonderer Service für Vergessliche: Bei Milka kann man bestimmte Termine wie Geburtstage etc. eingeben und wird pünktlich per E-Mail an sie erinnert.

Niederegger Marzipan

http://www.niederegger.de

Willkommen im Hause Niederegger, dem Inbegriff exquisiten Lübecker Marzipans. Sieben Generationen Niederegger haben Marzipangeschichte geschrieben. Früher nur erlauchten Fürstenhäusern vorbehalten, sind die unwiderstehlichen Kompositionen aus dem Hause Niederegger heute in der ganzen Welt beliebt und begehrt. Im Shop finden Sie eine kleine Auswahl aus dem riesigen Sortiment sowie süße Geschenkpäckchen für Ihre Lieben. Dank der sorgfältig bewahrten Rezeptur und der Liebe zum Detail sind die kleinen Kostbarkeiten auch heute noch ein fürstlicher Genuss!

Aachener Printen-Bäckerei Klein

http://www.printen.de

Die Printen, ein Aachener Nationalgebäck, sind eine Art Honigkuchen. Ihr Ursprung ist wahr-scheinlich im belgischen Dinant, der ersten Backstätte für Gebildbrot, zu suchen. 1620 kam ein Gießer aus Dinant zur Brunnenmontage nach Aachen – und bot in der Frühstückspause den „Öcher" Meistern und Gesellen von seinem leckeren heimatlichen Gebildbrot an. Und denen scheint es vom ersten Bissen an so geschmeckt zu haben, dass kurz darauf das Rezept in Aachener Backstuben ausprobiert und verfeinert wurde. Da die Gebildbrotspezialität aus Dinant sich bis in das Jahr 1000 zurückverfolgen lässt, steht die Printe in einer ehrwürdi-gen Ahnenreihe. Ob mit oder ohne Schokolade, mit Nüssen oder mit Kräutern, hier können Sie die Aachener Spezialität in bester Qualität zu sich nach Hause kommen lassen.

Ritter SPORT

http://www.ritter-sport.de

Die Alfred Ritter Schokolade- und Zuckerwarenfabrik, besser bekannt über ihr Produkt Ritter SPORT, schickt den Onliner zunächst in ein Extrafenster des Browsers – quadratisch, prak-tisch, gut! Dort gibt es dann viele Informationen zum beliebten Schokoquadrat. Highlight: Das Computerspiel „ChocMan", die Ritter SPORT-Variante des Klassikers Pacman.

Schöller Eisvergnügen

http://www.schoeller.de

Eis ist ein Stück Lebensfreude. Und so ist es nur konsequent, dass Schöller im Internet nicht nur in vorbildlich klarem Screendesign Unternehmens- und Produktinfos anbietet, sondern ein buntes, pralles Bündel von Angeboten rund um den Spaß am Leben geschnürt hat. Ob Tipps zum Ausgehen in Manhattan oder ein Verzeichnis aller europäischer Freizeitparks, ein Surf-Ausflug auf die Schöller-Seiten lohnt sich stets.

Stollwerck

http://www.stollwerck.de

Stollwerck präsentiert seit 1839 die ganze Welt der Schokolade. Das Unternehmen erzählt Ihnen in einem kurzen Abriss seine Geschichte, stellt Ihnen Fakten und Zahlen vor und lädt Sie ein, Online-Grüße zu versenden oder am Gewinnspiel teilzunehmen. Sind Sie allerdings ein ausgewachsener Süßschnabel und erwarten, dicke Pakete mit der Schokolade, dem Marzipan oder den Pralinen von Stollwerck bestellen zu können, werden Sie schaumgebremst. Die Produkte lassen sich hier nur bestaunen.

ültje

http://www.ueltje.de

Diesmal geht es nicht darum, den Bauchladen des ültje-Mannes auszuräumen. Versuchen Sie sich doch mal in Ihrer eigenen Interpretation des Werbeklassikers „Kaum steh' ich hier und singe…"! Das geht Ihnen auf die Nüsse? ültje hat natürlich auch den weniger Sangesfreudigen etwas zu bieten. Sie können wie wild Erdnüsse sammeln, der kleinen Erdnussdose Karl den Weg aus dem Labyrinth zeigen oder sich beim Rocket-Flipper austoben. „Nussfresser" kommen bei dem etwas anderen Kochbuch von ültje auf ihre Kosten. Hier kann man sich an „pikanten Käseschnecken", „Hähnchenbrust-Geschnetzeltem mit Austernpilzen" oder an „Stachelbeer-Apfelkuchen" versuchen – selbstverständlich spielen die ültje-Produkte bei jedem Rezept die Hauptrolle. Die findet man natürlich auch, entweder „volles Programm" oder wahlweise bei der Reise in die Vergangenheit von ültje.

Hochprozentiges

Cocktails

Wingi's Cocktail Datenbank
http://cocktail.digitide.de

Wer dieser Tage eine Party veranstaltet, kommt um Cocktails nicht herum. Doch wie beeindruckt man seine Gäste mit Caipirinhas und Margaritas? Wer die Rezepte nicht kennt, sieht ganz schön alt aus. Abhilfe schafft diese praktische Datenbank. Fast 1.400 Rezepte machen aus jeder Feier eine feuchtfröhliche Angelegenheit. Auch für die schmal bestückte Hausbar hält Wingi's Website etwas bereit: Einfach eingeben, welche Ingredienzien vorhanden sind, und schon verrät die Suchmaschine, was man daraus zaubern kann. So ist man für alle Eventualitäten gerüstet.

Bella's Cocktail Bar
http://members.tripod.de/Bella2

Bella hat das, was vielen anderen Cocktail-Seiten fehlt: Das Foto zum Drink. Die Galerie dient aber nicht nur der Inspiration, sondern zeigt auch, wie man den Cocktail seiner Wahl optisch aufwerten kann. 20 Longdrink- und Cocktail-Rezepte versprechen alkoholhaltigen Genuss. Dazu gibt es das praktische „Barlexikon" sowie eine umfassende Einführung in die „Barkultur".

Cocktails und Longdrinks aus ALDI-Zutaten
http://www.aldi-cocktails.de

Das Buch ALDIdente ist mittlerweile ein alter Hut. Jetzt gibt es also nicht nur Koch-, sondern auch Cocktail- und Longdrink-Rezepte, die ausschließlich aus den Zutaten, die in der Kette erhältlich sind, zubereitet werden können. Obwohl die Auswahl an Spirituosen dort begrenzt ist, sind alle Cocktail-Klassiker auf dieser Website vertreten. Aber ALDI wäre nicht ALDI, wenn sie nicht noch einen drauflegen würden. Der Link „Keine Kohle" verrät, wie man durch Surfen Geld verdienen kann. Und mit dem kann man dann zum nächsten ALDI-Markt marschieren und Spirituosen für die Cocktails und Longdrinks kaufen.

Turbos Cocktail Server
http://www.cocktail.de

Karibische Gefühle im heimischen Wohnzimmer? Da reicht ein Cocktail wohl nicht aus. Muss ja auch nicht. Turbos Cocktail Server bietet mehr als 500 Rezepte. Um seine Besucher auf den feuchtfröhlichen Genuss einzustimmen, hat er sich vorgenommen, alle der vorgestellten Köstlichkeiten mit Fotos zu illustrieren. Ein hehres Unterfangen, zumal die wenigen Fotos, die man auf dem Server schon vorfindet, sehr aufwendig gemacht sind. Dafür gibt es aber jetzt schon zwei Möglichkeiten, an die gewünschten Rezepte zu gelangen: alphabetisch nach Namen oder über die enthaltenen Zutaten. Und das heißt: schnell den hauseigenen Bestand an Spirituosen überprüfen und schon kann's losgehen.

The Cocktail Company
http://www.cocktailcompany.de

Geschüttelt oder gerührt taucht der Cocktailfreund in die schwarz-gelben Tiefen der gemixten Seiten ein. Verunsicherte Barkeeper können hier ihre Shaker mit einigen neuen oder längst vergessenen Rezepten auffüllen, Amateure reichern ihren Wortschatz im „Getränke Lexikon" und ihre nichtvorhandenen Fähigkeiten bei den „Grundregeln des Mixens" mit fundamentalen Alkohol-Wissen an, damit die nächste Runde nicht mit einem „Screwdriver" im Kopf endet. Um auf Nummer sicher zu gehen und den wachsenden Cocktaildurst zu stillen, kommt die gesamte CocktailCompany – bestehend aus einem gastronomieerfahrenen Team – auch nach Hause oder in die Firma. Dort zeigt sie, wie ein „Mai Tai" im „Swimmingpool" einen „Coconut Kiss" auf die „Caipiroska" bekommt. Unter den gegebenen Vorraussetzungen wird aus dem bunten Cocktail-Treiben dann sicherlich ein Fest der Sinne!

Cocktails

http://www.cyber-cocktails.de

Wer über Eishammer, Elektromixer, Spritzflasche, Barsieb und Shaker verfügt und darüber hinaus noch eine gut gefüllte Hausbar sein Eigen nennt, kann direkt loslegen, Cocktail-Einsteiger sollten sich vorab über das notwendige Equipment informieren. Die Rezepte für Freunde der gerührten oder geschüttelten Drinks gibt es hier. Geübtere können den Schwierigkeitsgrad der Cocktailherstellung erhöhen, indem sie sich Pousse-Cafés zuwenden. Bei diesen aufwendigen Mixturen kommt es darauf an, die verschiedenen Zutaten auf keinen Fall zu vermischen. Also: Nix trinken, nur mixen, sonst wird das nichts!

Ecocktail

http://www.ecocktail.de

eCocktail ist mit mehr als 8.000 Rezepten die umfangreichste Cocktail-Datenbank der Welt. Doch damit ist das Angebot noch keineswegs ausgeschöpft. Vorbereitung, Mixen und Genießen: Wie's geht, verrät das Online-Video. Erwähnenswert ist auch die Warenkunde. Sie erstreckt sich über alkoholische und nicht-alkoholische Zutaten, die in den Drinks Verwendung finden. Wer noch nicht so genau weiß, worin er seine Cocktails servieren sollte, findet auf den Seiten außerdem Informationen über „alles für die Bar". Und natürlich gibt es den Cocktail des Monats.

Homepage Ecocktail

Cocktail-Datenbank der Zeitschrift Freundin
http://www.freundin.com/PFD/PFDK/PFDKC/pfdkc.htm

777 Cocktail-Rezepte mit und ohne Alkohol hat die Zeitschrift Freundin ins Netz gestellt. „SuchBAR", „sonderBAR" oder „wunderBAR" gelangen Sie an die Mixanleitungen. Das heißt im Klartext, Sie können direkt nach einem Cocktail suchen, den Sie bereits probiert oder von dem Sie gehört haben, Sie gehen nach Namen vor oder Sie überprüfen Ihren Spirituosen-Bestand, geben die Daten ein und schauen nach, welche Rezepte mit diesen Zutaten vorhanden sind. Dazu gibt es jeden Monat fünf leckere Neuzugänge.

Maitai & More
http://www.maitai.de

Maitai & More versetzt in Urlaubslaune. Die Cocktails der beiden Hobbymixer Sascha Kniza und Bernhard Meyer-Willner werden auf sonnigem Palmen-Hintergrund übersichtlich und amüsant präsentiert. Wer wissen möchte, welche Grundausstattung eine Hobbybar auf jeden Fall haben sollte, wird hier ebenso beraten wie der, der beim Spirituosenkauf sparen will. Die Cocktail-Übersicht erfolgt nach den Hauptbestandteilen der Getränke. Zusätzlich gibt es die Top 10 der beliebtesten Getränke. An erster Stelle steht – natürlich – der Maitai.

Netbar
http://www.mixdrink.de

Mixdrink.de ist eine Netbar, bei der man – genau wie im richtigen Leben – an der Theke Informationen und Geschichten austauschen kann, nur dass sich hier alles ausschließlich um Drinks dreht. Wer gar selbst hinter dem Tresen stehen möchte, findet hier wertvolle Tipps über den Beruf des Barkeepers. Alle anderen können im Kneipenverzeichnis stöbern und einen Blick in die mitgelieferten Getränkekarten werfen. Und selbstverständlich gibt es auch für die Heim-Mixer etwas: Rezepte.

Mixologist
http://www.Mixologist.de

Niemand weiß, wem die Welt den ersten Cocktail verdankt, auch der Mixologist nicht. Er kennt jedoch eine Vielzahl von Rezepturen für die gemischten Flüssigkeiten, die nach verschiedenen Suchkriterien ermittelt werden können. Der Mixologist, im bürgerlichen Leben Barkeeper im Frankfurter Hotel Intercontinental, stellt außerdem einige seiner Kollegen vor, die eigene Cocktails kreiert haben, welche ihre Namen tragen. Natürlich sind auch Tipps und Informationen rund um die Bar in das Angebot dieser Seiten integriert. Mixen wie die Profis: Hier kann man es lernen.

Scottys Internet Bar-ABC
http://www.scotty.de/bar

Scotty hat auf seiner Homepage eine virtuelle Bar eingerichtet, in der Freunde flüssiger Gaumenfreuden eine Vielzahl an Cocktail-Rezepten vorfinden. Um die Präsentation nicht zu einer trockenen Angelegenheit werden zu lassen, hält er ein Cocktail-ABC bereit, das über viel mehr berichtet, als diese Bezeichnung glauben lässt: Es geht unter anderem um Schaumweine, Destillate, Säfte und Eis. Zum Schluss wartet das Forum, in dem man sich mit anderen Gästen der Bar über Cocktails und Co. austauschen kann. Für eine private Website sehr professionell!

Cognac, Likör & weitere Spirituosen

Asbach
http://www.asbach.net

Die Aussage „weniger ist mehr" bewahrheitet sich bei Asbach. Der Text wird kurz gehalten, dafür aber mit stilvollen Farbfotos unterlegt. Auf diese Weise lernt man die Geschichte des Hauses Asbach kennen. Ähnlich geartet ist die Präsentation des Besucher Centers. Wer dort vorbeischaut, bekommt nicht nur einen Einblick in die Herstellung des Weinbrandes, sondern kann anschließend an der Verkostung teilnehmen.

Fledermaus-Fiesta: Bacardi
http://www.bacardi.de

Wer genug hat vom eintönigen Grau-in-grau des deutschen Winters, sollte schleunigst zu den Sonnenseiten des Netzes aufbrechen. Bacardi hat eine Partysite im Web, die ihresgleichen sucht. Zu den bekannten Salsa-Klängen aus den TV- und Kinospots surft der Sonnenanbeter durch eine kunterbunte Welt der kühlen Drinks. Bacardi, der Rum mit dem Fledermaus-Emblem, bittet zur Fiesta und verbreitet auf allen Sektoren der Site gute Laune, ganz gleich, ob man sich den lateinamerikanischen Rhythmen hingibt („Ritmo de Bacardi"), das „Bacardi-Radio" testet oder ob man sich auf dem Spiel-Terrain wiederfindet, um einer Fortsetzungsstory zu folgen. Permanente Musikberieselung lässt einen die schlechte Stimmung ob des regnerisch-trüben Wetters vor der Haustür vergessen, wer trotzdem den heimischen Gefilden entfliehen möchte, hat zudem die Möglichkeit, einen Ferienaufenthalt im „Club Vacanze" zu gewinnen. Da kann man dann, anstatt rumzulungern, Rum trinken. Wahrscheinlich Bacardi.

Baileys
http://www.baileys.com

Wer auch bei Alkohol nicht auf Süßes verzichten will, wird mit Bayleys bestens bedient. Ob pur oder als Cocktail: Die (leider sehr kalorienhaltige) Irish Cream ist immer ein Genuss. Der Webauftritt dreht sich aber nicht nur um den Likör, den man dank der Rezeptsammlung zu vielerlei Genüssen verarbeiten kann, es gibt auch allerlei Unterhaltsames. Reinschauen und genießen – am besten natürlich mit einem Gläschen Bayleys in der Hand.

Berentzen
http://www.berentzen.de

Mehr als nur knackiger Spaß im Glas: Wodka, Brandy, Likör und vieles mehr werden ebenfalls in den Berentzen Brennereien hergestellt. Der Werbespruch: „Komm zu uns, komm rauf aufs Land..." ist übrigens wörtlich gemeint. Der Berentzen-Hof, das älteste weltliche Bauwerk im Emsland, steht Besuchern offen. Im Brennerei-Museum kann man hautnah miterleben, wie die Berentzen-Produkte hergestellt werden.

Spirituosen pur
http://www.calvados.de

Die ultimative Site zum Thema... Wer hier unter der Vielzahl von Armagnacs, Calvados und Cognacs nicht fündig wird, wird's nimmermehr. „Ein wunderbarer Shop, der den guten Geschmack bedient", schwärmt die Hamburger Illustrierte Stern. Dem schließen wir uns an.

Campari – was sonst!
http://www.campari.com

Ein bunter Bilderreigen, musikalische Untermalung – nur die berühmte Frage „Was sonst?"

fehlt: Willkommen auf der Homepage von Campari, dem roten Kult-Drink, diesmal aus dem Cyberspace. Auch hier natürlich: Lebensfreude pur. Damit man entsprechend in Stimmung kommt, gibt es Cocktail-Rezepte, natürlich alle „mit". Doch was nützt der schönste Drink, wenn man ihn alleine trinken soll? Campari sorgt deshalb mit E-Cards dafür, dass eine gesellige Runde zusammenkommt. Was noch? Natürlich gibt's hier alle Informationen rund um die Spirituose selbst und nicht zuletzt die Werbespots mit dem markanten Slogan: „Campari?" – „Was sonst!"

Chantré

http://www.chantre.de

Chantré gewährt auf seinen Seiten einen kleinen Einblick in die Herstellung eines guten Weinbrandes. Selbstverständlich wird das weiche Geheimnis nicht wirklich gelüftet, aber immerhin ein wenig. Die Historie von Unternehmen und Weinbrande wird mit kleinen Anekdoten gewürzt. Auf diese Weise erfährt man, warum bei der Lagerung des Rebendestillats immer ein Teil an die Kellergeister geht oder wie ein Ritter sozusagen „im Traum" den Cognac erfand. Wer bei einem guten Glas Chantré nicht nur die Anekdoten lesen möchte, bekommt auf dieser Seite auch ausgewählte Buchempfehlungen serviert.

Official Gateway to Cognac

http://www.cognac.com

Hier steht die Stadt Cognac im Vordergrund. Ein Anfahrtsplan, Veranstaltungstipps, Informationen zur Geschichte sowie Hotelvorschläge mit Adressen und Telefonnummern ermöglichen eine bequeme Reiseplanung. Doch selbstverständlich kommt auch das berühmteste Kind der Stadt nicht zu kurz: Detaillierte Beschreibungen über die Cognacproduktion, Statistiken, Rezepte und eine Liste mit etwa 50 Händleradressen machen die Seite auch für diejenigen interessant, die geschäftliche Kontakte suchen. Die meisten Texte liegen nur in französischer Sprache vor, ein Teil ist aber bereits ins Englische übersetzt.

Cognac Grégor

http://www.cognac-gregor.com

So edel wie seine Karaffen zeigt sich Cognac Grégor auch im Web: Stilvoll und mit knappen Informationen präsentiert das Haus seinen Cognac. Wer etwas ganz Persönliches verschenken möchte, kann, wenn er online bestellt, seine Flasche gravieren lassen. Außer den Geschäftsbedingungen erfährt man auf der Seite leider nichts mehr. Interessierte können sich aber mit Hilfe des Online-Formulars mit dem Unternehmen in Verbindung setzen.

Courvoisier

http://www.courvoisier.com

In stilvollen Ambiente empfängt Bertrand seine Gäste an der Bar. Als Maitre d'Hotel empfiehlt er den Cognac von Courvoisier. Natürlich weiß er diese Entscheidung zu begründen: Er informiert über die Geschichte des Hauses und stellt die verschiedenen Sorten vor. Für seine Gäste hat er außerdem Cocktails parat. Wer Unterhaltung sucht, findet im Café Courvoisier verschiedene Möglichkeiten vor: Sie können eine Partie Boule spielen, den vorhandenen Bildschirmschoner downloaden oder die Patenschaft für einen Baum übernehmen.

Altenburger Destillerie & Liqueurfabrik

http://www.destillerie.de

Bestellen Sie doch für Ihre nächste Party direkt beim Hersteller! Die Altenburger Destillerie & Liqueurfabrik präsentiert ihre Produktpalette aus verschiedenen Likören und Schnäpsen, aus der Sie gleich online ordern können. Sollten Sie Lust auf mehr bekommen: Auch ein Be-

such der Produktionsstätten lässt sich organisieren, und für größere Feste kommt ein Alten-burger Verkaufsstand, der mit einer acht Meter hohen Flasche garantiert alle Blicke auf sich zieht, direkt zu Ihnen nach Haus.

Dracula – der höllische Schnaps

http://www.dracula.de

Ein Genuss nicht nur für Geschöpfe der Nacht: Dracula – der höllische Schnaps. Der trans-silvanische Graf lockt auf seiner Seite mit vielen guten Tropfen, unter anderem hält er den „Perry Rhodan Vurguzz", den „Elchtest" und die „Hanf Mutprobe" für seine Gäste bereit. Der adelige Herr mit den langen Zähnen betätigt sich aber auch als Barkeeper und verrät seinen Besuchern, „was ein Untoter heutzutage wissen muss". Ein vampirisches Vergnügen!

Original Ettaler

http://www.ettaler-kloster.com

Im Graswangtal, eine knappe Autostunde südlich von München, liegt das Ettaler Kloster. Hier begann vor über 600 Jahren der Werdegang des Ettaler Klosterlikörs, dessen altüberliefertes Originalrezept bis heute ein streng gehütetes Geheimnis ist. Auf dieser Seite kann man sich über die gesundheitsfördernde Wirkung, die ihm nachgesagt wird, informieren. Dabei bleibt es dann allerdings auch. Wer dem Geheimnis des Geschmacks auf den Grund gehen möchte, muss sich zu einem „guten Spirituosen- und Getränkefachhandel" begeben. Schade eigentlich.

Likör selbstgemacht

http://www.fegeler.com/likindex.htm

Wer schon einmal daran gedacht hat, seinen Likör selbst herzustellen, findet auf dieser pri-vaten Homepage einen soliden Einstieg. Thomas Fegeler erklärt Grundlegendes und Her-stellungsprozeduren, listet Zutaten und Zubehör mit Bezugsquellen auf und stellt detail-lierte Rezepte von A bis Z zur Verfügung. Außerdem gibt er Literaturtipps und hält sogar ein selbstgeschriebenes Programm (den Alkometer) zum kostenlosen Download bereit.

Gißler Liköre

http://www.gissler-likoere.de

Gißler Liköre sind „von der besonderen Art", wie der Besucher gleich auf der Startseite erfährt. Von der besonderen Art ist vor allem die Umhüllung eines Likörs, bei dem leider nicht auszumachen ist, was sich eigentlich im Schuh (ja, richtig, im Schuh!) verbirgt. Wer mehr auf Inhalt anstatt auf Verpackung setzt, kann sich an der Geschmacksrichtung ori-entieren. Und auch hier zeigt sich das Besondere: Vanille, Pfefferminz, Blütenhonig, Quitten und Kaffee-Orange versprechen einen nicht alltäglichen Genuss. Hört sich gut an? Michael Gißler lässt Ihnen gegen einen kleinen Unkostenbeitrag eine Probe zukommen. Wenn's schmeckt wie es aussieht, sollten Sie sich dieses Angebot nicht entgehen lassen!

Grand Marnier

http://www.grand-marnier.com

Der Orangenfaktor definiert den Charakter des großen Getränks für stille Stunden – oder für wilde Partys! Für genau diese finden Sie hier Anregungen und Tipps dahingehend, wel-cher Cocktail am besten ist, um die Stimmung Ihrer Gäste zu heben. Was die Seite angeht, bleibt nur eines zu sagen: Es könnte kaum besser sein – es sei denn, Sie stellen sich ein Glas Grand Marnier neben den Monitor.

Hennessy

http://www.hennessy-cognac.com

1765 war ein geschichtsträchtiges Jahr. Kaiser Franz I. starb, sein Sohn Joseph II. folgte ihm auf den Thron. In Frankreich begann zeitgleich die Geschichte eines Unternehmens, das Cognac-Kennern in aller Welt bis heute ein Begriff ist: die des Hauses Hennessy. Der Hersteller des berühmten Weinbrands lädt zur Erkundung der Weinberge (sowohl virtuell als auch real) ein und stellt bei dieser Gelegenheit Yann Fillioux, den Kellermeister, vor. Dieser weiß allerhand zu erzählen, ist aber auch für Fragen offen. Hennessy hält für seine Besucher übrigens noch etwas ganz Besonderes bereit: „timeless" heißt der Cognac, der Kenner nicht nur aufgrund seines Geschmacks, sondern auch wegen des besonders schönen Gefäßes, das ihn umhüllt, ansprechen dürfte.

Jägermeister
http://www.jaegermeister.de

Die Welt trägt orange. Zumindest in den virtuellen Welten des Jägermeister-Universums. Hirsch Rudi, niedlich animiert, geleitet seine Gäste über die Seiten des Kräuterlikörproduzenten und öffnet Tür um Tür. Auf jeder Ebene lauert ein Gag, vornehmlich zu Lasten von Rudis Gegner, einem grün gewandeten Waidmann, dem Jägermeister eben. Die bewegten Bilder zeugen von der Bewegung, die Jägermeister in den 90er-Jahren erfasst hat. Als Szene-Getränk war die aus 56 Teilen bestehende Kräutermischung plötzlich von ihrem Mief der Seventies befreit und fortan von keiner Rave-Party mehr wegzudenken. T-Shirts mit dem Hirschen auf der Brust erlebten eine Renaissance, so manch einer ärgerte sich, die Dinger damals als Putzlappen entsorgt zu haben. Dem trägt die Homepage ebenfalls Rechnung: Hier kann man die immer noch coolen Klamotten (original Eintracht-Braunschweig-Trikots in gelb!) ordern. Dazu gibt es Club-Termine, die verraten, wann und wo die nächsten Jägermeister-Partys steigen.

Kamasutra
http://www.kamasutra.de

Hier geht es nicht um tausend und eine Stellung beim Likör-Stemmen, sondern um einen sinnlichen Genuss der besonderen Art. Kamasutra, der Likör mit der belebenden Wirkung der Ginseng-Wurzel, die schon vor 2.000 Jahren am chinesischen Kaiserhof als Aphrodisiakum verwendet wurde, regt zu leidenschaftlichem Sinnesgenuss an – so der Hersteller. Ob das nur in Bezug auf das Trinken (dann: Saufgelage) oder auch in anderer Hinsicht gilt, werden Sie nur erfahren, wenn Sie den Likör probieren.

Kümmerling
http://www.kuemmerling.de

Einen Kümmerling einfach nur zu trinken, ist ein Fauxpas. Die Spielregeln sollte man schon einhalten und wie die aussehen, verraten die 10 (Trink-)Gebote. Denn wie bei jedem Regelverstoß droht auch hier Strafe: Die nächste Runde des sanften Bitters geht an denjenigen, der sich nicht ordnungsgemäß betragen hat. Apropos spielen. Gewinnen und verlieren kann man auch beim Bingo und dem Würfelspiel von Kümmerling. Und die gibt's im Online-Shop.

Le Cognac – la liqueur des Anges
http://www.le-cognac.com

Der Likör der Engel macht auch kleine Teufel ganz brav. Warme Farben wecken das Gefühl von kuscheligem Kaminfeuer, an dem ein guter Tropfen hervorragend ins Bild passen würde. In diese Sphäre der Behaglichkeit passt auch die Geschichte von der Entstehung des Cognacs, die mit alten Gemälden und Stichen illustriert worden ist. Le Cognac möchte aber nicht nur die Augen erfreuen, sondern mit seiner Vielfalt an Weindestillaten vor allem den Geschmackssinn ansprechen. Deshalb können die bernsteinfarbenen Weinbrände, die mit zahlreichen Angaben vorgestellt werden, auch bei Le Cognac bezogen werden.

Madeira Vintage

http://www.madeiravintage.de

Auf der vulkanischen Insel Madeira wird seit etwa 400 Jahren ein Wein angebaut, der bei uns häufig nur zur Verfeinerung von Saucen eingesetzt wird. Der Designer dieser Seite hat es sich zur Aufgabe gemacht, dies zu ändern. So erzählt er von der Geschichte des Madeira und seinen verschiedenen Rebsorten, führt seinen Besuchern die Schönheiten der „Insel des ewigen Frühlings" vor Augen und öffnet schließlich sein Lager, damit neugierig Gewordene auf den Geschmack kommen können.

Martini

http://www.martini.de

Gerührt oder geschüttelt – mit welchem Gefühl Sie diese Seite verlassen, kommt ein bisschen auf Ihren Geschmack an. Es ist jedenfalls faszinierend, was Martinis Webdesigner aus der Internettechnologie herauskitzeln. Wenn Sie Ihre Boxen eingeschaltet und das Shockwave-Plugin installiert haben, können Sie was erleben. Egal, wohin Sie Ihren Mauszeiger bewegen, überall werden Sie von verführerischen Stimmen zu Spielchen, Tests und Geschichten eingeladen. Sogar die obligatorischen Cocktailrezepte sind dort nicht einfach niedergeschrieben, nein, die Drinks werden vor Ihren Augen gemixt!

Mozart Liqueur

http://www.mozart-liqueur.com/mozart

Die berühmten Mozart-Kugeln gibt es auch in flüssiger Form. Ob weiß (mit weißer Schokolade) oder gold (die klassische Variante): Die Liköre der Mozart-Edition versprechen einen einzigartigen Genuss. Auch in Kombination sind sie ausgesprochen delikat. Ein kleiner Schuss Mozart-Likör macht aus einem schlichten Eis einen Coupe Mozart. Wo Sie den köstlichen Tropfen erhalten, erfahren Sie auf der Homepage der Liqueur Manufactur H.C. König.

Original Penninger – Gutes aus dem Bärwurzland

http://www.penninger.de

Im tiefsten bayerischen Walde steht seit vier Generationen die Hausbrennerei Penninger, bei der leckere Schnäpse und Kräuterliköre aus der bayerischen Bergregion online nach Hause geholt werden können. Ob Bärwurzdestillate oder Blutwurstspezialitäten – im expandierten Familienbetrieb wird noch traditionell gearbeitet. Neben der Firmengeschichte steht die Historie der Schnaps- und Likörgewinnung im Vordergrund; nicht zuletzt, weil der Enkel des Firmengründers Penninger das erste deutsche Schnapsmuseum gegründet hat. Mit vielen Bildern, die Lust auf einen Besuch machen, wird es auf diesen Seiten ebenfalls vorgestellt.

PLANETLiQUOR.COM

http://www.planetliquor.com

Bei PLANETLIQUOR.COM finden Sie ein umfangreiches Sortiment an Whiskys, Weinen, Bränden und natürlich Spirituosen aller Art und Herkunft mit fachmännischem Kommentar zu jedem Produkt. Eine Extra-Auswahl von hochprozentigen Raritäten für Sammler und eine kleine Cocktailkunde für Gastgeber vervollständigen das Angebot. Gänzlich promillefrei: Die geschmackvollen E-Cards zum Verschicken.

Rémy Martin

http://www.remy.de

Bestechend schlicht präsentiert Rémy Martin seine Cognacs im Internet und gibt dabei einige Geheimnisse seiner Exklusivität preis. Dazu gehören die Böden der Charente sowie die Kunst der Destillation. Das Traditionsunternehmen besteht seit annähernd 300 Jahren.

Neben dem bekannten V.S.O.P. gibt es auch besonders erlesene Tropfen, die selbst den geho-bensten Ansprüchen gerecht werden. Ihren Aufenthalt bei Rémy Martin können Sie stilge-recht im Club Privé bei einer Partie Black Jack ausklingen lassen.

Rum-Shop
http://www.rum-shop.de

Gastronomen und Händler, die gerne einen besonderen Rum anbieten möchten, dürften bei diesem Vertrieb fündig werden: Rumsorten aus der Dominikanischen Republik, aus Jamaika, Mauritius, Brasilien und den Kanarischen Inseln werden kurz vorgestellt, dazu wird eine ganze Reihe von Bezugsquellen in Deutschland genannt, bei denen man online oder auf konventionellem Wege bestellen kann. Optisch sind die Seiten sachlich gehalten, hier steht die Information im Vordergrund. Tipp: Unter der Rubrik Brasilien finden sich eini-ge leckere Cocktailrezepte.

Schnapsbrennen
http://www.schnaps.co.at

Ein langjähriger Hobbybrenner vertreibt über diese Seite eigene Schnäpse sowie Bücher, Ge-rätschaften und Materialien, die man nicht ohne weiteres im Handel findet. Für beson-ders Interessierte bietet er Wochenendseminare in Österreich an, zu denen man sich online anmelden kann (Kosten etwa 200,- DM). Wirklich praktisch für Schnapsbrenner ist das Dis-kussionsforum, in dem man Erfahrungen austauschen kann oder bei Problemen kompe-tente Hilfe findet.

Privatbrennerei Sonnenschein
http://www.sonnenschein-brennerei.de

Die kleine Privatbrennerei Sonnenschein destilliert als einzige Brennerei Deutschlands einen Single-Malt-Whiskey aus schottischem Malz. Darüber hinaus stellt sie aber auch eine Viel-zahl weiterer Spirituosen her, etwa fruchtige Liköre, feine Getreide- und Obstbrände, Wodka sowie Champagner. Übrigens war die Privatbrennerei Sonnenschein in den Jahren 1995, 1996, 1997 und 1999 „Schnapsbrenner des Jahres". Die prämierten Spirituosen sind über diese Seite bestellbar.

Tequila
http://www.tequila.com

Diese Seite ist überraschenderweise etwas nüchtern. Sie enthält lange, detaillierte, fast wis-senschaftlich anmutende Texte über die Entstehungsgeschichte des Tequila, die weit in die vorkolumbianische Zeit zurückreicht. Wer also Information sucht, ist durchaus an der rich-tigen Adresse und kann sich zur Belohnung in Paco's Pub noch ein paar Cocktailtipps geben lassen. Tequila-Fans finden außerdem den kleinen Wurm, der sich diesmal nicht in der Flasche, sondern als Animated-Gif auf den Seiten herumtreibt.

Glenlivet
http://www.theglenlivet.com

Wie schmeckt Ihnen Ihr Whisky? Haben Sie auch manchmal Probleme, das richtige Vokabular zu finden, wenn Sie sich mit Ihren Freunden fachmännisch über Whisky unter-halten möchten? Dann surfen Sie doch zu Glenlivet, dort finden Sie all die Begriffe, die ein wahrer Kenner einfach beherrschen muss. Bei Glenlivet können Sie sich außerdem kosten-los ein Video bestellen, das Sie auf den Geschmack bringt, ihren Urlaub im Land des hoch-prozentigen Genusses zu verbringen.

Underberg

http://www.underberg.de

Nach dem Essen einen Underberg! Am besten gleich im Internet. Ob man da allerdings mit dem berühmten Handzeichen (Sie wissen schon: Daumen und Zeigefinger gekrümmt, versteht jeder Kellner!) zum Ziel kommt, ist natürlich fraglich. Sicher ist dagegen, dass der Klassiker unter den Kräuterschnäpsen im Internet hervorragend zur Geltung gebracht wird. Seit mehr als 150 Jahren hilft Underberg dabei, die Dämonen des Unwohlseins zu vertreiben. Und das geht mittlerweile auch ganz stilvoll, indem man ihn nicht etwa direkt aus der berühmt gewordenen Portionsflasche konsumiert, sondern ihn aus den im Online-Shop angebotenen Stilgläsern trinkt. Auf Ihr Wohl!

Whisky & Wodka

Single Malt Scotch Whisky Seite

http://members.tripod.de/MacMeik

Diese private Homepage glänzt zum einen dadurch, dass sich der Autor eher zurückhält, zum anderen vor allem durch seine Links. Hier finden sowohl Interessierte, die endlich ihr Wissen über Whisky vertiefen wollen, als auch Fachleute, die nach Bezugsadressen oder Absatzmöglichkeiten suchen, garantiert die richtige URL. MacMeik spart dem Surfer den zeitraubenden Weg über Suchmaschinen; spätestens beim ersten Link offenbart sich das gesamte Netz der Whisky-Community im Internet.

Scotch.com

http://scotch.com

Hier kommen die Liebhaber des rauchigen Whiskys voll auf ihre Kosten, denn bei Scotch.com werden sechs Single Malts sowie vier Label der Marke Johnnie Walker vorge-

Homepage Privatbrennerei Sonnenschein

stellt. Zu jedem Whisky gibt es einen kleinen beschreibenden Text, der die Geheimnisse des Alters, des Aromas sowie des Alkoholgehalts preisgibt. Die Präsentationen werden stilvoll von Bildern aus Schottland umrahmt.

Absolut Vodka

http://www.absolutvodka.com

Musik und Drinks bilden eine unverrückbare Einheit. Die schwedischen Spirituosenhersteller von Absolut Vodka fügen dieser Konsolidierung eine im wahrsten Sinne des Wortes besondere Note bei, denn auf der internationalen Homepage der Absoluten geben sich international renommierte DJs die Klinke in die Hand. Hier ist Musik in der Flasche, grafisch schon wunderbar auf der Startseite umgesetzt: Coldcut, DJ Spooky und die United Future Organisation sind nur einige Heroen der Turntables. Eine hochprozentige Dosis bester DJ-Kunst, absolut wild gemixt und gepitcht. Put the needle on the record!

Ballantine's

http://www.ballantines.de

Die Geschichte von Ballantine's beginnt 1827: In diesem Jahr eröffnet der 17jährige George Ballantine - Sohn einer alteingesessenen, aber auch armen Farmerfamilie - in Edinburgh einen kleinen Gemischtwarenladen. Heute ist Ballantine's der beliebteste Scotch Europas. Auf der Homepage erfahren Sie alles über die verschiedenen Whisky- und Scotch-Arten sowie über die Phasen der Herstellung und der Lagerung. Weitere Kapitel widmen sich dem Land Schottland, denn wie heißt es so schön über Scotch: „Seine rauhe Süße spiegelt die wildromantische Natur des Landes wider; seine innere Wärme den Stolz der dortigen Menschen und ihre Liebe zu ihrem Land." Darüber hinaus bietet die Website einer aktiven Community von Ballantine's-Freunden alle Möglichkeiten, in Verbindung zu bleiben - vom Chat bis zur Gratis-E-mail-Adresse. Einzigartig ist die Mind Map-Funktion, mit der Sie anderen Einblick in Ihr Seelenleben gewähren können, denn: „It's what's inside that counts".

Homepage Ballantine's Whisky

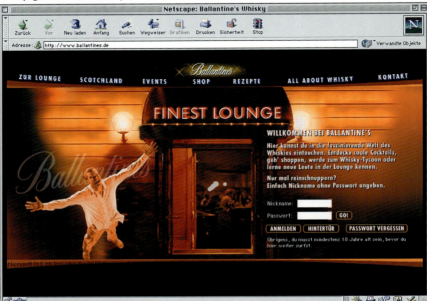

Black Bottle

http://www.blackbottle.com

Wenn Sie den Whisky von Black Bottle noch nicht kennen, haben Sie jetzt Gelegenheit, Versäumtes nachzuholen. Hier finden Sie alle Informationen, die Sie benötigen, um zu entscheiden, ob Sie eine Flasche bestellen möchten. Vielleicht wollen Sie aber auch nur den Online-Shop besuchen und sich dort einen original schottischen Pullover zulegen? Weitere nette Kleinigkeiten wie Bildschirmschoner, Gewinnspiel sowie Fotos und Kommentare, die begeisterte Black Bottle-Trinker eingesandt haben, ergänzen die Site.

Charodei

http://www.charodei.com

Charodei unterscheidet sich von seinen Artgenossen vor allem darin, dass das Wasser einem speziellen Reinigungs-Verfahren unterzogen wird, bevor es für die Herstellung des Wodkas verwendet wird. Und dieser neue Standard ist preisverdächtig. Wer mehr über den Wodka mit dem weichen Geschmack wissen möchte, sollte dieser Homepage einen Besuch abstatten.

Chivas Regal

http://www.chivas.com

Chivas Regal gehört zu den renommierten Whisky-Marken. Und weil das so ist, trinkt man ihn überall auf der Welt – anders. Die Trinkgewohnheiten von Südafrika bis Japan werden dem Besucher der Chivas Regal-Homepage nicht nur erklärt, sondern auch vor Augen geführt. Das Chivas-Regal Team lädt außerdem zur Erkundigung der Destillerie und der Geschichte dieses Scotches ein. Eine große Bandbreite an Themen bietet das Forum. Sport, Essen, Reise, Erotik und vieles mehr führen (neben dem Whisky) weitere Sinnenfreuden vor Augen.

Cutty Sark

http://www.cutty-sark.co.uk

Gehen Sie doch mal bei Cutty Sark vor Anker. Der Whisky-Hersteller hat sich als Sponsor und Veranstalter von Segelregatten einen Namen gemacht. Wen wundert es da, dass der maritimen Sportart eine eigene Rubrik gewidmet ist? Der Whisky-Hersteller umschifft natürlich auch den eigenen Hafen, sprich: die eigenen Produkte, bevor er seine Besucher zu einem Landausflug (Chat, E-Cards und Spiele) entlässt. Ein feucht(fröhlich)es Vergnügen!

Famous Grouse

http://www.famousgrouse.com

Bis vor kurzem waren Moorhühner noch relativ unbekannt. Zwar ziert der Vogel die Whiskys von Famous Grouse von jeher, für die Bekanntheit des Tieres sorgte jedoch eher die Konkurrenz. Wer ein Blick auf ein reales Moorschneehuhn werfen möchte, ist bei Famous Grouse goldrichtig. Das tapsige Tierchen begleitet die Tour durch den Famous Grouse Estate und stellt dabei den Whisky, der seinen Namen trägt, vor.

Finlandia Vodka

http://www.finlandia-vodka.com

007 lässt grüßen: Wie als Reminiszenz an den berühmtesten Martini-Trinker der Filmwelt zeigt sich die Finlandia-Website in schlicht-elegantem, postmodernem Layout und gibt damit jedem Besucher gleich die wichtigsten Grundregeln für eine gelungene und standesgemäße Wodka- bzw. Martini-Party mit auf den Weg. Dazu gehört natürlich auch eine gutsortierte Rezeptsammlung für alle möglichen Aperitifs, Cocktails und Longdrinks sowie die grundlegenden Verhaltensregeln im Umgang mit einem guten Martini. Um dem heimischen Computer ebenfalls etwas Stil zu verleihen, gibt es Bildschirmhintergründe und einen Cursor in Flaschenform zum Downloaden.

Glenfiddich

http://www.glenfiddich.de

Das einzige Handicap der Glenfiddich-Seiten findet sich im Gentlemen's Club, denn dort dreht sich alles um den Golfsport. Die Destillerie, die immer noch in Familienbesitz ist, hat die Grundsätze ihres Gründers bewahrt: Die Mischung, das Wasser und die Destillerie gehören zu den Eckpfeilern des Unternehmens. Neben Malt & More wird auch über Glenfiddichs Sponsoring im Bereich des Golfsportes berichtet.

Glenmorangie

http://www.glenmorangie.com

Im hohen Norden Schottlands steht eine Destillerie, in der seit langem ein einzigartiger Malt Whisky produziert wird. Kennern wird bei diesem Namen das Herz aufgehen: die Rede ist von Glenmorangie. Graham Eunson, der Manager der Destillerie, zeigt seinen Besuchern (zunächst nur virtuell) die einzelnen Produktionsschritte. Natürlich kann man den Eindruck, den man hier gewinnt, auch vor Ort vertiefen. Auf den Geschmack kommt aber nicht nur, wer den schottischen Highlands einen Besuch abstattet: Glenmorangie gibt es auch in deutschen Landen.

Tullamore Dew

http://www.irland-infos.de/Tullamoredew

Irland und Schottland streiten sich nach wie vor darum, wer den Whisky erfunden hat. Die Fachwelt hält es mittlerweile mit Tullamore Dew und schreibt dem irischen Schutzpatron Saint Patrick diese Leistung zu. Es versteht sich von selbst, dass man sich bei soviel Tradition auf Herstellung und Präsentation des hochprozentigen Getränks mit dem „angenehmen Malzton" versteht. Tullamore Dew stellt die Historie des Whiskys aus irischer Sicht vor und versorgt alle Fans der grünen Insel mit Wissenswertem und natürlich mit Tullamore Dew.

Jack Daniel's

http://www.jackdaniels.com

Lynchburg mag klein sein, Jack Daniel's virtuelle Welt hingegen ist es nicht. Neben der eigentlichen Produktpräsentation erlaubt Jack Daniel's einen Einblick in den „way of life" der Südstaatler. Man erfährt, was dort unter einem stilechten Barbecue verstanden wird und was Tennessees Küche sonst noch zu bieten hat. Außerdem wird festgelegt, was einen echten Südstaaten-Gentleman ausmacht. Und wenn jemand meint, Jack Daniel's könnte man sowieso nur vor Ort richtig genießen, bitte: Auch für touristische Tipps haben die Lynchburger gesorgt.

J&B

http://www.jbscotch.com/noshockfrm.htm

Bringen Sie etwas Geduld mit, wenn Sie J&B genießen wollen. Die Seite bietet tolle Features (mehrere Unterhaltungsspiele, Bildschirmschoner zum Downloaden, Geschenkideen und vieles mehr), die aber alle auf Macromedia Shockwave aufbauen. Für die aufwendigen Animation müssen viele Daten übertragen werden, und das kostet leider etwas Zeit. Wenn Sie nicht nur auf der Suche nach schneller Information sind und virtuell Billard oder Tischfußball spielen möchten, lohnt sich das Warten.

Das ist (k)ein: Jim Beam

http://www.jimbeam.com

Wer bei Jim Beam eintritt sollte volljährig sein. Volljährig – nicht volltrunken (das kommt später...)! Apropos: Die Jimmies vom Beam achten sehr darauf, dass die Besucher der hauseigenen Bar volljährig sind (so weit man das per Internet überhaupt nachprüfen kann), denn schließlich gibt es jede Menge Alkohol im Ausschank. Der ist zwar genauso virtuell wie der Barkeeper, doch die Rezepturen für die Bourbon-Drinks sind durchaus real und bestehen zu 50% aus Whisky (welcher das wohl sein mag?). Bevor man dem Cyber-Mixer das Gesöff wieder auf den Tresen knallt – natürlich mit den Worten „Das ist kein Jim Beam!" – sollte man einen Dime in die Jukebox werfen und sich die neusten Stücke des Jim-Beam-Talentwettbewerbs anhören. Ob es sich lohnt, mag jeder selbst entscheiden, doch der ur-amerikanische Einschlag der Musik (Blue Grass, Rock'n'Roll und etwas Hardcore-Country) ist für europäische Dancefloor-Ohren mittlerweile etwas ungewohnt (und somit „ange-staubt"). Für einen kurzen Absacker reicht's aber allemal.

Johnnie Walker

http://www.johnniewalker.de

Der Tag kommt – Johnnie Walker geht. Schließlich muss er Online-Bestellungen bearbei-ten, sich neue Lösungswörter für sein Gewinnspiel ausdenken, seinen Freunden erklären, wie er seinen Whisky herstellt und ihnen auch mal ein paar Produkte vorstellen, die es nicht in jedem Laden zu kaufen gibt. Auch im Außendienst hat er einiges zu tun, denn er verleiht nur solchen Bars in Deutschland den Status eines Konsulats, die er auch für würdig befun-den hat. Und dann gibt es ja auch die süchtigmachende Moorhuhnjagd...

The Macallan

http://www.macallan.co.uk

The Macallan hat geschafft, was noch keiner vor ihm vollbracht hat: Ein Liebhaber zahlte für eine Flasche des Single Malt stolze £13.200 an das Auktionshaus Christie's. Selbst-verständlich ist das nicht die normale Preiskategorie. Wer mehr wissen möchte, sollte ein bisschen im Angebot der Firma stöbern. Die Unternehmensgeschichte wird durch viele schö-ne Fotos aus den Highlands illustriert, und auch sonst ist die Seite stimmig: Produktinfor-mationen und allgemeine Whisky-Kunde haben hier ebenfalls ihren Raum.

Polish Vodka

http://www.polishvodkas.com

Wenn es um Prestige-Objekte geht, will jeder der erste gewesen sein. In diesem Fall geht es um Wodka aus Polen. Ob nun Russland oder aber unser östlicher Nachbar sich das Ur-sprungsland des hochprozentigen Tropfens nennen dürfen, sei dahingestellt. Dieser Führer gewährt einen Einblick in die Welt des polnischen Wodkas. Begleitet von vielen schönen Fotos erfährt der Besucher dieser Website, wie die Entwicklung des Hochprozentigen von-statten gegangen ist und welche Produkte auf dem Markt sind.

Puschkin

http://www.puschkin.de

Was der richtigen Szene-Disko die Gesichtskontrolle am Eingang ist dem virtuellen Pendant auf der Puschkin-Homepage die Passwortabfrage, und so läuft auch bei letzterer nicht viel, wenn man nicht dazugehört. Allerdings hat man es hier wesentlich einfacher: Kurz Nick-name, Alter, Geschlecht und E-Mail-Adresse eingeben und schon hat man freien Eintritt. An der Theke wird lebhaft gechattet, auf der Bühne erfährt man die wichtigsten Termine der nächsten Zeit, eine Menge Diskussionsforen laden zum Gedankenaustausch ein, im Briefkasten warten persönliche Zeilen und einiges mehr. Witzig: das WC mit der Möglich-keit, sich online mit Toilettenbelletristik zu verewigen.

Simex Moskovskaja

http://www.simex.de

Zur Welt des Simex-Wodka-Genusses gelangt man witzigerweise nur über Kronkorken. Doch *was sich dahinter verbirgt, ist erstaunlich vielfältig. Ganz traditionsbewusst wartet man mit einer kleinen russischen Kulturgeschichte auf, macht die Besucher mit dem „Moskovskaya – race 4 fun"-Team bekannt und hält außerdem „eine bewegende Überraschung" bereit. Im Vordergrund der Präsentation stehen jedoch die Wodkasorten aus dem Hause Simex sowie der Krimsekt Krimskoye.*

Whisky

http://www.whisky.de

Nur ein Licht erhellt das Haus, in dem sich der Whisky-Club versammelt hat. Wer von den dort Anwesenden allerdings Fan, Friend, Junior-Defender oder Defender ist, lässt sich nicht erkennen. Je nach Höhe des Mitgliedsbeitrags gehört man der einen oder der anderen Kategorie zu. Viele der Klub-Vorteile können allerdings auch schon die Fans genießen, und das für lau. Auch wer gar nicht erst beitreten möchte, findet auf der Site eine Vielzahl an Informationen vor, vor allem in der Library. „Wissen ist Whisky", lautet die Überschrift, und man ahnt schon, was jetzt kommt: Destillerien, Tastings und Cocktail-Rezepte machen das Angebot der Bibliothek aus.

Whisky Net – Whisky Portal

http://www.whiskynet.de

Mit diesen Seiten bekommt der Whisky endlich, was ihm zusteht: ein eigenes Portal. Der Einführungsteil ist mit 90 Links bestückt, dann geht es ans Eingemachte: Destillerien, Marken und Regionen auf der kommerziellen, Clubs und Vereine sowie Fanpages auf der privaten Seite. Als auskunftsfreudig erweist sich auch das Lexikon, das mit 123 Erklärungen zu so wichtigen Begriffen wie „Abtrennung", „Malt" und „Zuckerlukör" gefüllt ist. Das frisch angeeignete Wissen kann man bei den aufgeführten Veranstaltungen umsetzen. Eine unentbehrliche Seite für alle Whisky-Liebhaber!

Wodka Gorbatschow

http://www.wodka.de

Die Begrüßung lässt den Besucher erst einmal erstarren: 18 Jahre Verantwortungsbewusstsein sind nötig, um die Bar zu betreten. Hätte das Online-Etablissement einen Türsteher, wäre dieser mindestens genauso lange damit beschäftigt, den Charakter eines jeden Gastes zu überprüfen. Ganz so ernst nimmt man die Weisung von oben aber wohl doch nicht, schließlich gelangt man als Besucher doch recht schnell ins Innere der Bar. Und dort gibt es für (fast) jeden Geschmack etwas: Infos, Cocktails und Action stehen auf der Getränkekarte. Immer mit dabei natürlich Wodka Gorbatschow, „des Wodkas reinste Seele".

Hotels & Restaurants in Deutschland

Hotel- & Gaststättenverbände

Bayerischer Hotel- und Gaststättenverband
http://www.bhg-online.de

Der bayerische Hotel- und Gaststättenverband, kurz BHG, ist der „Repräsentant des Gastgewerbes in Bayern". Damit hat er die Aufgabe, sich für die Belange seiner Mitglieder einzusetzen. Kein leichtes Unterfangen. Mehr als 17.000 Personen und Unternehmen aus dem Gaststätten- und Beherbergungsgewerbe haben sich dem Verband mittlerweile angeschlossen. Mitglieder und Interessenten können sich unverbindlich über „Termine", „Recht und Steuern", die Themen „Betriebswirtschaft" und „Tarife" informieren und selbstverständlich Einblick in die Publikationen des Verbandes einschließlich „Presseinformationen" nehmen.

DEHOGA Deutscher Hotel- und Gaststättenverband
http://www.dehoga.org

Der Hotelführer der Dehoga hat es in sich: Die wichtigsten Hotels aller deutschen Großstädte finden Sie hier auf einen Klick! Daneben präsentieren sich die Landesverbände des deutschen Hotel- und Gaststättenverbands und liefern wichtige Informationen zu internen Fragen in Sachen Beschäftigung, Besteuerung und Bedienung. Für Gastronomen ein Muss, für Kellner Kür und für Gäste eine Möglichkeit, sich über ausgesuchte Betriebe zu informieren.

Deutscher Hotel- und Gaststättenverband Niedersachsen und Bremen
http://www.dehoga-info.de

Verwöhnte Gaumen finden auf diesen Seiten einen kulinarischen Wegweiser durch die

Homepage **DEHOGA**

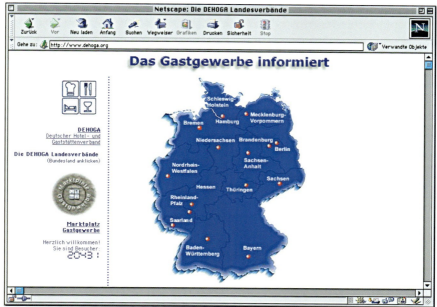

Gastronomie Niedersachsens und Bremens. Die Datenbank des Deutschen Hotel- und Gaststättenverbandes ermöglicht zwei verschiedene Wege der Recherche: Sie können mit Hilfe der Detailsuche in verschiedenen Betrieben nach Ihren Wunschkriterien fahnden oder auf der Landkarte das Planquadrat Ihrer Wahl anklicken. Dadurch werden Ihnen alle regionalen Hotel- und Gastronomiebetriebe aufgelistet. Doch diese Seiten haben noch mehr zu bieten. Sie finden hier außerdem eine regionale Veranstaltungsdatenbank, einen Ratgeber, in dem Chefköche ihre Rezepte verraten, einen Gastronomie-Stellenmarkt, Gewinnspiele und ein Forum für den Gedankenaustausch.

Hotel- und Gaststättenverband Nordrhein-Westfalen
http://www.gastgewerbe-nrw.de

Der Hotel- und Gaststättenverband Nordrhein-Westfalen ist die Spitzen-Organisation des Gastgewerbes in Nordrhein-Westfalen. Er nimmt die wirtschafts- und sozialpolitischen Interessen des Gastgewerbes wahr und dient als sein Sprachrohr im Dialog mit der Politik. In seiner Präsentation bietet sich der Verband als kompetenter Gesprächspartner an und vermittelt in den Bereichen Gastronomie und Hotellerie wichtige Informationen über die Branche. Auch die Förderung des Nachwuchses, konkrete Hilfe in der Praxis sowie die Aus- und Weiterbildung der im Gastgewerbe NRW Beschäftigten wird auf diesen Seiten besprochen.

Hotel- und Gaststättenverband Baden-Württemberg
http://www.hogabw.de

Der Hotel- und Gaststättenverband Baden-Württemberg heißt alle Interessierten in der Welt der Gastlichkeit willkommen. Außer seinen Partnerverbänden stellt er zahlreiche Informationen rund um Aus- und Fortbildung sowie zum Thema Existenzgründung vor. Im Marktplatz findet man nicht nur einen Überblick über offene Stellen, auch für den nicht im Gastgewerbe Tätigen gibt es einen kleinen Appetithappen in Form von Kochrezepten.

Hotel- und Gaststättenverband Main-Taunus
http://www.hoga-mtk.de

Das Internet ist voller kulinarischer und gastlicher Ideen. Das erfährt der Besucher des Online-Auftritts des Hotel- und Gaststättenverbandes Main-Taunus nicht nur durch die Begrüßungsworte, sondern auch durch die zahlreichen Themen, die hier aufgegriffen werden. Neben der Vorstellung von Hotel- und Gastronomiebetrieben findet man über die Links Genüssliches. Und damit Sie die Orte der Gastlichkeit auf keinen Fall verfehlen, hat der Verband auch noch einen Routenplaner bereitgestellt.

Hotel & Gaststättenverband Mecklenburg Vorpommern
http://www.hoga-mv.de

Der Hotel- und Gaststättenverband Mecklenburg-Vorpommern wurde im Dezember 1990 von Hoteliers und Gastronomen des Bundeslandes gegründet. In der Zwischenzeit hat er sich zu einem anerkannten Arbeitgeberverband gemausert, der sich in erster Linie dafür einsetzt, die gesellschaftlichen, wirtschaftlichen und sozialen Rahmenbedingungen des Gastgewerbes zu erhalten bzw. zu verbessern. Diese Seiten klären Sie detailliert darüber auf, was der Verband für Ihr eigenes Unternehmen leisten kann. Zur praktischen Hilfe gehören dabei nicht nur Weiterbildungsofferten und Beratungen, sondern auch Sonderkonditionen, Impulse für das Geschäft und interessante Anregungen für neue Geschäftskontakte.

Hotel- und Gaststättenverband Nordrhein
http://www.hoga-nordrhein.de

Der Hotel- und Gaststättenverband Nordrhein bietet mehr als nur viele Worte. Aus- und

Fortbildungen sowie Informationen rund um den essenden Gast werden hier klassisch schlicht verpackt an den Kellner und die Köchin gebracht. Konjunkturberichte, Neuregelungen und Presseinformationen sorgen dafür, dass allgemein bekannt wird, was die Gastronomie leistet.

Thüringer Hotel- und Gaststättenverband
http://www.thuehoga.de

Der Thüringer Hotel- und Gaststättenverband heißt Sie auf seinen Seiten willkommen. In der Rubrik „Rechtsecke" finden Unternehmer Tipps und Hinweise zu allen relevanten Themen, von der Berufsausbildung bis hin zur Besteuerung von Ferienjobs. „Allgemeines" versorgt sie mit einschlägiger Fachliteratur der THÜHOGA und der INTERHOGA. Außerdem bieten die Seiten jede Menge Rezepte, Hinweise zur Thüringer Gastlichkeit, eine Hotelklassifizierung, einen regionalen Hotelführer und eine Ausbildungsbörse. Junge Menschen, die noch einen Ausbildungsplatz suchen, haben hier Gelegenheit, sich kostenlos mit den regionalen Hotel- und Gaststättenbetrieben kurzzuschließen und so ihre Bewerbung an die richtige Adresse zu richten.

Verband der Serviermeister, Restaurant- und Hotelfachkräfte
http://www.vsr-online.de

Der Verband der Serviermeister, Restaurant- und Hotelfachkräfte bedient seine Mitglieder sowie Interessenten mit Informationen und Interessantem aus Gastronomie und Hotelfach. Termine und Fristen für Prüfungen und Wettbewerbe sind für eine erfolgreiche Zukunft im Servicebereich ebenso wichtig wie fachliche Weiterbildungen und Verhaltensschulungen für den Ernstfall – und all das findet man hier.

Hotels

Hotelführer Brandenburg
http://www.brandenburg.nu/hotel

Kennen Sie die Schönheiten des Brandenburger Landes? Waren Sie schon einmal in der Uckermark, im Spreewald, in der Prignitz oder der Märkischen Schweiz? Dort winkt Erholung pur! Die passende Unterkunft finden Sie in diesem benutzerfreundlichen Hotelführer. Sie wählen die Region aus, die Sie gern besuchen möchten und erhalten eine Übersicht über die Ortschaften mit Hotels. Haben Sie sich entschieden, in welchen Ort es Sie zieht, präsentieren sich, liebevoll aufbereitet, die Hotels selbst. Nun können Sie sich ein Bild von Ihrer Unterkunft machen, sich über Preise und Ausstattung informieren und selbstverständlich ein Zimmer im Domizil Ihrer Wahl online buchen.

Deutsche Luxushotels – Die Selection
http://www.deutsche-luxushotels.de

Schon 1987 haben sich sechs deutsche Hotels der Spitzenklasse zusammengetan, um ihre Kreativität im Dienste des Gastes zu bündeln. Die Vorteile für die Gäste liegen auf der Hand: Ihnen wird ein Lebensgefühl jenseits des nüchternen Alltags und einer technisch orientierten Arbeitswelt vermittelt. Ein Aufenthalt in diesen Hotels, im „Brenner's Park-Hotel & Spa" in Baden-Baden, im „Park Hotel" in Bremen, im „Breidenbacher Hof" in Düsseldorf, im Hotel „Vier Jahreszeiten" in Hamburg, im Hotel „Rafael" in München sowie im Hotel „Nassener Hof" in Wiesbaden wird zu einem unvergesslichen Erlebnis, bei dem der Gast nie den Glanz aus den Augen verliert. Doch auch für die Partner der Selection zeigen sich viele Vorteile auf, angefangen beim gemeinsamen Reservierungssystem, koordinierten Schulungs- und Ausbildungsprogrammen über eine Fülle an Informationen bis hin zu gemeinsamen Marketingstrategien und Marktvorteilen gegenüber anderen Hotelketten. Die Individualität des Gastes respektieren, ihr jeden erdenklichen Raum sichern – dieser hohe Anspruch eint die sieben privat geführten Hotels der Spitzenklasse.

Hotelführer Dresden

http://www.dresden-online.de/hotels

Ein Einzelzimmer in Dresden ab 22,- DM. So unwahrscheinlich das klingt: Es ist machbar! Auf diese Weise kommen auch Reisende mit kleinem Geldbeutel in den Genuss, den Zwinger oder das Taschenbergpalais besichtigen zu können. Aber auch wenn Sie komfortabler nächtigen und anspruchsvoller speisen möchten, können Sie nicht nur hier, sondern auch dort Ihr „blaues Wunder" erleben.

Hotels and More

http://www.ehf.de

Die schönste Zeit des Jahres ist der Sommer nur dann, wenn es nicht unaufhörlich regnet. Doch leider ist das in Deutschland recht häufig der Fall. Wer Kälte und Nässe entfliehen will, hat nur eine Wahl: Ab in den Urlaub! Hotels and More, einer der umfangreichsten Hotelführer des Webs, ist bei der Suche behilflich. Mehr als 30.000 gastliche Stätten in 14 Ländern sind in diesem Portal verzeichnet. Es überrascht daher nicht, dass auch zahlreiche Specials wie „Honeymoon-Hotels" integriert sind. Wer hier nicht fündig wird, sollte daheim bleiben!

Hoteldatenbank, Hotelführer für Kurzurlaub in Deutschland

http://www.etro-verlag.com/deutschland.htm

Die Hoteldatenbank ist für alle, die einen Kurzurlaub in Deutschland planen, gedacht. Sie umfasst Hotels in allen Regionen, führt aber nicht immer zum gewünschten Ergebnis. Das liegt nicht zuletzt daran, dass sie im Moment noch äußerst mager gefüllt ist. Für Nordrhein-Westfalen etwa finden sich ganze drei Hotels, für die in der Regel trotz Ankündigung keine Beschreibung vorliegt. Bleibt abzuwarten, ob Hotels das Angebot dieser Seiten in nächster Zeit stärker nutzen werden.

Hotel-Reservierungszentrale Deutschland

http://www.europa.org/hotel/germany

Ein Wochenende an der Nordsee. Kein Stress keine Hektik, wäre da nicht die lästige Hotelbuchung... Kein Problem! Diese Seite weist Ihnen auf Tastendruck Hotels in der gewünschten Ortschaft und Lage aus. Wer bereits weiß, wann er los möchte, kann sich online an das Hotel seiner Wahl wenden. Innerhalb weniger Stunden erfahren Sie, ob Sie Gummistiefel und Badehose einpacken können.

Hamburger Hotel- und Restaurantführer

http://www.gohamburg.de

Die Nähe zum Wasser hat Hamburg zu einer internationalen Metropole gemacht. Das spiegelt sich auch in der Gastronomie wider: Auf der Startseite wehen die Flaggen der Länder, die sich in der Elbmetropole kulinarisch einen Namen gemacht haben. Das Bild der Hansestadt wird aber auch von Weinstuben, Hotels, Musik und Nightlife geprägt. Wer hier sucht, erlebt Hamburg von seiner gastfreundlichsten Seite.

Hotelführer.de

http://www.hotelfuehrer.de

Der Slogan von Hotelführer.de lautet zwar „Mit Hotelführer.de direkt zum Hotel", er bezieht sich aber nicht auf die Möglichkeit einer Reservierung, sondern auf den Routenplaner. Ha-

ben Sie mit Hilfe der Suchmaske nach Ort und Stadt bzw. nach Postleitzahl Ihr Wunschhotel gefunden, errechnet der Routenplaner den kürzesten Weg bzw. die kürzeste Fahrzeit. Die Buchung des Hotelplatzes müssen Sie per Fax oder online über das Hotel Ihrer Wahl abwickeln.

Hotelguide
http://www.hotelguide.de

Willkommen bei einem der besten deutschen Hotelguides! Ob Sie sich mit ihrer Unterkunft einen Luxus gönnen möchten, es gemütlich oder familiär bevorzugen oder eine bestimmte Hotelkette favorisieren, mit dem Deutschen Hotelführer sind Sie – von Flensburg bis Oberstdorf – immer bestens beraten! Rund 10.000 Unterkünfte befinden sich in der Datenbank. Sie geben Ihre Wünsche hinsichtlich der Stadt, des Hotels, des Preises, der Ausstattung, des Services sowie der Sport- und Freizeitmöglichkeiten in die Suchmaske ein und erhalten schnell eine alphabetisch geordnete Liste aller Hotels, die Sie glücklich machen wollen. Nun haben Sie die Qual der Wahl, aber nach erfolgter Entscheidung auch die Möglichkeit, gleich eine Buchungsanfrage an Ihr Wunschhotel zu senden.

IHA Hotelführer
http://www.iha-hotelverband.de

Mehr als 750 Hotels in Deutschland erwarten Ihren Besuch – da fällt die Auswahl schwer. Der Hotelführer des IHA, des Hotelverbandes Deutschland, hilft Ihnen bei Ihrer Entscheidung. Sie haben die Möglichkeit, nach aktuellen Angeboten zu suchen, zum Beispiel nach Sport, Kultur, Events, Familie, Wandern und Last Minute, oder Sie nutzen die Hilfe einer Suchmaske. Hier geben Sie Ihre Wünsche bezüglich des Ortes, des Zimmers, des Preises, des Freizeitangebotes und der Hotelmarke ein und erhalten schnell das Suchergebnis. Auch die Berücksichtigung von Sonderwünschen, zum Beispiel Diätküche oder behindertengerechte Zimmer, ist möglich.

Ihr Hotel
http://www.ihr-hotel.com

Geradezu überirdisch werden die Gäste bei ihr-hotel empfangen. Verliebt, verlobt oder verheiratet: wenn eines davon auf Sie zutrifft und Sie mit IHM oder IHR einen „gediegenen Ort zum Verweilen" suchen, sind Sie hier genau richtig. Das Auswahlmenü leitet Sie in die Stadt Ihrer Wahl und stellt den Komfort des dort befindlichen Hauses vor. Und damit auch wirklich alle Verliebten in den Genuss eines von ihr-Hotel ausgesuchten Hotels kommen, gibt es die romantischen Aufenthalte in allen Preisklassen.

www.LastMinuteHotels.de
http://www.lastminutehotels.de

Sie hatten einen auswärtigen Termin und haben über Ihre Arbeit den letzten Zug verpasst? Kein Problem! Sie schalten einfach Ihr Notebook an, geben die URL ein und schon können Sie Ihr Domizil für die kommende Nacht buchen. Und weil Sie ohnehin schon gestresst sind, belohnt man Sie mit einem preiswerten Angebot. In letzter Minute eine gute Unterkunft: Last-Minute war schon immer einen Klick wert!

Interaktiver Hotelführer für Ostfriesland
http://www.ostfriesen-info.de/mab/hotel.htm

Manfred Becker liebt sein Ostfriesland und versteht es, so zu begeistern, dass auch Sie bald Ihre Koffer packen und seine Heimat besuchen möchten; die passende Unterkunft finden Sie hier. Aber Herr Becker hält einen noch viel umfassenderen Service für Sie bereit: Er verrät typische Kochrezepte, erzählt etwas über die Historie Ostfrieslands (ohne die Witze zu *erwähnen), informiert über das Brauchtum der Einwohner, über das Wetter und serviert Tipps für kulinarische Genüsse in den verschiedensten Restaurants. Nutzen Sie also diesen Service – Ostfriesland wird sich mit viel Gastfreundschaft und Naturerlebnissen bedanken. Wir bedanken uns derweil bei Herrn Becker für seine wunderbare Internet-Präsentation.*

Preiswert Übernachten

http://www.preiswert-uebernachten.de

Sie möchten gern verreisen, Ihre Urlaubskasse aber nicht durch hohe Übernachtungskosten strapazieren? Dann ist der Service „Preiswert übernachten" des Hoffmann-Verlages die richtige Adresse. Sie geben die Postleitzahl, den Ort, Ihre Preisvorstellung, die gewünschte Hotelausstattung und sogar den tolerierbaren Lärmpegel in die Suchmaske ein und erhalten eine Auflistung von Übernachtungsmöglichkeiten, bei denen 100.-DM pro Bett bzw. Nacht nicht überschritten werden. Möchten Sie Ihre Auswahl lieber offline wählen, haben Sie die Möglichkeit, den Hotelführer in Prospektform oder als CD-ROM zu bestellen. Ein weiteres Angebot stellt der Führer „Gasthäuser und historische Hotels", ebenfalls aus dem Hoffmann-Verlag, dar.

Über 600 Hotels und Pensionen aus Mecklenburg-Vorpommern

http://www.ssi.de/hotels

Mecklenburg-Vorpommern lockt nicht nur mit seiner Seenplatte, sondern auch mit über 600 Hotels und Pensionen, in denen man es sich gut gehen lassen kann. Komfortabel einquartiert kann man dann die Sehenswürdigkeiten erkunden. Der Online-Hotelführer vermittelt Ihnen die Unterkunft, die Sie sich vorstellen. Dazu genügt es, die gewünschte Ortschaft bzw. die Postleitzahl einzugeben, wahlweise kann man auch per Detailkarte einen Standort ermitteln. Der Service ist äußerst komfortabel, außerdem kostenfrei!

Restaurants

Guide Gourmets International Paris

http://restaurant-test.de

Der Restaurant-Test des Guide Gourmet International Paris präsentiert Ihnen nicht etwa die besten Schlemmertempel der Stadt an der Seine, sondern die besten Restaurants der Städte Bochum, Dortmund, Düsseldorf, Essen, Gelsenkirchen, Hattingen, Herne und Wuppertal. Die Lokalitäten werden kurz und knapp mit Küchenzeiten, Menüpreisen, Platzanzahl und den Spezialitäten des Hauses vorgestellt, Bilder sind allerdings nicht vorhanden, so dass Sie Ihren Appetit nur mit Hilfe Ihrer Phantasie anregen können. Wenigstens informiert Sie dieser Guide über die jeweilige Adresse und Telefonnummer. Also starten Sie doch Ihren ganz persönlichen Schlemmertest-Streifzug!

Speis und Trank im Frankenland

http://speis-und-trank.de

Sie sind in der Nähe von Erlangen, Nürnberg und Umgebung zu Hause oder fahren demnächst dorthin? Dann können Sie mit einem Besuch bei „Speis und Trank im Frankenland" erforschen, was die Region kulinarisch zu bieten hat. Sie wählen aus, ob Sie asiatisch, griechisch, italienisch, einheimisch oder international schlemmen möchten und erhalten ausführliche Präsentationen mit detaillierten Informationen und einer großen Anzahl interessanter Bilder. Neben den renommierten Restaurants erscheinen in der Übersicht auch Gaststätten, Bars, Kneipen und sonstigen Lokalitäten, so dass Sie sich eine Menge Appetit und Anregungen holen können.

Ein kulinarischer Führer durch die Region Anhalt – Wittenberg – Dessau
http://www.anhalt-wittenberg-dessau.de

Lassen Sie sich zu einem kulinarischen Streifzug durch Anhalt-Wittenberg-Dessau-Zerbst einladen! In der Tat wurden viele Restaurants und Gaststätten aufgelistet, die sich sicher freuen würden, Sie als Besucher begrüßen zu können. Leider hat die Sache einen Haken: mehr als Adresse, Telefonnummer und Öffnungszeiten erfahren Sie meist nicht. Die Küche, die Spezialitäten oder das Ambiente werden eine Überraschung bleiben. Dafür gibt es aber zusätzliche Tipps zu kulturellen Highlights der Region, und die hat es ja dank der Lutherstadt Wittenberg sowie vieler Schlösser und Burgen in sich.

Bayerngastronom
http://www.bayerngastronom.de

„Obgschmoizne Bierbrotsuppn" ist eines der Schmankerln auf der Seite der bayerischen Gastronomie. Wer sich an dieses Rezept nicht so recht herantraut und lieber einmal das fertige Produkt kosten möchte, sucht sich ein Restaurant in Bayern heraus. Da kann man sicher sein, dass die Suppe fachmännisch hergestellt wird. Damit es nicht bei einem Essen bleibt, stellen sich hier auch die schönsten Hotels der Alpenregion vor.

Gastronomieführer für den Bodensee
http://www.best-of-gastro.net

Dieser Gastronomieführer für den Raum um den Bodensee kommt mit wenigen Seiten aus und leistet doch Großes: Die Datenbank lässt sich nach Kriterien wie Art des gastronomischen Betriebes, Preisklasse und internationale Küche durchsuchen und liefert Kurzbeschreibungen über eine Vielfalt von Ausgehmöglichkeiten für Touristen und Einheimische. Hotels sind leider nicht dabei, aber für kulinarische Tipps rund um den Bodensee ist diese Seite die erste Adresse.

Die Karte
http://www.diekarte.de

„Die Karte" präsentiert sich so wie die Lokalitäten, die auf dieser Seite vorgestellt werden: äußerst edel. Restaurants und Hotels der Spitzenklasse mit Sitz in Berlin, Brandenburg, Mecklenburg-Vorpommern, Sachsen und Sachsen-Anhalt werden hier nicht nur in Wort und Bild vorgestellt, Sie können sich auch gleich ein Bild von der Speisekarte ihres Wunschlokals machen, denn ein Auszug aus dem Original liegt zu jedem gastronomischen Betrieb vor.

Dinner-Lounge.de – Der Gastronomieführer für Jung und Alt im WWW
http://www.dinner-lounge.de

„Na, keine Lust auf Kochen?" Dinner-Lounge.de ist nicht nur für unverbesserliche Kochmuffel eine empfehlenswerte Adresse. Internetzugang, minimale Tippfähigkeiten und die Kenntnis der eigenen Postleitzahl genügen, um in vielen Regionen Deutschlands Restaurants ausfindig zu machen. Ein Besuch der Site lohnt sich aber auch für Gastronomen, die dank Dinner-Lounge.de kostenlos im Internet präsent sein können. 779 Restaurant- und Gaststättenbesitzer haben sich schon eintragen lassen. Was so viele Fachleute zu schätzen wissen, kann einfach nicht schlecht sein!

Eat Germany
http://www.eat-germany.net

Eat Germany berichtet über Gastronomiebetriebe in ganz Deutschland. Sie haben die Möglichkeit, mit Hilfe eines Suchformulars nach Bundesland, Küche, Gerichten, Getränken, Publikum, Preis und Mahlzeit das richtige Restaurant für Ihre Gaumenfreuden zu finden. Zahlreiche Unterkriterien wie zum Beispiel rollstuhlgerechter Zugang, essen auch nach

Mitternacht oder draußen sitzen ermöglichen Ihnen die Erfüllung von Sonderwünschen. Das Beste zuletzt: Sollten Sie Ihr Stammrestaurant in der Datenbank vermissen, avancieren Sie zum Restaurantkritiker und können einen Eintrag in die Datenbank vornehmen. Dafür bekommen Sie sogar noch Lose für den Gewinn eines kostenlosen Feinschmeckermenüs in einem der Restaurants. Da die Unternehmer für einen Grundeintrag bei Eat Germany nicht zahlen müssen, ist die Auswahl entsprechend groß – und täglich kommen neue Geheimtipps hinzu. Ein toller Guide!

Vegetarische Gaststätten in Deutschland

http://www.fleischlos-geniessen.de

Vegetarische Kost wird immer beliebter. Hier finden Sie Restaurants und Gaststätten im gesamten Bundesgebiet, die vorwiegend oder ausschließlich vegetarische bzw. vegane Gerichte anbieten. Der Index ist nach Postleitzahlen aufgebaut und offeriert Ihnen ein Verzeichnis der entsprechenden Gastlichkeiten in Ihrer Nähe. Leben Sie schon gesundheitsbewusst und umweltorientiert, sind sich aber noch nicht sicher, ob Ihnen die vegetarische Kost mundet, testen Sie doch einfach Vielseitigkeit und Geschmack in einem Restaurant. Überzeugte Vegetarier werden den Service des Vegetarierbundes ebenfalls zu schätzen wissen.

Der Gastrofuehrer im Internet

http://www.gastrofuehrer.de

Der ultimative Gastroführer im Internet präsentiert Ihnen bundesweit Gourmet-Restaurants, Gasthöfe, Hotels und Tanzlokale. Sie haben die Möglichkeit, nach Bereichen, Namen oder Angeboten zu suchen. Sehr ausführlich sind die Restaurant-Empfehlungen aufbereitet, hier werden Gourmets mit Sicherheit so manche Schlemmerstätte entdecken. Kochrezepte, ein Streifzug durch die Gastronomie des Elsass und eine witzige Warnung vor dem Gastro-Yeti (der Restaurantkritiker als ewiger Nörgler) runden das Angebot des Gastroführers ab.

GastroLine

http://www.gastroline.de

Im letzten Jahr haben sich über 120.000 Besucher über die Angebote des Guides Gastro-Line informiert. So viel Interesse hat seinen Grund: Der Hotel- und Restaurantführer für Rheinland-Pfalz besticht durch ausführliche und sehr geschmackvoll aufbereitete Präsentationen. Viele gastronomische Einrichtungen, unter anderem im Hunsrück, im Westerwald oder an Mosel und Rhein, stellen sich vor und werben um Ihre Gunst. Ganz neu und noch im Aufbau befindet sich der Guide für Nordrhein-Westfalen. Wertvolle Informationen zu den Sternen der Gastronomie und Wissenswertes über Hotelketten sowie Buchempfehlungen ergänzen die freundliche GastroLine.

Restaurantführer für den Großraum Stuttgart/Mittlerer Neckar

http://www.gastronomia.de

Dieser Restaurantführer präsentiert, was die gepflegten Gastlichkeiten im schönen Schwabenland zu bieten haben. Ob Wirtschaft, Kneipe, Restaurant, Hotel, Lokal, Weinstube oder Gasthaus – alle gastronomischen Einrichtungen sind nach Name und Ort sortiert und leicht zu finden. Die ausführliche Vorstellung der einzelnen Lokalitäten ist individuell und sehr liebevoll gestaltet und damit auf jeden Fall einen Blick wert.

Gastronomie Franken

http://www.gastronomie-franken.de

Auf ins Frankenland! Der Service von Gastronomie Franken stellt Ihnen über 350 Lokale von A wie Aschaffenburg bis W wie Würzburg vor. Hier gibt es für jeden Stil und jeden

Geschmack die passende Einrichtung. Möchten Sie länger in Franken bleiben, hält die Gastronomie Franken selbstverständlich auch Übernachtungsmöglichkeiten für Sie bereit, Sie müssen nur die Suchmaschine in Gang setzen, um aus den 100 Möglichkeiten das richtige Bett für sich zu finden. Viele Freizeittipps wie zum Beispiel Vorschläge für Ausflüge, Museen, Radtouren und Wanderstrecken ergänzen die Seiten auf hervorragende Weise.

Gastro-Online-Service Dortmund

http://www.gastro-online-service.de

Wenn Sie in Dortmund zu Hause sind oder vorhaben, die Stadt im Osten des Ruhrgebiets zu besuchen, ist der Gastro-Online-Service die richtige Adresse für Sie. Hier finden Sie alle Lokalitäten Dortmunds – vom Bistro über das Luxusrestaurant bis zu Szene-Kneipe oder Hotel. Sie suchen sich Ihre Wunscheinrichtung aus: nach Art, Küche, Ambiente, Ausstattung oder Lage und erhalten eine Auflistung aller in Frage kommenden Gastlichkeiten. Nun können Sie weitere Abfragen starten, Reservierungen vornehmen, sich nach Parkmöglichkeiten erkundigen und mit Hilfe eines virtuellen Stadtplanes sogar die Route von Ihrem jeweiligen Aufenthaltsort zur Lokalität zusammenstellen.

Gault Millau für Deutschland und Österreich

http://www.gaultmillau.de

Sie wählen Ihre Reiseziele nicht nur nach Landschaft und Kultur, sondern auch nach den besten kulinarischen Genüssen aus? Dann wird der Reiseführer für Gourmets bald zu Ihren Lieblingsseiten gehören. Hier finden Sie Restaurants, die Sie am wenigsten an das Alltägliche erinnern. Ein wichtiges Kriterium, um in diesem Guide erwähnt zu werden, besteht in der Authentizität der Gerichte. Wenn Sie Lust auf ein Filetsteak haben, wollen Sie schließlich nicht darüber staunen, dass die Tiefkühlkette vom argentinischen Schlachthaus bis zum Restaurant nicht unterbrochen wurde. Bei Gault Millau finden Sie mit Hilfe einer Suchmaschine die ultimativen Schlemmertempel in Deutschland und Österreich. Stöbern Sie doch auch einmal in den „Top Ten"! Sie erfahren, welche Kochkünstler zu den „jungen Hoffnungsträgern", „starken Frauen", „besten Gastgebern" und „profiliertesten Köchen" gehören. Gute Reise mit gutem Appetit!

gourmetguide

http://www.gourmetguide.com

So schlicht und doch so gut. Der gourmetguide der guideguide AG kommt eher unauffällig daher, fährt aber auf schnellem Weg zum Ziel, sprich: zum gewˍnschten Restaurant. Sie entscheiden, ob Sie nach Postleitzahl oder aber nach einem Suchbegriff vorgehen. Natürlich besteht auch die Möglichkeit, sämtliche der 1.024 eingetragenen Gastlichkeiten in der Volltextsuche einzusehen. Der Clou dieses Gastroführers ist die Form, in der das Ergebnis angezeigt wird, denn hier erfahren Sie mehr als nur die Adresse. Die gesuchten Restaurants präsentieren sich mit Fotos, teilweise sogar mit Geschichte, Spezialitäten, Ambiente und Speisekarte. So gibt es keine unerwünschten berraschungen. Eine gelungene Präsentation, der sich sicher bald weitere Restaurants anschließen werden. (Homepage S. 94)

hin & weg: Braunschweigs Gastronomie von A-Z

http://www.hinundweg.de

Die Braunschweiger und ihre Gäste werden vor Begeisterung ganz „hin und weg" sein, denn sie können den bewährten Gastronomieführer des Subway-Verlages nun auch im Internet nutzen. Er führt Sie durch das Schlemmerland Braunschweig. Ob Restaurant, Kneipe, Café, Hotel, Imbiss, Bringdienst, Partyservice..., „hin & weg" gibt Ihnen Hilfestellung beim Durchforsten des gesamten Gourmetdschungels. Obendrein sorgt der Gastroführer für Ihre Freizeitgestaltung, denn in der Datenbank finden Sie auch die Kinos und Diskotheken.

Italienisch essen
http://www.italienisch-essen.de

„Italienisch essen.de" hat es sich zum Ziel gesetzt, Ihnen bei evtl. auftretenden Heißhunger-Attacken auf Pasta und Co. schnell die besten italienischen Restaurants in Ihrer Nähe vorzustellen. Während Ihnen beim Anblick der geschmackvollen Präsentationen, der Fotos und Speisekarten schon das Wasser im Munde zusammenläuft, entscheiden Sie sich für die Lokalität, die Ihnen die Erfüllung Ihrer kulinarischen Ansprüche verspricht. Schnell machen Sie sich zielgerichtet und voller Vorfreude auf den Weg dorthin... So weit, so gut. Doch leider haben sich bisher nur ganze 2 (in Worten: zwei) italienische Gaststätten zum Eintrag entschlossen. Italiener, was ist los? Nix wie rein in die Datenbank von Italienisch essen.de!

Jamboree: Münchens Online-Restaurantführer
http://www.jamboree.de

Jamboree, Münchens Online-Restaurantführer, präsentiert Ihnen 1.600 Gastlichkeiten vom Biergarten bis zum Restaurant, von der Kneipe bis zum Café, vom Brunch bis zur Gaststätte mit Live-Musik. Jamboree steht für die pure Lust am Leben, es bedeutet Festtrubel, Familientreffen oder für die Hartgesottenen auch „Remmidemmi" und Saufgelage. Sie sehen also, hier ist für jeden etwas dabei. Als besonderen Service bietet Jamboree eine Stadtplan-Anbindung, die Ihnen eine detaillierte Beschreibung der Lage jedes Lokals anzeigt. Mit aktuellen Tipps und Neuigkeiten macht dieser Guide Ihnen das kulinarische Leben Münchens schmackhaft und ist ein perfekter Service, wenn Sie eine Feier planen, Tipps zum Ausgehen oder eine bestimmte Adresse suchen.

Gastronomieführer Magdeburg
http://www.magdeburg.de/Tourismus/Gastronomie.html

Unter dem Motto „traditionell gastfreundlich" wurde in Sachsen-Anhalt ein Gastronomie-Wettbewerb ausgefochten. Die prämierten Magdeburger Gewinner, das Hotel und Restaurant „Herrenkrug", das Restaurant „Damm-Mühle", „Deneckes Kartoffelhaus" und der

Homepage gourmetguide

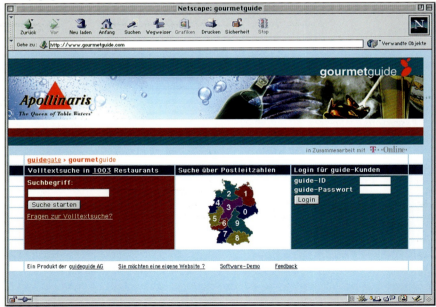

„Ratskeller Magdeburg" stellen sich hier vor. Sie können das Ambiente der Gaststätten auf stilvollen Fotos ins Auge fassen und sich über Spezialitäten und Öffnungszeiten informieren. Vielleicht sind Sie schon bald in einem der prämierten Häuser zu Gast!

McDonald's

http://www.mcdonalds.de

McHistory: Am 15. April 1955 hieß es Start frei für einen weltweiten Triumphzug. In Des Plaines, einem Vorort von Chicago, eröffnete Ray Kroc sein erstes McDonald's-Restaurant. Heute ist McDonald's mit rund 25.000 Restaurants in 114 Ländern dieser Erde das größte Systemgastronomie-Unternehmen der Welt. Die Website bietet einen Streifzug durch die Geschichte von McDonald's, informiert über die Produkte, die aktuelle Promotion und zeigt die Standorte der Restaurants auf. Dort wie auch in der Online-Welt von McDonald's gibt es einen eigenen Raum für die Kleinen, in dem sie mit Spiel und Spaß auf ihre Kosten kommen.

Mövenpick

http://www.moevenpick.de

Die Geschichte der Namensfindung einiger Firmen ist eine Geschichte des Zufalls, so auch bei Mövenpick. Dem Architekten des ersten Restaurants wurde eines Tages auf einem Spaziergang von einer Möwe ein Stück Brot aus der Hand gepickt. Dieser Vorgang inspirierte den Mövenpick-Gründer zu Namen und Geschäftsidee: Ein Restaurant, das Feines und Erlesenes quasi im Flug serviert. Seit über 50 Jahren können Sie von dieser Idee profitieren, sei es in den zahlreichen Restaurants, Hotels oder durch den Kauf der Markenprodukte. In seiner Internet-Präsentation informiert Sie das Unternehmen u.a. über die Vielfalt seiner Produkte, die von Joghurt und Eis über Kaffee und Wein bis zu Fisch und Salatsauce reicht.

Hotels, Restaurants und Cafés im Kreis Minden-Lübbecke

http://www.mt-online.de/gastro

Was auch immer Sie in den Mühlenkreis Minden-Lübbecke verschlägt, ob Urlaub oder Ausflug, Familienfeier oder Geschäftsbesuch, Kongressteilnahme oder Sportbegegnung – genießen Sie zuerst den tollen Service, den diese Präsentation Ihnen bietet. Hier finden Sie die richtige Unterkunft, das passende Restaurant, die nette Gaststätte oder das gemütliche Café für Ihren Besuch. Eine Suchmaschine nach Stadt und Angebot erleichtert Ihnen die Auswahl.

Prost Mahlzeit- Gastronomie für Berlin und Brandenburg

http://www.prostmahlzeit.de

Prost Mahlzeit präsentiert Ihnen ausgewählte Lokalitäten in Berlin und Umgebung. Es sind zwar nur 12 Einträge vorhanden, die aber haben es in sich. Viele Fotos zeigen das Ambiente, ein Auszug aus der Speisekarte wird Ihren Appetit oder Bierdurst anregen und wenn Sie sich dann kaum mehr halten können, verrät Ihnen die Präsentation natürlich auch, wie Sie hinkommen. Berlin und Umgebung hat doch so viele Restaurants, Kneipen, Gaststätten und weitere Lokalitäten. Warum sich nur 12 Geschäftsführer zu einem so stilvollen und ausführlichen Eintrag entschließen konnten, ist unklar.

Deutscher Internet Restaurantführer

http://www.restaurantfuehrer.com

Der Deutsche Internet Restaurantführer lädt Sie zu einer virtuellen Feinschmecker-Reise durch die besten Restaurants der Republik ein. Möchten Sie „Essen wie Gott in Deutschland", finden Sie mit nur drei Mausklicks eine Übersicht über verschiedene gastronomische Niederlassungen in jeder Region. Die Restaurants stellen sich mit Foto, Logo, Adresse, einem kleinen redaktionellen Beitrag und zum großen Teil sogar mit der aktuellen Speisekarte vor.

Schade ist nur, dass sich bisher noch nicht viele Restaurants in den klug durchdachten und benutzerfreundlichen Deutschen Internet Restaurantführer haben eintragen lassen, daher ist die Auswahl noch etwas dünn.

München Online-Restaurantführer

http://www.restaurantfuehrer-muenchen.de

Im Münchener Online-Restaurantführer bleibt Ihnen kein Wunsch verwehrt. Selbstverständlich können Sie sich ausführlich über die verschiedenen Gastlichkeiten und ihre Küche informieren, eine Suchmaschine hilft Ihnen bei der Auswahl. Doch auch die berühmte Münchener Szene wird Ihnen vorgestellt, Geheimtipps werden preisgegeben und – wie sollte es in München anders sein – Biergärten und Wirtshäuser empfohlen. Wenn Sie nun keine Lust haben, allein auf Erkundungstour durch die Münchener Lokalitäten zu gehen, versuchen Sie Ihr Glück doch einfach in der Single-Ecke!

Schlemmen online

http://www.schlemmen-online.de

Koch- und Ausgehfreunde aufgepasst: Die Online-Schlemmer haben ein Angebot bereitgestellt, das allen Ansprüchen gerecht wird. Sie können eingeben, in welchem Ort Sie sich kulinarisch verwöhnen lassen möchten und schon finden Sie die Gastronomie ihrer Wahl. Deutschland, Österreich und das Elsass zeigen auf diesen Seiten, womit Genießer ihren Gaumen kitzeln können. Auch wer selbst Hand anlegen möchte, wird hier fündig. Mit „Kochen“. „Backen“, „Kaltes“ und „Getränke“ sorgt Schlemmen online dafür, dass Hobbyköche auf ihre Kosten kommen. Natürlich können Sie auch eigene Rezepte in die Datenbank eintragen und Ihrem Lieblingsrezept dadurch zu mehr Popularität verhelfen.

Gastronomieführer für den Landkreis Ludwigsburg

http://www.schlemmerseite.de

Wollten Sie schon lange wieder richtig gepflegt ausgehen und wussten nicht wohin? Wenn

Homepage Speisen à la carte in Hamburg

Sie im Raum Ludwigsburg wohnen, ist dieses Problem gelöst. Schlemmerseite.de liefert umfangreiche Beschreibungen verschiedener Restaurants und verweist – wo vorhanden – auch auf die Homepage der Gaststätten. Die liebevollen Präsentationen werden durch Fotos aufgewertet. Um auch den Hunger nach Abwechslung zu befriedigen, gibt es zudem eine Übersicht über Veranstaltungen in und um Ludwigsburg.

Speisen à la carte in Hamburg und Umgebung
http://www.speisen-ala-carte.de

Die Hamburger und ihre Gäste sind zu beneiden! In vier Sprachen präsentiert sich der benutzerfreundliche Online-Restaurantführer „Speisen à la carte". Hier bleibt kein Wunsch offen, denn dieser Guide stellt nicht nur gute und ausgewählte Restaurants – sortiert nach Nationalitäten und Spezialitäten – in Hamburg und Umgebung vor, sondern präsentiert außerdem Brauhäuser, Cafés und Konditoreien, Eiscafés, Discotheken, Hotels, Kneipen, Live-Musik, Szenelokale, Theater, Varietés, Weinstuben und vieles mehr. Derzeit gibt es mehr als 1.500 Einträge und es kommen ständig neue hinzu. Auf nach Hamburg!

VARTA Hotel- und Restaurantführer
http://www.varta-guide.de

Unter den Hotel- und Restaurantführern Deutschlands hat der Varta-Führer seit langem eine Spitzenstellung inne. Völlig zu Recht, wie auch das Online-Pendant beweist. Wer bei Varta sucht, findet nicht nur die Lokalitäten vor Ort, sondern kann seine Recherche mit Hilfe zahlreicher weiterer Angaben so eingrenzen, dass nur solche Hotels und Restaurants aufgelistet werden, die den eigenen Ansprüchen genügen. Besonders luxuriös wird es bei der Sterne-Gastronomie, die ihre Entsprechung in der Vergabe von Kronen an Hotels findet. Wer Wert auf erstklassiges Essen und gute Übernachtungsmöglichkeiten legt, wird vom VARTA Hotel- und Restaurantführer vorzüglich bedient.

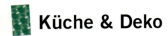

Küche & Deko

3er Küchensysteme
http://www.3er.de

In der Küche wird nicht nur so mancher Leckerbissen zubereitet, sie avanciert auch zunehmend wieder zum Mittel- und Treffpunkt für Familien, Freunde oder Gäste. Deshalb ist neben einer flexiblen, innovativen und individuellen Funktionalität auch der Anspruch an die Wohnlichkeit hoch. Eine Küche von 3er ist ein Versprechen hinsichtlich optimaler Küchen- und Kochkultur. Nehmen Sie sich etwas Zeit und genießen Sie die Präsentation, denn hier werden Ihnen viele Möglichkeiten aufgezeigt. Last but not least: Sie tätigen mit dem Kauf einer 3er-Küche eine erstklassige Investition auf lange Sicht, denn das Unternehmen verspricht Ihnen eine Nachkaufgarantie von 10 Jahren!

Alfi
http://www.alfi.de

Lieben Sie Formschönes, das außerdem auch noch durch seine Funktionalität besticht? Dann dürfen Sie die Präsentation von Alfi auf keinen Fall verpassen. Alfi verfügt nicht nur über ein breites Sortiment an Isolierkannen, sondern hat seine Produktpalette mittlerweile auch um eine Reihe von Küchen-Accessoires erweitert, die – ebenso wie die Isoliergefäße – durch außergewöhnliches Design bestechen. Ob eine hübsch gedeckte Frühstückstafel, Geschenke für jeden Anlass oder Accessoires für den vollendeten Rauchgenuss: Alfi weiß zu gefallen. Dafür sorgen nicht nur mehr als 85 Jahre Tradition, sondern vor allem innovativer Geist. Dieser zeigt sich besonders in der Isolierkanne „Change". Sie hält nicht nur Heißes heiß und Kaltes kalt, sondern ist durch immer neue Dekore in limitierter Auflage zum begehrten Sammlerstück geworden.

Berndes
http://www.berndes.de

Nationale und internationale Institute bestätigen es: Berndes leistet Hervorragendes für die Küche. Das Koch- und Bratgeschirr aus Aluminium, Aluminiumguss und Edelstahl begeistert sowohl anspruchsvolle Hobbyköche als auch Profis. Inzwischen ist die Marke Berndes in 13 Ländern der Welt, von China bis in die USA, unentbehrlicher Bestandteil der Kochkunst geworden. Wann folgen Sie diesem Beispiel?

Bosch
http://www.bosch-hausgeraete.de

Robert Bosch, Vater und Erfinder der Marke Bosch, prägte den Leitspruch: „Lieber Geld verlieren als Vertrauen", den sich das Unternehmen bis heute auf die Fahnen geschrieben hat. Die über 6.000 Produkte, vom Herd über den Kühlschrank bis zum Allesschneider, überzeugen durch ihre Zuverlässigkeit, ihre technische Raffinesse sowie ihre extreme Langlebigkeit. Mit den Produkten von Bosch werden Sie zum kreativen Küchenmeister und zaubern problemlos die schönsten kulinarischen Genüsse. Streng achtet die Firma darauf, das bisher verdiente Vertrauen immer wieder aufs Neue zu rechtfertigen. Die rund 100 Millionen Mark, die jährlich für die Entlastung der Umwelt ausgegeben werden, sind eine Investition in das Vertrauen der Generationen von morgen.

Cookshop Gutes für Küche & Keller
http://www.cookhouse.de

Der Cookshop ist die ultimative Fundgrube für Freunde oder Freundinnen ambitionierten

Kochens. Das Team arbeitet in der Nachbarschaft von hochqualifizierten, engagierten und erfolgreichen Köchen und konnte dank dieser Kontakte ganz spezielles Küchenwerkzeug für Sie aussuchen. Hier erhalten Sie also nicht von allem etwas, sondern ausschließlich Produkte, die nach Marktwissen, Erfahrung und dem ständigen Austausch mit den Kochprofis höchsten Ansprüchen genügen. Im Sortiment finden Sie z.B. praktische Arbeitsplatten, den Elektro-Universalwolf von Jupiter, Keramik-, Peugeot- und Monopol-Mühlen sowie Töpfe, Pfannen und Sauteusen für Küchenkünstler. Um Ihnen so richtig Appetit zu machen, runden Rezepte aus der Zeit Heines, Goethes und Napoleons das Angebot des Cookshops ab.

DesignMagazin
http://www.design-magazin.com

Eine Fundgrube für alle Liebhaber des Besonderen: Das DesignMagazin zeigt, wie man seine Wohnung exklusiv einrichten kann. Dazu gehört natürlich auch die Gestaltung des Raumes, in dem sich alles ums Genießen dreht, die Küche. Das Sortiment umfasst Essmöbel, die echte Hingucker sind, aber auch zahlreiche Accessoires, die die Zubereitung der verschiedensten Speisen erst zu einem richtigen Vergnügen machen. So viel Luxus hat natürlich seinen Preis, doch es war schon immer etwas teurer, einen besonderen Geschmack zu haben.

DORMANN rt -Präsent
http://www.dormann-rt-praesent.de

DORMANN rt-Präsent entwickelt, produziert und importiert vorwiegend Haushaltswaren und Geschenkartikel aus Holz. Auf den Seiten können Sie die vielseitigen, dekorativen Erzeugnisse bewundern – vom Bierglasträger über Frühstücksbrettchen, Gewürzständer, Blumenroller bis hin zu Fußbänken und Schubladenboxen. Ihrer Kauflust frönen Sie, indem Sie per E-Mail Kontakt mit dem Unternehmen aufnehmen.

VKG Küchenpartner
http://www.einrichten.de/kuechen

Was bedeutet Ihre Küche für Sie? Sicher ist, dass jeder andere Anforderungen an den Raum hat, von dem der Essgenuss ausgeht. VKG, der Vereinigte Küchenfachhandel, wird allen Aspekten gerecht. Es geht um klassische Küchen, Designerküchen, modulare Küchen oder Landshausküchen – ganz wie Sie wollen. Dazu passen auch die Rubriken „Küchengeräte" und „Küchenzubehör". Doch eine Küche muss immer noch mehr sein, um zu einem Wohlfühlraum zu werden. Wichtige Aspekte sind Individualität, schönes Design, Langlebigkeit, Sicherheit, Gesundheits- und Umweltbewusstsein sowie technische Raffinessen. Damit Sie auch wissen, was Sie mit Ihrer Neuerwerbung anfangen können, hat der Vereinigte Küchenhandel ein Magazin für Sie breitgestellt. Das „Küchenmagazin" berichtet über so spannende Themen wie die „Küchenreise durch Europa", beinhaltet einen Ratgeber („Modernisierung oder Neukauf?") und viele weitere Tipps rund um Sicherheit und Finanzierung. So wird Küche zu einem Stück Lebensart!

EINS ZWEI DREI
http://www.einszweidrei.com

„Aller guten Dinge sind: EINS ZWEI DREI". Die Geschenkideen-Website präsentiert ausgesuchte Produkte und Kollektionen mit qualitativ-hochwertigen Designerstücken für das alltägliche Leben. Von der Keramikkeksdose über kunstharzverzierte Käseglocken bis hin zum türkisen WC-Rollenhalter finden Kunden, denen „Stangenware" ein Gräuel ist, wenige, aber dafür umso exklusivere Haushaltsartikel. Eine Liste der in Deutschland befindlichen Filialen weist den Weg zu EINS ZWEI DREI. Die kleine Site für das Geschenk zwischendurch!

Fun Food

http://www.funfood.de

Was wäre ein Kinobesuch ohne Popcorn, ein Weihnachtsmarkt ohne gebrannte Mandeln, ein Rummel ohne Zuckerwatte? Die leckeren Snacks sind bei Groß und Klein beliebt. Auf den Seiten der Fun Food Connection werden die Maschinen vorgestellt, die diese Leckereien produzieren. Von der Popcorn- Maschine über Hot-Dog-Geräte, Waffeleisen, Zuckerwatte- und Mandelmaschinen bis hin zum Nacho-Wärmer und zur Eismaschine können Sie sich hier mit dem nötigen Equipment versorgen – aber mal im Ernst: Natürlich ist dieses Angebot nicht für Privatleute gedacht. Die Haase GmbH unterstützt mit ihrer Ausstattung junge Unternehmer. Neben dem technischen Zubehör sorgt die GmbH auch für Rohmaterial und Verpackung. Wer sich selbständig machen möchte, sollte sich deshalb einmal unverbindlich informieren bei Haase, dem „Fun Food Profi".

Goldreif

http://www.goldreif.de

Seit über 60 Jahren werden bei Goldreif Küchen hergestellt. Die Künstler, Designer und Techniker haben in Zusammenarbeit eine überzeugende Synthese gefunden, um die Küchenmöbel gleichermaßen attraktiv wie praktisch zu gestalten. Eine Auswahl der vielfältigen Kombinationsmöglichkeiten können Sie hier bewundern und in Ihrer Phantasie aus den unterschiedlichen Fronten, Nischen, Beleuchtungen, Schränken und Zubehör Ihre persönliche Wunschküche zusammenstellen. Kombinieren Sie Material und Farben ganz nach Ihrem individuellen Geschmack – Goldreif sorgt dafür, dass Ihr Küchentraum zur Realität wird!

Imperial

http://www.imperial.de

Seit vielen Jahrzehnten widmet sich Imperial dem Lebensraum aller Genießer: der Küche. Das Unternehmen präsentiert Ihnen Küchengeräte zum Einbauen und Aufstellen, die alle-

Homepage Fun Food

samt das gewisse Etwas haben und in Bezug auf Ästhetik, Qualität, Funktionalität und Langlebigkeit höchste Ansprüche erfüllen. Dabei trägt das Unternehmen der Tatsache Rechnung, dass anspruchsvolle Genießer zur ganz individuellen Wunschküche mit vielen Extras tendieren. Im Design-Forum bekommen Sie eine Ahnung davon, welche Kunststückchen mit Imperial möglich sind: Spaß, Funktionalität, Design, Einfachheit, Luxus und Bezahlbarkeit gehören bei Imperial zusammen.

Justinus Bestecke

http://www.justinus.de

Früher war der Traum jeder Hausfrau ein Komplettbesteck, das über Jahre hinweg zum Einsatz kam. Heute muss das Besteck dem Anlass entsprechen. Justinus hält moderne und preiswerte Bestecke für jeden Tag, aber auch extravagante Designer-Bestecke für den festlichen Anlass oder farbige Bestecke als fröhlichen Guten-Morgen-Gruß für Sie bereit. Passend zur breiten Besteckpalette empfiehlt Ihnen das traditionsreiche Unternehmen die Edelstahlserie LifeStyle, deren Aufschäumbecher oder Butterdosen Ihrer Tafel den letzten Pfiff geben. Sowohl ambitionierte Hobbyköche als auch Küchenprofis werden sich über die geschliffenen oder geschmiedeten Schneidwaren aus Edelstahl oder Spezial-Klingenstahl freuen.

Kochshop.de

http://www.kochshop.de

Der Kochshop hat sich auf die Fahnen geschrieben, Ihnen sowohl die Zubereitung der Speisen als auch das Schlemmen zum lustvollen Erlebnis zu machen. Mit den Profimessern, Multistar- Pfannen und diversen Kochtopf-Sets wird Ihnen sicher so manches Gourmetmenü gelingen. Auch an die Genießer Ihrer Kochkünste hat der Kochshop gedacht und bietet Ihnen eine stattliche Auswahl hochwertiger Bestecke zu kleinen Preisen.

Kueche.ch

http://www.kueche.com

Küche.ch ist eine Plattform für den Küchenbau in der Schweiz. Wenn Sie sich eine neue Küche gönnen möchten, können Sie sich hier über viele Küchenbauer und Lieferanten ausführlich informieren, bevor Sie entscheiden, welchem Unternehmen Sie ihr Vertrauen schenken. Doch auch für Küchenbauer selbst hat Küche.ch Interessantes parat. Die neue Softwarelösung EVA spart Zeit und Kosten. Mit EVA kann jede neue Küche im Grundriss, der Ansicht und in der Perspektive zur Echtzeit geplant werden. Multitasking, 3-D, Animation und die fotorealistische Ausgabe leiten ein neues Zeitalter in der Planungsarbeit ein.

Kueche.de

http://www.kueche.de

Sie wünschen sich eine neue Küche und möchten Planung und Ausstattung in die Hände eines erfahrenen Fachmannes legen? Dann sind Sie auf dieser Service-Seite richtig. Kueche.de sucht Ihnen alle kompetenten Küchenfachgeschäfte in Ihrer Nähe heraus. Die Benutzung der Suchmaschine ist denkbar einfach: Durch Eingabe der ersten Stellen Ihrer Postleitzahl erhalten Sie die Adressen der Fachhändler in Ihrer unmittelbaren Umgebung. So finden Sie schnell und zuverlässig das Küchenfachgeschäft, mit dessen Service und Beratung Sie Ihrer Wunschküche ein Stückchen näher kommen.

Kleine Warenkunde

http://www.kuechentiefpreisagentur.de/kleine.htm

Sind Rezepte und Kochliteratur die Software, so befasst sich dieses kleine Lexikon mit der Hardware: Alphabetisch geordnet erfährt man hier Näheres zu den Holzsorten und chemischen Bearbeitungsverfahren von Küchenmobiliar, außerdem werden die wichtigsten Fachbegriffe der Küchenterminologie wie Applikationen oder Windrisse erklärt. Für den Fall, dass man diese Kenntnisse gleich nutzbringend anwenden möchte, ist man mit einem Klick auf der Hauptseite und kann sich beim Küchenkauf beraten lassen.

KÜCHE online.de
http://www.kueche-online.de

Eine Küche kauft man niemals einfach so. KÜCHE online.de weiß, worauf es ankommt und hat deshalb eine Vielzahl von Aspekten berücksichtigt. Das „Wohnlexikon" klärt Sie zum Beispiel über den Fachjargon der Händler auf. Oder wussten Sie bereits, wozu Aktivkohlefilter und Anleimer gut sind? In der „Küchenbörse" können Sie Ausstellungsmodelle zu günstigen Preisen erwerben. Um Ihrem Traummodell näher zu kommen, haben Sie die Möglichkeit, zahlreiche Vorgaben wie Form und Oberfläche der Küche auszuwählen. Wahlweise können Sie natürlich auch den Händler in Ihrer Nähe anklicken. Wer ganz konkrete Vorstellungen hat, aber so gar nicht weiß, wie und mit wem er sie verwirklichen soll, findet hier ebenfalls fachkundige Hilfe. Der KüchenScout nimmt Ihre Anfrage entgegen und leitet sie an alle Partnerunternehmen weiter. Damit wird KÜCHE online.de zu einem unentbehrlichen Ratgeber für alle, die ihre Küche ihren individuellen Bedürfnissen anpassen möchten.

Küppersbusch
http://www.kueppersbusch.de

Bereits vor 124 Jahren begann Friedrich Küppersbusch das zu entwickeln, was heute nicht nur europäische Spitzenköche schätzen: Hausgeräte mit innovativer Technik, höchster Funktionalität und außerordentlichem Design. Das Unternehmen präsentiert Ihnen allerfeinste Küchentechnik – von Einbau- und Standgeräten über Gourmet-Grills und die bekannte Masterline-Serie bis zu Highlights, die aus der Tätigkeit des Kochens ein sinnliches Vergnügen machen. Sie werden von den vielfältigen technischen Raffinessen, den edlen Materialien und dem hohen Sicherheitsstandard der Küppersbusch-Geräte begeistert sein.

La Cuisine
http://www.lacuisine.ch

Das junge Schweizer Unternehmen La Cuisine präsentiert Ihnen eine große Palette an Haushaltsartikeln, Kochgeschirr, Accessoires und Geräten, die Ihnen in Küche und Haushalt die Arbeit erleichtern. Hier finden Sie vorwiegend bewährte, hochwertige Schweizer Markenprodukte, die sich dank Ihrer Innovation und Qualität in der Schweiz einen Namen gemacht haben. Wenn Sie schon wissen, wonach Sie suchen, erleichtert eine Suchmaschine die Auswahl im riesigen Sortiment. Es macht aber auch viel Spaß, einfach einmal durch die Angebote dieses Online-Shops zu stöbern und sich inspirieren zu lassen. Viele nützliche Tipps und Tricks sowie feine Rezepte ergänzen die Präsentation von La Cuisine.

Leifheit
http://www.leifheit.de

Die Produkte von Leifheit sind eine Bereicherung für jeden Haushalt. Immer wieder gelingt es dem bekannten Unternehmen, mit Innovationen aufzuwarten, die ebenso formschön wie praktisch sind und so eine Vielzahl von Arbeiten wesentlich erleichtern. In den mehr als 40 Jahren seit der Gründung des Unternehmens ist es Leifheit gelungen, sich einen Spitzenplatz auf dem Markt zu sichern, wie die Darstellung der „Firmen-Geschichte" zeigt. Wer sich weniger für die unternehmerische Seite, sondern in erster Linie für die Produkte im Bad- bzw. Haushaltsbereich interessiert, ist mit der Website von Leifheit ebenfalls bestens bedient.

arcopal

http://www.loke-glas.de/sortiment/arcopal.htm

Niemand bestreitet, dass es sich von Porzellan- oder Keramikgeschirr gut essen lässt. Legen Sie allerdings Wert darauf, innovatives Geschirr mit Langlebigkeit zu besitzen, kommen Sie am Programm von arcopal nicht vorbei. Mit über 50 Formen und Dekoren bedient dieses Programm jedes Ambiente, jeden Stil und jeden Geschmack. Da arcopal aus gehärtetem Glas gefertigt ist, besitzt es einige Vorzüge gegenüber traditionellem Geschirr: Es ist mikrowellengeeignet und spülmaschinenfest, es garantiert Ihnen perfekte Hygiene und verträgt Temperaturschocks bis 130 Grad und – last but not least – es sieht zum Niederknien schön aus. Überzeugen Sie sich selbst und ordern Sie sich Geschirr fürs Leben!

arcoroc

http://www.loke-glas.de/sortiment/arcoroc.htm

arcoroc bietet mit einer reichhaltigen Auswahl an Trinkgläsern, Bechern, Schüsseln, Tafelgeschirrserien und vielen Zusatzteilen ein vielseitiges Programm im Hartglasbereich. Es hat alle Vorteile normalen Glases, ist aber dank einer speziellen Schutzhaut zwei- bis dreimal widerstandsfähiger. Sie können mit diesen Produkten machen, was Sie wollen: ein heißes Gefäß in kaltes Wasser tauchen, Teile zum Aufwärmen in die Mikrowelle oder zum Kühlen in die Kühltruhe stellen – nichts platzt, nichts geht kaputt. Auch Kinder können sich an den Produkten austoben und sollte – nach extrem harten Stößen – dennoch einmal etwas zerbrechen, splittert es in viele kleine, nicht scharfkantige Scherben und niemand kann sich verletzen. Ideal? Ideal!

Lurch

http://www.lurch.de

Statt Lurch hätte sich dieses Unternehmen auch als Chamäleon bezeichnen können, denn das Krabbeltierchen, das hier Pate stand, hat sich seiner Umgebung perfekt angepasst und

Homepage Leifheit

kommt jetzt gemüsegefüllt daher. In erster Linie werden bei Lurch Produkte für Haushalt und Küche hergestellt, doch der Internet-Auftritt bietet noch einiges mehr. Dazu gehören ausgefallene Gerichte für den Spirali und den Wok. Doch keine Bange, es geht – zumindest bei einigen Rezepten – auch ohne diese Küchenhelfer. Wie wäre es denn mal mit lackiertem Thunfisch, serviert mit rotem Fenchelsalat?

Die Staatliche Porzellan-Manufaktur Meissen

http://www.meissen-porzellan.de

Ob Scherben in diesem Fall auch Glück bringen? Wer Meissener Porzellan sein Eigen nennt, hütet es wie einen Augapfel, schließlich werden die kleinen Kostbarkeiten nach wie vor von Hand gefertigt. Seit mehr als 275 Jahren erfreuen die gekreuzten blauen Schwerter Liebhaber exklusiven Porzellans in aller Welt. Die Quellen dieses ungeheuren Erfolges liegen in der künstlerischen Kreativität, im Qualitätsbewusstsein und im individuellen Eingehen auf Kundenwünsche. Wer künstlerisch begabt ist, kann einen ganz besonderen Service der staatlichen Porzellanmanufaktur in Anspruch nehmen und bei einem der offerierten „Mal- und Kreativseminare" sein Können beweisen. Als Belohnung erhält man Meissener Porzellan mit einer ganz persönlichen Note.

Miele

http://www.miele.de

Die Unternehmensphilosophie des Hauses Miele lautet kurz und knapp: „Immer besser". Der Slogan macht deutlich, dass bei Miele die dynamische Weiterentwicklung der Qualität sowie der Technik im Mittelpunkt steht. Kein Wunder also, dass man das Unternehmen und die Marke europaweit mit höchster Produktqualität identifiziert. Die vielen Artikel, die das Unternehmen auf seinen Seiten präsentiert, sprechen eine deutliche Sprache. Von der Dunstabzugshaube über den Geschirrspüler oder Kühlschrank bis zur kompletten Einbauküche erwartet Sie innovative Technik in anspruchsvollem Design zu bezahlbaren Preisen. Wer sich für die zahlreichen „Neuheiten", „Haus- und Einbaugeräte", „Gewerbemaschinen" oder „Küchen" interessiert, sollte die vollständigen Prospekte anfordern. So kann man sich in aller Ruhe informieren und sich dann entscheiden.

F.X. Nachtmann Crystal AG

http://www.nachtmann.com

Manche mögen's edel – und ein gutes Tröpfchen mundet nun mal am besten aus einem guten Glas. Herzlich willkommen bei der F.X. Nachtmann Crystal AG! Nicht umsonst gilt Nachtmann als „der größte inländische Anbieter von Bleikristall". Dem hohen Qualitätsanspruch des Unternehmens wird auch diese Seite gerecht, die eine schnell Navigation ermöglicht. Für jede Geschmacks- und Stilrichtung ist das Passende dabei – und auch für jede Altersgruppe. Wer's frech und trendy mag, findet bei „Marc Aurel" das Passende, „Nachtmann" präsentiert die klassische Linie. Was mit Glas noch alles möglich ist, zeigen „Leuchtendesign" und die Serie „Amaris". Doch nicht nur die Bleikristall-Produkte sorgen für Transparenz, denn Nachtmann präsentiert außer den verschiedenen Marken-Linien auch seine Firmengeschichte sowie den Geschäftsbericht.

Palux

http://www.paluxag.de

Sind Sie Inhaber eines Hotels, eines Cafés oder einer Gaststätte? Dann sind Sie bei Palux richtig, denn das Unternehmen kümmert sich um hochwertige Kücheneinrichtungen für alle Bereiche der Gastronomie und der Gemeinschaftsverpflegung. Die Produkte von Palux zeichnen sich durch ein Höchstmaß an Praxisnähe, Funktionalität und Benutzerfreund-

lichkeit aus und werden Ihre gastronomische Küche zu einer optimalen wirtschaftlichen Produktionsstätte machen. Die Küche wird mit Ihnen gemeinsam auf der Basis Ihrer individuellen gastronomischen Zielsetzung geplant. Dabei berät Sie das Unternehmen nach dem Motto „Intelligenz ist wichtiger als Edelstahl" und liefert Ihnen viele gute Ideen für die optimale Raumausnutzung in Ihrer Küche.

Poggenpohl
http://www.poggenpohl.de

Eine Küche ist eine Küche...?! Mitnichten! Das Unternehmen Poggenpohl entwickelte sich nicht ohne Grund in mehr als 100 Jahren zur bekanntesten Küchenmarke der Welt. Qualität, Exklusivität und innovative Entwicklung haben die Fabrikate von Poggenpohl weltweit berühmt gemacht. Das Unternehmen plant und entwickelt seine Küchen intelligent zu einem effizienten Arbeitsplatz, an dem man optimal vorbereiten, kochen, spülen, entsorgen und aufbewahren kann. Diesem hohen Anspruch entspricht Poggenpohl dank intelligenter Technologie, Logistik sowie ergonomischen und sicheren Lösungen. Doch eine Küche dieses Unternehmens ist immer auch ein Stück erlebenswertes Zuhause. Hier kommen alle Sinne auf Ihre Kosten: sehen, hören, fühlen, riechen und schmecken. Überzeugen Sie sich von der Kreativität und Leidenschaft dieses Unternehmens und lassen Sie sich optimale individuelle Angebote unterbreiten!

Popcorn Company
http://www.popcorn-company.de

Jeder Mensch kennt Popcorn! Das junge Unternehmen Popcorn-Company hat sich in erster Linie auf die Herstellung und Vermarktung des leckeren Maisprodukts spezialisiert, geht aber noch einen Schritt weiter. Die Neukreation der bekannten Köstlichkeit nennt sich „Poppy Toffee-Popcorn". Das Geheimnis liegt in dem aufwendigen Herstellungsverfahren, bei dem hochwertiger Popcornmais zu frischem Popcorn verarbeitet und, als Clou, anschließend mit einem feinen Karamellüberzug veredelt wird. Außer diesem Leckerbissen können Sie bei der Popcorn-Company Popcorn-Maschinen, Wärmetheken, Rohwaren, Verpackungen, Mikrowellen-Popcorn, aber auch Hot-Dog-Maschinen und die feurig-würzigen Chio-Tortillas ordern. Guten Appetit!

Kösters – Das Haus für Wohnkultur
http://www.prinzipalmarkt.de/koesters/menu.html

Das Haus für Wohnkultur Kösters lädt Sie zum Stöbern in seiner attraktiven und vielseitigen Angebotspalette ein. Hier finden Sie für jeden Geschmack, jeden Stil und jeden Geldbeutel das Richtige. Edles Porzellan, besondere Bestecke, Schönes aus Glas, kostbares Silber, moderne Designer-Accessoires und antike Stücke. Ein Sortiment rund ums Kochen rundet das Angebot des Unternehmens ab. Für Brautpaare hat das freundliche Team einen besonderen Service parat: Es stellt eine individuelle Hochzeits-Wunschliste zusammen und liefert alle Geschenke, liebevoll verpackt, pünktlich zur Feier aus.

ROESLE Küchengeräte
http://www.roesle.de

Die Küche war, ist und bleibt der Mittelpunkt jeder Wohnung: Man kocht gemeinsam mit guten Freunden, sitzt gemütlich beisammen und genießt die private Gastlichkeit. Doch dazu braucht man das richtige „Handwerkszeug". Ging es früher bei der Küchenausstattung lediglich um Funktionalität, so ist inzwischen auch das Design ins Blickfeld gerückt. ROESLE liegt dabei mit seinen Edelstahlprodukten voll im Trend. Edelstahl besticht nicht nur durch seine Schlichtheit, sondern ist überdies besonders hygienisch, außerdem geruchs-

und geschmacksneutral und hat eine nahezu unbegrenzte Lebensdauer. Ein Blick auf diese Seiten bestätigt die Philosophie von ROESLE: „Qualität ohne Kompromisse", „Harmonie von Form und Funktion" und natürlich „Innovation".

Rotor Küchenmaschinen
http://www.rotor.de

Küchenmaschinen, die gewerblich eingesetzt werden, müssen besonders viel aushalten. Bei Rotor ist man sich darüber im Klaren. Die Mixer, Entsafter, Schneider und weitere nützliche Maschinen sind deshalb besonders leistungsstark. Wer sich für die großen und kleinen Küchenhelfer interessiert, kann die technischen Daten einsehen. Für die Bestellung muss man die virtuelle Welt allerdings verlassen, denn die Rotor Küchenmaschinen gibt es nur im Fachhandel.

Schönwald – Die schönste Form von Service
http://www.schoenwald.com

Eine festlich gedeckte Tafel ist ohne geschmackvolles Porzellan nur halb so wirkungsvoll. Dass es so zierlich und dünn daherkommt, ist unter anderem dem Hause Schönwald zu verdanken. Schon gegen Ende des 19. Jahrhunderts hat sich das Unternehmen der Herstellung von edlem Hotelporzellan verschrieben. Welche Dekore den Essgenuss wirkungsvoll unterstreichen, zeigt Schönwald in seinem virtuellen „Showroom". Die Präsentation ermöglicht außerdem einen Streifzug durch die Geschichte des Hauses.

SieMatic
http://www.siematic.de

Das traditionsreiche Familienunternehmen SieMatic steht schon seit vielen Jahren und in vielen Ländern der Erde für Innovationskraft im technischen wie im gestalterischen Bereich, für eine außergewöhnlich große Auswahl wertvoller funktioneller Ausstattungslösungen und für Vorbildwirkung, wenn es um eine intelligente Organisation der Arbeit in der Küche geht. Ob Sie den Landhausstil bevorzugen, eine Modul-Küche auswählen oder sich für die bekannte SieMatic 6006 entscheiden – Sie werden von der Vielfalt der Gestaltungselemente und der Stilrichtungen begeistert sein. Da es um individuelle Lösungen für Ihre Wunschküche geht, werden Sie hier nicht mit „Patentlösungen" abgespeist. Wählen Sie einfach die Stilrichtung Ihrer Wahl aus. Eine erste Grafik veranschaulicht Grundlegendes, dann geht es ins Detail. Sie finden die Elemente, aus denen Sie Ihre Wunschküche zusammenstellen können. Der Unterpunkt „Beratung" (zu finden in der Rubrik „Info") verrät, wo Sie einen SieMatic Händler in Ihrer Nähe finden.

Spagghetti-Express
http://www.spaghetti-express.de

Sie fahren meilenweit für eine perfekte Portion Spaghetti „al dente"? Sie wollen keine Kompromisse bezüglich der Qualität eingehen? Sie ärgern sich immer, wenn Sie in einem Restaurant aufgewärmte Standard-Spaghetti bekommen? Ihr Leiden hat ein Ende, denn jetzt gibt es den Spaghetti-Express! Dieses intelligente Maschinchen zaubert Ihnen in zwei Minuten perfekte Spaghetti „al dente", und zwar die besten, die Sie jemals gegessen haben! Die zuverlässige und präzise Steuerelektronik und eine Kochtemperatur von ca. 120° C ermöglichen dieses Kunststück. Ein Knopfdruck genügt und schon werden Sie der lebendige Beweis für die These sein, dass Nudeln glücklich machen!

Trend-Products
http://www.trend-products.de

Sowohl bei der Zubereitung Ihrer Speisen als auch bei der anschließenden leidvollen Reinigung

Ihrer Küche und Ihres Geschirrs liegen Sie mit den Trend Produkten voll im Trend. Das Unternehmen hat sich etwas ganz Besonderes ausgedacht: das patentierte königliche Kochsystem. Es erspart Ihnen Zeit und Energie und überzeugt durch höchste Vollendung in der Verarbeitung und der technischen Ausstattung. Doch damit nicht genug: Mit den umweltfreundlichen Mikrofaser-Tüchern reinigen Sie spielend ohne Reinigungsmittel, nur mit Wasser. Und sollten Sie doch einmal größere Schweinigeleien beseitigen müssen, hält das Unternehmen das pfiffige Reinigungssystem „Trend Active" für Sie bereit. Auf rein ökologischer Basis hergestellt, bekommen Sie durch die Kraft der Natur Ihre Utensilien wieder blitzblank.

Villeroy & Boch
http://www.villeroy-boch.de

Kennern gehobener Esskultur ist Villeroy & Boch längst ein Begriff, andere kennen das Unternehmen aufgrund seines Badprogramms. So viel Renommee kommt nicht von jetzt auf gleich: Villeroy & Boch, gegründet im Jahre 1748, gehört zu den „ältesten Industrieunternehmen mit Weltgeltung". Wer Essen zur „Tischkultur" erheben möchte, sollte gründlich hinschauen, denn Villeroy & Boch kennt sich in puncto Stil und Ambiente aus. Präsentiert werden die Top 10 der beliebtesten Geschirr-Dekore, Bestecke, mit denen man die Tafel stilvoll oder jugendlich-frisch gestalten kann und natürlich eine Vielzahl von Accessoires, mit denen Sie Ihre Wohnung verschönen können. Ein weiteres Highlight stellt auch die Möbelauswahl von Villeroy & Boch dar. Eine Gefahr droht natürlich: Sie werden sich unsterblich verlieben. Jetzt haben Sie nur noch zwei Möglichkeiten: Sie ordern die Prospekte (für noch mehr Genuss) oder suchen nach einem Händler in Ihrer Nähe, der Sie mit dem, was Ihr Herz begehrt, versorgt!

Ernst Adolf Vormann
http://www.vormann-online.de

Wissen Sie noch, was eine Schütte ist? Wer Glück und Weitblick hatte, hat sie von seiner Großmutter übernommen. Lange Zeit waren diese sowohl nützlichen als auch dekorativen

Homepage Zeyko

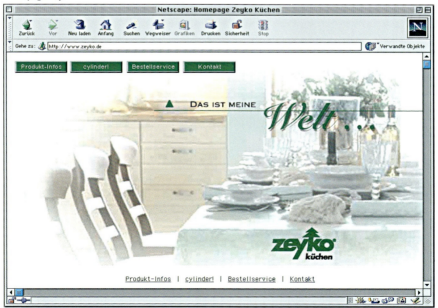

Accessoires in Vergessenheit geraten. Ernst Adolf Vormann hat sie wiederentdeckt. Wer seine Küche mit den hübschen Behältnissen für Mehl, Salz und Zucker schmücken möchte, ist bei ihm in besten Händen. Dazu passend gibt es natürlich auch die passenden Schütten-kästen, gefertigt aus europäischer Rotbuche. Das Programm wird ergänzt durch Menagen aus Bleikristall sowie durch Tabletts, Scheidbretter und Brotkästen.

WMF
http://www.wmf.de

WMF – drei Buchstaben, die für höchste Qualität stehen. Das traditionsreiche Unterneh-men aus Geislingen scheut sich nicht, neue Wege zu beschreiten, wenn es um den eigenen Anspruch geht. Deshalb hat man den dänischen Spitzendesigner Ole Palsby dafür gewon-nen, ein Besteckkonzept zu kreieren, das in puncto Ästhetik, Funktionalität und Originalität seinesgleichen sucht. „combiNation" nennt sich die crosskulturell inspirierte Kollektion der 1.000 Möglichkeiten, die es erlaubt, aus 54 Besteckteilen sein ganz individuelles Set nach eigenem Gusto zusammenzustellen. WMF setzt aber auch in anderer Hinsicht auf den gedeckten Tisch. In den Rubriken „Besteck", „Kochgeschirr & Küchenhelfer", „Tisch- und Wohnaccessoire" sowie „Trink- und Tafelglas" zeigt die Württembergische Metallfabrik, was Hobby-Köchen in ihrem Reich noch alles fehlt.

Zeyko
http://www.zeyko.de

„Es ist Zeit, zu genießen", lädt das Unternehmen Zeyko ein und stellt Genusswilligen seine Küchen vor. Und diese haben es in sich, keine gleicht der anderen. Zeyko geht auf jedes Raumverhältnis, jeden Anspruch, jede Situation, jeden Wunsch und jedes Bedürfnis ein. Lassen Sie sich einfach durch die verschiedenen Gestaltungsvorschläge inspirieren. Wenn Sie eine behagliche Küche bevorzugen, sorgt Zeyko für nostalgisches Ambiente, Romantik und ländlichen Stil. Lieben Sie zeitlose Architektur und zurückhaltende Eleganz, sind die klassischen Zeyko-Küchen etwas für Sie. Selbstverständlich hat das Unternehmen auch moderne, trendige Küchen in petto, doch das interessanteste Modell stellt das Küchensystem „Mobilo" dar. Es bietet alle Vorteile einer Einbauküche, darüber hinaus aber mehr Flexi-bilität, mehr Spielraum, mehr Freiheit. (Homepage S. 107)

Zwilling J.A. Henckels
http://www.zwilling-solingen.com

Mit seiner 260-jährigen Tradition ist Zwilling eine der ältesten Marken der Welt. Die Messer überzeugen durch Handlichkeit, Schärfe und Zuverlässigkeit. Doch Zwilling hat weit mehr zu bieten als nur die bekannten Schneidewerkzeuge. Zum Sortimentumfang gehören auch Be-stecke sowie Manikürzubehör. Die Qualität aus dem Hause Zwilling hat zwar ihren Preis, doch Sie können sich dafür auch ganz sicher sein, einen Begleiter für Ihr restliches Leben zu haben.

Kulinarische Reisetipps

All-Hotels – The World's Leading Independent Hotel Site

http://www.all-hotels.com

The World's Leading Independent Hotel Site ist ein Verzeichnis für Hotels und Pensionen überall auf der Welt. Das Zimmer in Paris ist ebenso schnell gebucht wie das Penthouse für ein Wochenende in New York. All-Hotels hat aber nicht nur an üppig gefüllte Geldbeutel gedacht, sondern auch an solche, bei denen Schmalhans Stammgast ist. Mit dabei: Bed & Breakfast rund um den Globus. Wer möchte da nicht reisen?

Aysen

http://www.aysen.net

Türkischer Honig und Döner sind in Deutschland mittlerweile etabliert. Dass sie aber nicht alles sind, was die türkische Küche zu bieten hat, erfährt man nicht zuletzt auf dieser hervorragenden Seite. Die Übersetzung türkischer Speise-Bezeichnungen ist ähnlich spannend wie deren Zubereitung – schon allein, weil Blätterteig schwer zu bändigen ist. Hier können Sie ein Menü zusammenstellen und es bei einem orientalischen Abend mit Freunden genießen. Wer die Türkei über ihre Speisen hinaus kennen lernen möchte, kann bei Aysen weiter schmökern.

Der Schweizer Barführer

http://www.barguide.ch

Umfangreich! Mehr als 4.300 Adressen von Bars, Cabaréts, Discotheken und Night-Clubs in der ganzen Schweiz sorgen dafür, dass jeder seinen Abend individuell planen kann. Dazu trägt vor allem die aufwendige Suchmaschine bei. Sollte trotz dieser Vielfalt mal nichts dabei sein, erhält man mit vielen Cocktailrezepten und einer DJ-Vermittlung Hilfestellung für die Party daheim. Außerdem gibt es, ganz szenegerecht, einen Veranstaltungkalender, eine Jobbörse und einen Chat zum Austauschen der heißesten Insidertipps sowie für die Unentschlossenen eine lange Reihe von interessanten Links zu weiteren Info-Adressen.

Wein- und Ferienregion Bernkastel-Kues

http://www.bernkastel-kues.de

Die Wein- und Ferienregion Bernkastel-Kues heißt Sie im Netz willkommen. Bürgermeister Ulf Hangert persönlich lädt Sie zu einem virtuellen Spaziergang durch die Gemeinde ein, denn hier findet sich für jeden das Richtige. Ein Besuch lohnt sich sowohl für Gäste, die die stille Natur suchen, als auch für diejenigen, die alte Kulturstätten entdecken, Sport- und Kulturveranstaltungen besuchen, freundliche Menschen oder einfach nur den Wein kennen lernen möchten. Wer insbesondere den Flüssigschätzen zugetan ist, erfährt in der „Weinregion" Näheres zur Geschichte des Weinanbaus an der Mittelmosel.

Best Western Hotels

http://www.bestwestern.com

Best Western ist die größte Hotelkette der Welt. Sie hat ihren Hauptsitz in Amerika, doch auch von der anderen Seite des großen Teichs kann man hier ein Zimmer reservieren! Suchen Sie sich Land und Bundesstaat aus und starten Sie die Suche! Natürlich müssen Sie nicht fliegen, um amerikanischen Komfort zu genießen: Auch in Paris, Köln und London gibt es besten westlichen Service.

CK-Informationssystem
http://www.ck-i.com

Auch wenn das Logo stark an einen bekannten Designer erinnert: hier handelt es sich um das CK-Informationssystem aus Österreich – und das bietet Service für Reisende. Über 3.000 Hotels in ganz Europa sind in alphabetischer Reihenfolge oder nach Kategorien aufgelistet. Wer das Land seiner Wahl nicht nur schlaftechnisch erobern möchte, kann hier auch einen Einblick in die Gastronomie gewinnen.

Culinarium Österreich
http://www.culinarium.at

Im schönen Österreich ist ein interessantes Projekt entstanden, das „Culinarium Österreich". Es lädt Sie ein, an einem kulinarischen Streifzug, der vom Bodensee bis zum Neidsiedler See führt, teilzunehmen. Aus einer Entwicklungspartnerschaft zwischen Tourismus, Gewerbe und Landwirtschaft hervorgegangen, erfreut Sie das Culinarium mit typischen Leckereien der Regionen Österreichs. Sie können das Alpenland natürlich besuchen, doch sollte Ihnen eine Reise nicht möglich sein, bestellen Sie einfach online. Unter der Rubrik „Speis und Trank" werben Brände und Liköre, Essig und Essiggemüse, Öl und Teigwaren, Käse, Schinken und Wurst sowie Wein und Süßigkeiten um Ihre Gunst. Zusätzlich finden Sie urige bäuerliche Spezialitäten, z.B. Alpenkranzl, Bergbauernwurst oder Gamszipfl, die manche Gaumenfreude verheißen. Greifen Sie zu!

France Hotel Guide
http://www.france-hotel-guide.com

Vorsicht – diese Seite weckt Reisefieber: Hotels in ganz Frankreich zeigen sich im Rahmen dieses Führers von ihrer besten Seite. Ein Klick auf den Link genügt, und schon weiß man, was in Bezug auf Preise und Angebote Sache ist. Gleich zwei Bewertungssysteme helfen bei der Entscheidung: Die branchenüblichen Sterne, verliehen vom französischen Tourismusministerium, und die roten Herzen, mit denen diese Website selbst auf herausragende Preis-Leistungs-Verhältnisse aufmerksam macht. Beispielhaft ist die Übersetzung aller wichtigen Informationen in fünf Sprachen.

Gastro-Aktuell: Schweizer Gastronomieführer
http://www.gastro-aktuell.ch

Gastro-Aktuell bietet alles, was das Herz eines Gourmets auch nur begehren kann. Egal, für welchen Anlass Sie das passende Restaurant suchen, ob Hochzeit, Bankette, Geschäftsessen, Ausflüge, der Führer durch die Schweizer Gastronomie findet es. Eine Suchmaschine verwaltet die Daten von Schweizer Gastronomiebetrieben und schlüsselt diese nach mehr als zwanzig Kriterien auf. Die Treffer werden Ihnen mit detaillierten Beschreibungen serviert.

Gourmandia
http://www.gourmandia.com

Sowohl optisch als auch inhaltlich ist diese Seite ein appetitlicher Leckerbissen. Neben kulinarischen Häppchen wie Gänsepastete gibt es bei Gourmandia auch koschere Speisen sowie weitere Delikatessen. Wer lieber selbst brutzeln möchte, kann entweder die Auswahl des Küchenchefs durchsehen oder aber nach Art des Gerichts suchen. In beiden Kategorien gibt es eine Menge zu entdecken. Nicht nur für diejenigen, die sich nicht so recht an die französische Küche herantrauen, sind die Empfehlungen der Hotels und Restaurants gedacht. Frankreich mit allen Sinnen genießen – diese Seite verrät, wie es geht.

Hard Rock Café
http://www.hardrock.com

Die Hard Rock Cafés sind mittlerweile legendär. Wer ein T-Shirt mit dem Logo eines dieser Gaststätten besitzt, am besten noch aus weit entfernten Landen, trägt es stolz zur Schau, schließlich will man ja Weltgewandtheit demonstrieren. Berühmt wurde die Kette durch die Reliquien von Stars, die längst zum Mythos avanciert sind. Einen Teil davon kann man auch online bewundern, etwa die Lederhose von Jim Morrison oder die Akustik-Gitarre von Jimi Hendrix. Um die Seite lebendig zu halten, findet man außerdem einen detaillierten Terminkalender zu Live- und TV-Auftritten. Zu jedem der angekündigten Acts ist außer den üblichen Infos zu Diskografie und Werdegang eine Fotoreihe in Thumbnail-Form verfügbar. Interviews mit und Shows von Bands, die schon einmal da waren, sind als Audio- und Videofiles archiviert worden.

Holiday Inn
http://www.holiday-inn.de

Einem gelungenen Seminarwochenende steht nichts mehr im Wege, denn Sie sind bestens gerüstet, wenn Sie sich diese Seiten zu Gemüte geführt haben. Die Holiday Inn Hotels sind wie maßgeschneidert für bedeutende Treffen und wichtige Versammlungen, die nicht in die nüchterne Langeweile offizieller Termine abgleiten sollen. Es versteht sich von selbst, dass Ideen für das Rahmenprogramm und Tipps zum Aufbau der Veranstaltung mitgeliefert werden.

Hotelindex Austria
http://www.hotelonline.at

Verspüren Sie Lust auf Ferien im schönen Österreich? Dann müssen Sie sich nicht mehr durch endlose Kataloge wühlen oder dem Inhaber Ihres Reisebüros auf die Nerven fallen – der Hotelindex Austria macht's möglich. Mit Hilfe einer Suchmaschine geben Sie ein, ob Sie lieber im Hotel, in einer Pension, in einem Appartement oder in einem Ferienhaus übernachten oder gleich eine komplette Skihütte mieten möchten, sortieren noch einmal nach Bundesland, Ort und gewünschter Kategorie und schon können Sie online buchen. Der Hotelindex Austria erleichtert Ihnen auch die Erfüllung von Sonderwünschen und präsentiert Ihnen die besten Möglichkeiten für Urlaub mit der Familie, auf einem Bauernhof, mit Golf, Tennis oder Wellness. Auf nach Österreich!

Hotelführer für Deutschland, Österreich, Schweiz und Lichtenstein
http://www.hotelonline.de

Schnell und sicher findet der Hotelführer für Deutschland, Österreich und die Schweiz das richtige Domizil für Kurztrip oder Jahresurlaub. Wenn Sie schon wissen, wohin Sie reisen möchten, geben Sie den Ortsnamen ein. Ansonsten lassen Sie sich von der Österreich-Karte dazu verführen, einen Link anzuklicken, freuen sich, wenn das Foto des Hotels am Hang erscheint und buchen gleich ein Doppelzimmer!

incontrati culturali
http://www.incontri-culturali.de/kulinarisch.htm

incontrati culturali präsentiert einige der schönsten Städte Italiens samt ihren kulturellen und kulinarischen Schätzen. Die Entdeckungsreisen führen Sie nach Rom, in die schöne umbrische Stadt Orvieto, zu den Kunstschätzen Neapels, auf die Insel Elba oder an den Gardasee. Ein weiteres Highlight ist die Friaul-Reise zu Wein und Kunst sowie den Schätzen Venedigs. Mit incontrati culturali können Sie die Schönheit Italiens bewundern, außergewöhnliche Plätze besuchen und der italienischen Lebensart frönen. Dazu werden Sie kulinarisch bestens verwöhnt: In ausgesuchten Lokalen serviert man Ihnen Köstlichkeiten der regionalen Küche und der örtlichen Weinkeller. incontrati culturali – genießen mit allen Sinnen!

Italien kulinarisch genießen

http://www.italientipps.de

Sie möchten ins begehrte Urlaubsland Italien reisen, sprechen aber kein Wort italienisch? Die Tipps auf diesen Seiten sorgen dafür, dass Sie trotz mangelnder Sprachkenntnisse zumindest kulinarisch voll auf Ihre Kosten kommen. „Würstel con Krauti" werden Sie nämlich mit Sicherheit auf keiner Speisekarte finden. Das Geheimnis, welche vorzüglichen Gerichte sich statt dessen in italienischen Speisekarten verbergen, lüften Sie mit der „Typus Card", die Sie hier für nur 10.-DM bestellen können. Im kulinarischen Glossar werden 900 Begriffe aus Italiens Küche und Gastronomie erklärt. Welche Restaurants in Italien und Deutschland Ihnen mit ihrer italienischen Küche die wunderbarsten Gaumenfreuden bereiten, erfahren Sie auf diesen Seiten ebenfalls. Ein toller Service!

Schauwecker's Guide to Japan

http://www.japan-guide.com

Die japanische Küche beinhaltet weit mehr als nur Sushi. Dieser Guide stellt nicht nur typische Gerichte vor, sondern auch die Umgangsformen bei Tisch. Wie Sie die Insel im fernen Osten sonst noch erobern können, verraten die Informationsseiten, einen kleinen Vorgeschmack leistet schon die Bildergalerie. Wer sich erst langsam an das Land der aufgehenden Sonne herantasten möchte, kann sich in der japanischen Küche versuchen. Schauwecker's Guide to Japan hält einige Rezepte bereit.

weltweit@kulinarisch-reisen

http://www.kulinarisch-reisen.de

Sie möchten sich auf Reisen nicht am Büffet anstellen oder auf Gourmetfreuden und Spezialitäten verzichten? Dann wäre eine kulinarische Reise genau das Richtige für Sie. Das Auffinden einer solchen ist bei „kulinarisch-reisen.de" allerdings nicht ganz einfach. Vollmundig wird der Besucher dazu aufgefordert, sein Zielgebiet in die Suchmaschine der Datenbank einzugeben, doch in der Regel folgt danach – nichts! Wohl deshalb befindet

Homepage Italientipps

sich direkt unter dem Suchfeld die Aufforderung, kulinarische Reiseangebote anzumelden. Bis die Angebotsliste sich endlich einmal gefüllt ist, bleibt allerdings nur der Blick auf die Natur- und Radreisen.

Napa Valley

http://www.napavalley.com

Das kalifornische Klima sorgt dafür, dass die Weinstöcke im Napa Valley besonders gut gedeihen. Die berühmte Weinanbauregion lockt aber nicht nur mit Weinproben, sondern hat ihren Besuchern auch weitere landschaftliche und touristische Highlights zu bieten. Zahlreiche Fotos belegen die Schönheit des Gebietes und bringen den Betrachter dazu, bereits erstellte Reisepläne noch einmal zu überdenken.

Romantik Hotels & Restaurants

http://www.romantikhotels.de

Nicht nur unverbesserliche Romantiker finden hier ihr – zugegebenermaßen kurzweiliges – Zuhause. Sich Gast eines Romantik Hotels nennen zu dürfen, ist etwas Besonderes und geht über das einfache Residieren hinaus. Ob individuelle und persönliche Betreuung durch die Hotelinhaber oder der Einklang von stilvollem Ambiente und den Speisen der hauseigenen Gourmet-Küche, einem Fest der Sinne steht nur noch die Online-Buchung im Wege. Wenn Sie schnöden Bildern der Hotelzimmer keine Sympathie entgegen bringen können, versuchen Sie den virtuellen, dreidimensionalen Rundgang durch das Objekt Ihrer Wünsche.

Hotel Sacher Wien

http://www.sacher.com

Im Herzen von Wien, nahe der Wiener Staatsoper, liegt eines der Wahrzeichen der österreichischen Hauptstadt: das Hotel Sacher. Wie kein anderes Haus lässt es die Erinnerung an das alte Österreich aufleben. Berühmt geworden ist es aber durch einen Bäckerlehrling. 1832 kreierte der damals 16-jährigen Franz Sacher die berühmte Torte, die seitdem seinen Namen trägt. Das Schokoladengebäck eroberte im Laufe der Jahre die gesamte kulinarische Feinschmeckerwelt. So traditionsreich die Torte, so modern die Marketingstrategien des Hauses Sacher: Die Original-Sacher-Torten, die – je nach Größe – 200 bis 400 DM kosten, werden per Kurierdienst in die ganze Welt versandt. Doch wer schaut schon auf etwas so Profanes wie Geld, wenn es um absoluten Hochgenuss geht. Die Tortenschlacht kann beginnen!

Servus in Wien

http://www.servus-in-wien.at

Eine Panoramaaufnahme Wiens ziert den Hintergrund der Titelseite und deutet den Anspruch an, den diese Seite an sich stellt: Ein Reiseführer zu sein, der einen Überblick über alle Möglichkeiten der Freizeitgestaltung gewährt, die diese große Stadt zu bieten hat. Ob Kultur, Shopping oder Restaurants, zu jedem Gebiet finden sich zahlreiche Adressen mit Bildern, Angebotslisten, Speisekarten und Wegbeschreibung, angefangen beim Kleinkunstcabarét bis hin zur Haute-Couture. Extrarubriken wie „Szene Treffs" und „ausländische Spezialitäten" sorgen dafür, dass auch für den ausgefallenen Geschmack das eine oder andere dabei ist.

The Sushi World Guide : Japanese Restaurants outside Japan

http://www.sushi.infogate.de

Freunde der japanischen Küche und Liebhaber von rohem Fisch werden an dieser Website ihre kulinarische Freude haben: In diesem einmaligen Führer durch japanische Restaurants außerhalb Japans finden sich über 1.700 Schlemmertempel in rund 500 Städten. Neueinsteiger können sich virtuell über die Unterschiede zwischen Makizushis und Nigirizushis informieren.

Schweizer Restaurantführer
http://www.swiss-restaurant.ch

Wenn Sie vorhaben, demnächst die schöne Schweiz zu erkunden, sollten Sie vorher unbedingt einen Blick in den Schweizer Restaurantführer werfen. In der Datenbank sind 20.000 Restaurants gespeichert. Haben Sie in die Suchmaske Ihre Wünsche bezüglich Adresse, Kategorie oder Spezialitäten eingegeben, erhalten Sie ausführliche Informationen zu den in Frage kommenden Gastlichkeiten. Doch der Guide beschränkt sich nicht nur auf Ihre kulinarischen Genüsse, Sie können auch nach Diskotheken oder Szene-Kneipen suchen. Flugpläne, ein Routenplaner, Reisebüros und Tourismustipps runden das Angebot des Schweizer Restaurantführers ab.

Wein-Gourmet- und Kulturreisen nach Spanien
http://www.transmit.de/wein-sein

Wein & Sein entführt seine Besucher ins sonnige Spanien. Hier können Sie Wein-, Gourmet- und Kulturreisen in die schönsten Regionen Spaniens buchen. Ob eine Reise ins Licht Andalusiens oder eine Weinreise nach La Rioja ansteht, eines ist sicher: Die regionale Küche und der Genuss spanischer Weine werden zum Highlight jedes Urlaubs. Zusätzlich erhalten Sie wichtige Informationen über Spanien, seine Eigenheiten und sogar Kochrezepte. Diese Seiten können der Beginn einer wunderbaren Freundschaft sein... olé!

Kulinarisches & Medien

TV-Koechin.de

http://tv-koechin.de

Es ist schon beeindruckend, was die TV-Köche alles auf den Tisch bringen. Gerda Aurich beweist ihr Können in der ARD, in 3SAT, SAT 1, RTL 2, im Bayerischen Rundfunk sowie in tm3 und hat damit längst die Herzen vieler Kochfreunde erobert. Wer eine ihrer Sendungen verpasst hat, kann die Rezepte jetzt in ihrer Internet-Präsentation nachlesen. Darüber hinaus kennt sie auch Kochanleitungen für alles, was Kindern schmeckt und demonstriert unter www.foodstyling.de, wie man den Tisch so dekoriert, dass das Auge mitisst. Ein ebenso schönes wie praktisches Angebot!

Kochgeschichten unter unserem Himmel

http://www.br-online.de/bayern/himmel/kochen

Mit diesem Himmel ist nicht nur der bayerische gemeint, wie man vielleicht vermuten könnte, sondern der gesamte, und so ist auch das Programm nicht auf Deutschland beschränkt: Zwei der Kochgeschichten beispielsweise spielen sich in Venedig und Andalusien ab. Sie beinhalten kurze Berichte zu den Landschaften und einige typische Rezepte der jeweiligen Region. Selbst in Nürnberg geht es nicht um Kraut und Kassler, sondern um die traditionelle jüdische Küche mit Köstlichkeiten wie Couscous und Kreplach.

Schuhbecks neue regionale Schmankerl

http://www.br-online.de/freizeit/genies

Alfons Schuhbeck gehört zu den bekannteren unter den deutschen Fernsehköchen. Für „Schuhbecks neue regionale Schmankerl" unternimmt er kulinarische Streifzüge durch den Mittelmeerraum. Die dort heimische Küche, die von Insel zu Insel verschieden ist, gehört zu den gesündesten überhaupt. Sendung für Sendung präsentiert der erfahrene Koch leckere Rezepte, die all diejenigen, die seine Kochshow einmal verpasst haben sollten, hier einsehen können. Tipps und Anmerkungen sowie ein Interview mit dem Meister ergänzen das Angebot.

Köstliches Deutschland

http://www.br-online.de/freizeit/koestlich

Die Titelseite wirkt so übersichtlich und aufgeräumt wie eine gute Küche kurz bevor der Koch kommt. Links führen zu den einzelnen Sendemenüs oder zum Kochbuch, das alle Rezepte enthält. Ein Blick auf die Speisekarte macht schnell klar, dass die Bezeichnung „köstlich" keine Übertreibung ist. Hier wurde aus dem Vollen geschöpft, um mit Gerichten wie „Gefüllter Rehbockrücken mit Rahmwirsing" und „Waldpilzmaultaschen" auch den verwöhntesten Gourmet zu einem Besuch dieser Seite zu bewegen. Kleinigkeiten für zwischendurch wird man nicht finden, dafür aber große Kochkunst.

BuchGourmet

http://www.buchgourmet.com

Vermutlich wird das Angebot auch Sie verblüffen. Der BuchGourmet hat sich auf den Versand von Büchern rund ums Kochen spezialisiert. Von eher klassischen Koch- und Backbüchern bis hin zu Tipps von Sterneköchen und Prominenten reicht das Angebot. So weit, so gut. Etwas exotischer schon das umfangreiche Sortiment an arabischen und japanischen Kochbüchern sowie die breite Buchpalette zum Thema Whisky und Zigarren. Am erstaunlichsten aber sind die erotischen Kochbücher. Zwar mag es nicht weiter zu verwundern, dass auch zu diesem Thema Literatur erschienen ist, aber die Vielzahl an Publikationen für davor, dabei und danach, auf amerikanisch, japanisch oder auf den Spuren von Giacomo Casanova vermag doch zu überraschen.

d'Chuchi

http://www.chuchi.ch

Beinahe zehn Jahre schon erscheint sechsmal jährlich die schweizerische Kochzeitschrift d'Chuchi. Wer das Magazin aus dem Land der Eidgenossen nicht kennt, kann sich nun im Internet ein Bild machen. Neben einer Übersicht über das aktuelle Heft können Sie sich über den Tipp des Monats informieren sowie in der Rubrik „Rezeptübersicht" reichhaltige Kochanleitungen finden, die für Abwechslung auf dem Tisch sorgen. d'Chuchi verfügt auch über einen eigenen Shop, der mit Artikeln rund um die Küche und ums Kochen gefüllt ist.

selection – Das Forum für Genießer

http://www.concept2000.de/uns.htm

Viermal pro Jahr, im März, Juni, September und November, erscheint „selection – Das Forum für Genießer" und präsentiert kulinarische Themen, die der jeweiligen Jahreszeit entsprechen. Einen kleinen Auszug der Genüsse, mit denen im aktuellen Heft der Gaumen des Lesers gekitzelt wird, wird auch online vorgestellt.

Elle Bistro

http://www.elle.de/PED/PEDE/pede.htm

Die Zeitschrift Elle stellt auf dieser Seite ihren Ableger Bistro vor. Die Rezepte der bisher erschienenen Ausgaben sind archiviert worden und können entweder alphabetisch oder nach den enthaltenen Zutaten abgefragt werden, dazu kann man die Titelthemen der aktuellen Ausgabe einsehen. Leider ist das auch schon alles. Außer einem Verweis auf den nächsten Erscheinungstermin gibt es hier nur noch die Möglichkeit, das Magazin probeweise zu abonnieren.

Feinspitz

http://www.feinspitz.net

Gourmets und Feinschmecker kommen mit diesen Internet-Seiten auf ihre Kosten. Feinspitz heißt das Magazin, das allerlei Delikates zu bieten hat: Lexikon, Archiv und Rezepte versorgen Wissenshungrige nicht nur mit Informationen, sondern auch mit Anregungen für kulinarische Köstlichkeiten. So richtig interessant wird es in den Reportagen. Dort erfährt man, was die Pilze im Weltall machen oder wie es um den Ertrag des Präzisionsweinanbaus bestellt ist.

Hobbythek

http://www.hobbythek.de

Jean Pütz, der umfassend informierte Moderator der Sendung Hobbythek, gibt seine besten Tipps nun auch im Internet weiter. Dazu gehören selbstverständlich seine Vorschläge bezüglich gesunder Ernährung. Möchten Sie Kefir und Kombucha selber machen? Oder vielleicht lieber mediterranen Lebenselixieren nachspüren? Die Hobbytipps der Sendung liegen in benutzerfreundlichen Formaten vor, die man bequem ausdrucken kann. Wer das gesammelte Wissen in kompakter Form bevorzugt, kann natürlich nach wie vor die Bücher kaufen – und zwar direkt. Die Hobbythek ist im Internet leider nicht ganz so schön wie im Fernsehen, trotzdem aber sehr nützlich, denn hier kann man all das nachschlagen, was man im TV verpasst hat!

Johann Lafer

http://www.johannlafer.de

Wer kennt nicht Johann Lafer, den Mann, der jeden Dienstag um 17.45 Uhr das Beste der deutschen und österreichischen Küche zum Mitkochen anbietet? Diese Adresse ist der Schlüssel zur Schatztruhe des Kochs des Jahres 1997, gefüllt mit über 70 ausgesuchten Rezepten. Auch wenn viele der Gerichte sehr aufwendig sind: Dank der verständlichen und detaillierten Beschreibungen der einzelnen Zubereitungsschritte kommen hier nicht nur Kochprofis auf ihre Kosten. Und mal ganz ehrlich: Für verführerisch klingende Speisen wie „Glasierte Entenkeule mit Birnenkompott" oder „Hirschrückensteaks mit Saucen" nimmt man doch gern ein wenig Mühe auf sich, oder?

Kochen & Genießen

http://www.kochen-und-geniessen.de

Die Zeitschrift Kochen & Genießen hat ein Angebot ins Internet gestellt, welches für Freunde guter und ausgewogener Küche von großem Nutzen ist. Selbstverständlich finden Sie dort eine umfangreiche Rezeptsammlung, aus der jede Woche ein neuer Beitrag ausführlich vorgestellt wird. Zahlreiche Ratgeber für Ernährungsbewusste und eine interessante Datenbank, prall gefüllt mit Warenkunde, lassen kaum Wünsche offen.

Kochen und Küche

http://www.kochenundkueche.at

Die österreichische Küche ist berühmt für ihre Schmankerl. Doch auch im Alpenland braucht man ab und zu etwas Abwechslung. Zahlreiche gute Ideen hat „Kochen und Küche". Das Journal für die gepflegte österreichische Küche erscheint mittlerweile seit 20 Jahren, abrufbar sind allerdings „nur" die Ausgaben der letzten vier Jahre. Doch die haben es in sich, vor allem wenn man bedenkt, wie viele Kalorien in dieser Zeit das Magazin passiert haben. „Kochen und Küche" zeigt nicht nur, wie man etwas ganz Besonders auf den Tisch zaubert, sondern präsentiert auch das teilweise ungewöhnliche Zubehör, das für die Zubereitung einiger Speisen benötigt wird.

Meine Familie & Ich

http://www.meine-familie-und-ich.de

In jeder guten Lebensmittelabteilung liegt es aus, das Magazin „Meine Familie & Ich". Auch online gibt es neben zahlreichen Rezepten hilfreiche Tipps rund um Küche und Haushalt. Wer die Inhalte des aktuellen Heftes einsehen möchte, findet neben selbigen auch das Tortenhoroskop. Das verrät nicht nur das ein oder andere Geheimnis, sondern weiß auch, was Wassermann und Co. schmeckt. Herzig wird es bei den Menüs für Zwei. Wer ein solches zubereiten möchte, sollte auch einen Blick in das Wein-Magazin werfen, um das anstehende Dinner for two mit dem passenden Getränk zu bereichern.

Meininger Verlag

http://www.meininger.de

Die wunderbare und vielseitige Welt des Weines ist der Dreh- und Angelpunkt des Meininger Verlages, denn fast alle Publikationen des Hauses beschäftigen sich mit dem Genuss der guten Tropfen. Sowohl Einsteiger als auch versierte Fachleute können sich dank der Zeitschriften des Neustädter Verlages über die Aspekte informieren, die sie besonders interessieren. Das Angebot reicht vom Lifestylemagazin für Weinliebhaber über das Fachblatt für die Getränkebranche bis hin zu Lexika, die das Thema erschöpfend behandeln.

Rainer Sass Koch-Show

http://www.ndrtv.de/rainersasskochshow

Ausgesprochen praktisch: In einen kleinen Lieferwagen wird eine ausklappbare Küche eingebaut, ein Koch fährt damit kreuz und quer durch Norddeutschland, guckt den einheimischen Köchen in die Töpfe und präsentiert uns seine Entdeckungen zum Nachkochen. Das ist in etwa das Konzept der Kochshow des NDR, deren umfang- und abwechslungsreiches Rezept-Archiv unter dieser Adresse auf diejenigen wartet, die sich von der Nouvelle Cuisine nicht unbedingt angesprochen fühlen und eher auf der Suche nach einfachen, schnellen und trotzdem schmackhaften Koch-Varianten sind.

Einfach köstlich!

http://www.swr.de/einfach-koestlich

Surfen macht – wie alles außer essen – hungrig. Damit der Weg vom Anklicken der Speise seiner Wahl bis zum fertig nachgekochten Gericht nicht zur Durststrecke wird, fassen sich die drei Köche der wöchentlichen Sendung auf ihrer Website kurz. Im schicken, übersichtlichen Layout findet man ohne langes Suchen und zeitraubende Bilddateien alle Rezepte der Herren Seimetz, Rüssel und Bettler. Die Speisen selbst sind allerdings alles andere als unscheinbar: Mit Rezeptideen wie gefüllter Milchlammschulter auf Schmorgemüse oder Seeteufel mit Briochekruste finden hier selbst erfahrene Köche noch ausgefallene und nachahmenswerte Anregungen.

Was die Großmutter noch wusste

http://www.swr.de/grossmutter

Was die Großmutter noch wusste, die Kochsendung des Südwest-Fernsehens, hat sich längst einen Platz im Leben vieler Fernsehzuschauer erobert. Alle zwei Wochen präsentieren die Schweizerin Kathrin Rüegg und der Schwabe Werner O. Feißt (sprich: Feischt) Rezepte, die schon vor Generationen einen festen Platz im Speiseplan hatten, keinen neumodischen, kalorienbewussten Schnickschnack, sondern eher deftige Kost. Neben den Rezepten selbst ist es vor allem die Art der Präsentation, die die Zuschauer in ihren Bann zieht. Hübsch verpackt und mit dialektalem Einschlag philosophieren die beiden Protagonisten übers Essen und Genießen. Sie haben Freude an ihrer Performance und vor allem Werner O. Feißt sieht und merkt man an, dass er auch gerne isst. Sätze wie „da können wir ruhig noch etwas mehr Butte nehmen" sind durchaus typisch und strafen den Schlankheitskult mit souveräner Verachtung. Dem Titel der Sendung entsprechend kommt die Aufmachung der Webpage daher: gemütlich. Hier finden Sie nicht nur die Rezepte der letzten Sendung, sondern können im Archiv auch sämtliche Kochtipps der letzten Jahre abrufen.

Tee oder Kaffee

http://www.swr.de/kaffee-oder-tee

„Kaffee oder Tee?" lautet die Frage, die man sich stellen sollte, bevor man sich auf die Seite des Südwest-Fernsehens begibt, um dann bei einer Tasse des Getränks seiner Wahl gemütlich im gut gezuckerten Angebot der Sendung zu stöbern. Eigentlich ist alles dabei, was die Hausfrau und den Hausmann betrifft: Das täglich wechselnde Programm bietet Tipps, Tricks und Infos zu handwerklichen Fragen, zu Gartenarbeit und Körperpflege, und dass mit „Alfredissimo!" das Thema Kochen auf prominente Weise vertreten wird, ist inzwischen ja landesweit bekannt. Die Rezepte des Herrn Biolek sind leider nur über den Postweg zu erhalten, dafür aber befriedigt die donnerstägliche (Wochen-)Marktanalyse die kulinarische Neugier mit Wissenswertem zu Obst und Gemüse.

Himmel und Erd

http://www.swr.de/rp/himmelunerd/archiv

2,5 kg Kartoffeln, 1 kg Äpfel und 1 kg Blut- und Leberwurst: Mehr braucht man nicht für Himmel und Erd. Doch Johann Lafer wäre nicht Johann Lafer, wenn eine Rezeptdatenbank, die mit seinem Namen wirbt, nicht mehr zu bieten hätte: Vom asiatischen Glasnudelsalat bis zum Zwiebelkuchen wird hier die ganze Bandbreite der nationalen und internationalen Küche aufgezeigt, und zwar in alphabetischer und chronologischer Reihenfolge. Darüber hinaus stellen sich die Macher der Sendung vor und laden alle Hobbyköche ein, einmal im Fernsehen dem Chefkoch zur Hand zu gehen.

Rezepte aus dem Radioladen

http://www.swr.de/swr4rp/rezepte

Hier finden Sie die Gerichte, die Sie bisher nur vom Hörensagen kannten: Seit Mitte 1998 hat sich im Laufe der täglichen Sendungen aus dem Radioland eine stattliche Anzahl von Rezepten angesammelt, die diese Seiten zu einem Geheimtipp für all jene machen, die mal etwas Ausgefallenes auf den Teller zaubern möchten. „Kochen wie Dali", „Schlemmen wie Goethe" oder Gerichte aus dem Mittelalter sollten allen Freunden abwechslungsreicher Kost einen Klick wert sein.

ARD-Buffet

http://www.swr-online.de/buffet

Eine bunte Mischung aus leichter, interessanter Unterhaltung und Informationen zu Themen wie Gesundheit, Haushalt, Gartenarbeit und Kochen: so kennt man ARD-Buffet. Auch auf der Homepage der Sendung dreht sich bei weitem nicht alles ums Kochen, obwohl die Datenbank mit knapp 500 Rezepten ausgesprochen umfangreich ist. Der Teledoktor stellt seine gesammelten Ratschläge zu den großen und kleinen Wehwehchen des Alltags zur Verfügung, die beiden TV-Floristen haben so manche schöne Deko-Idee parat, Moderatoren und Köche beantworten FAQs zu ihrer Person. Für alle Fans der Sendung ein Muss!

Essgeschichte(n)

http://www.swr-online.de/essgeschichten

Diese Seite ist mehr als bloße Online-Fernsehzeitschrift und Rezeptdatenbank. Die interessanten und ausgefallenen Themen wie etwa das Kochbuch des Grafen von Montfort mit mittelalterlichen Gerichten werden in aufbereiteter Form, mit Literaturtipps und Veranstaltungsterminen versehen präsentiert und verleihen dieser Adresse eine lehrreiche und unterhaltsame Note. Zu allen vorgestellten Speisen, Orten, Museen etc. werden die Adressen, Preise und Bezugsquellen gleich mitgeliefert.

Kochkunst mit Vincent Klink

http://www.swr-online.de/kochkunst

Ein umfangreiches Gästebuch ist der beste Beweis dafür, dass sowohl die Sendung als auch die Homepage beliebt sind und aufmerksam verfolgt werden. Um diesem lebhaften Interesse entgegenzukommen, besteht für die Besucher dieser Seite die Möglichkeit, durch Eingabe ihrer E-Mail-Adresse die Rezepte künftiger Sendungen zu abonnieren oder sich über die Bücher von Chefkoch Vincent Klink und seinen Kollegen zu informieren. Das aktuelle Thema wird ausführlich vorgestellt, die Rezepte sind – mit ein paar Mausklicks mehr – online abrufbar.

Pfundskur 2000

http://www.swr-online.de/pfundskur

Schon wieder eine Diät? Nicht ganz, hier geht es nicht um Gewichtsreduzierung durch asketische Ernährung, sondern um ein einfaches, auf das gesamte Wohlbefinden ausgerichtetes und nach neuesten medizinischen Erkenntnissen erstelltes Allroundprogramm, das zwar einen Speiseplan unverbindlich anbietet, aber hauptsächlich auf Bewegung und Anregung des Stoffwechsels abzielt. Die Website des Radiosenders bietet komplette Informationen dazu an: Interviews mit Fachleuten, Speiseplan, Hintergrundwissen und natürlich relevante Links sowie eine Programmübersicht über die begleitenden Radiosendungen.

Vinaria

http://www.tipps.at/host/lw/vinaria

Das österreichische Weinmagazin Vinaria gibt im Internet einen kleinen Vorgeschmack auf die aktuelle Ausgabe. Sechsmal im Jahr erfahren die Leser der Zeitschrift Neues aus der Welt des österreichischen Weines. Wer neugierig ist, was ihn in der nächsten Ausgabe erwartet, findet eine Themenübersicht in der Vorschau. Lust bekommen? Mit Hilfe des Online-Abos können Sie das Magazin schon bald am heimischen Herd genießen.

Fit for Fun TV

http://www.vox.de/fff/essen.html

Diese Adresse führt direkt in das Rezeptarchiv der Sendung Fit for Fun. Fast 40 Kochanleitungen warten darauf, von kalorienbewussten Surfern nachgekocht zu werden; jede Woche wird die Liste um das aktuelle Gericht erweitert. Außerdem gibt es Infos zur Sendung und im Bereich Wellness zahlreiche Rubriken zu Körperpflege, zu Sommer- und Wintersport und sogar eine Single-Börse, denn alleine kochen ist nun mal nur halb so schön. Wie wär's mit gratinierten Jacobsmuscheln zum Kennen lernen?

Kochduell

http://www.vox.de/kochduell/index.php3

Die schnellste Kochshow der Welt bittet zu Tisch: Vom Avocadococktail bis zum Zucchinirisotto an Perlhuhnbrust lassen sich alle Rezepte der vergangenen Sendungen hier abrufen. Der aktuelle Menüplan der beiden Teams „Tomate" und „Paprika" wird auf der Titelseite präsentiert und täglich erneuert, und auch die leichte Kost kommt nicht zu kurz, dafür sorgt ein umfangreicher Diätplan mit allen dazugehörigen Rezepten und Zutaten. Von der Erstklassigkeit der Köche und Weinexperten der Show zeugen Kurzinfo und Biographie, Moderatorin Britta von Lojewski gibt in einem Interview Einblicke in den Showalltag. Empfehlenswert nicht nur für Fans!

ServiceZeit Essen und Trinken

http://www.wdr.de/tv/service/essen

Die gesammelten Werke von Deutschlands kulinarischem Ehepaar par excellence umfassen ein breites Spektrum an Gerichten und Getränken. So findet man hier mit Partysnacks und Cocktails das Richtige für eine rauschende Feier, aber auch Rezepte für den Alltag mit Fleisch, Fisch, Geflügel, Suppen und Eintöpfen. Marina Meuth und Bernd Neuner-Duttenhofer vermitteln alles mit Liebe zum Detail und allerlei Extratipps, bleiben jedoch immer leicht verständlich.

ServiceZeit Kostprobe

http://www.wdr.de/tv/service/kostprobe

Die Sendung „Kostprobe" des WDR, die sich mit allen möglichen Fragen und Problemen zum Thema Lebensmittel befasst, hat in den über fünf Jahren ihres Bestehens eine Vielzahl von Beiträgen erlebt, die hier in chronologischer und auch in alphabetischer Reihenfolge archiviert jedem interessierten Surfer zur Verfügung stehen. Diäten, Inhaltsstoffe, gesetzliche Bestimmungen und viele andere Themen werden in ausführlichen Artikeln behandelt. Die aktuelle Berichterstattung und eine Vorschau auf die kommende Sendung vervollständigen die Seite.

Weinwelt – Das Magazin für Genießer

http://www.wein-marktplatz.de

Kennen Sie sich in der Weinwelt aus? Wenn nicht ist es höchste Zeit, den flüssigen Genuss mit

Wissen anzureichern. „Weinwelt – Das Magazin für Genießer" ist Ihnen dabei behilflich, und zwar sowohl in der Print- als auch in der Online-Version. Artikel aus gutinformierten Kreisen finden Sie in der Zeitschrift, „Tipps und Trends", den „Wein des Monats" sowie den „Produktpass" im Internet. Außerdem haben Sie hier die Möglichkeit, sich jeden Donnerstag zwischen 17 und 20 Uhr mit Experten auszutauschen. Soll's nach ausgiebiger Betrachtung der Webseiten doch die Zeitschrift sein, ermöglicht das Abo-Formular die Online-Bestellung.

Wine Spectator

http://www.winespectator.com

Die Homepage des gleichnamigen Magazins besticht durch ein ausgesprochen breites Angebot in stilvollem Layout. Von kompletten Berichten in den „daily news" über zahlreiche, ständig aktualisierte Features bis hin zu Archiven und Weinauktionen für Mitglieder lässt diese Seite keine Wünsche offen. Ob Hobbygourmet oder Chefkoch, ein Besuch lohnt sich in jedem Fall!

Lukullische Schätze

1.000 Rezeptideen

Kernchemie Küche

http://dkcmzc.chemie.uni-mainz.de/kueche/kueche.htmlx

Keine Angst, hier werden keine chemischen Keulen serviert. An der Universität Mainz weiß man das Angenehme mit dem Nützlichen zu verbinden, und so werden die Gäste von Institutsseminaren im Anschluss an die Veranstaltungen nach allen Regeln der Kunst bekocht. Um Erprobtes und Bewährtes dabei nicht aus den Augen zu verlieren, haben die Mainzer Kernchemiker eine Internetseite eingerichtet, auf der die „Vorspeisen", „Salate", „Hauptspeisen" und Desserts gesammelt werden. Natürlich ist man auch für Anregungen von außeruniversitären Kochfreunden offen. Wer das Repertoire des kochfreudigen Instituts für Kernchemie bereichern will, kann eigene Rezepte in die Datenbank einfügen. Bisher ist das Angebot zwar noch etwas mager, dafür gibt es aber den einen oder anderen Leckerbissen, den man nicht in jeder Rezeptsammlung findet.

Kochfux.de

http://home.t-online.de/home/guenterauwaerter/kochen.htm

„Bon Appetit!" wünscht Ihnen das gleichnamige Koch-Team. Es hat die 450 Rezepte nicht nur zusammengestellt, sondern auch gleich ausprobiert. Kochen mit Gewähr also. Liebhaber chinesischer Speisen werden hier ebenso fündig wie Fisch- und Salatfreunde. Wer für Gäste kocht, findet unter Drinks und Cocktails auch gleich den passenden Aperitif. Und für weniger versierte Köche gibt es Tipps, mit denen sich so manche Panne beheben lässt.

Karpfen Stoll

http://home.t-online.de/home/RAM.Huber/homepage.htm

Alles hat ein Ende – auch das Leben des Karpfen, der hier noch putzmunter über die Homepage des Rezeptverzeichnisses schwimmt. Schließlich ist er die Hauptzutat für die angegebenen Kochanleitungen. Und so tummelt er sich dann im Kochtopf für die Karpfensuppe, lässt sich in Topf und Pfanne erwärmen oder in dreierlei Verpackungen backen. Wer wissen möchte, was das Tierchen im lebendigen Zustand so alles getrieben hat, kann sich außerdem über seine Lebensweise informieren.

Schlemmen bei WildWeb

http://wildweb.de/schlemmen

Auch wenn es so klingt, als könnten Sie hier ausschließlich so schlemmen wie John Wayne: Das WildWeb hat für jeden Gaumen etwas im Repertoire. Wer sich selbst und/oder Freunde und Verwandte mit etwas ausgefalleneren Speisen überraschen möchte, findet hier, was das Herz (und der Magen) begehrt: FingerFood für die Freunde des schnellen Essens, außerdem leckere Sandwiches, Barbecue-Klassiker und jede Menge jahreszeitliche Rezepte.

ausgekocht.de

http://www.ausgekocht.de

Wer die Seiten des „smart cooking" das erste Mal aufsucht, wird ganz benutzerfreundlich in die tiefsten Tiefen dieser Datenbank eingeführt und erfährt so (ein weiterer Pluspunkt), dass das Angebot von ausgekocht.de kostenfrei ist. Hier kann man nicht nur eine Vielzahl von Rezepten in Erfahrung bringen, sondern diese gleich zum Wochenspeiseplan zusammen-

stellen. Auch bei einer Vielzahl von Problemen stehen die ausgekochten Mitarbeiter Rede und Antwort. Ein tolles Angebot, das jedem Interessenten nach Anmeldung zur Verfügung steht!

Chefkoch

http://www.chefkoch.de

Versüßen Sie sich den Tag durch eine Unterhaltung mit Chefköchen und Kochlaien! Im Online-Chat können Sie endlich mal den Experten fragen, warum Nudeln und Spinat so gut zusammenpassen. Über zehntausend kreative Rezepte liefert die Datenbank aufs Stichwort, kulinarisch Unentschlossenen verhelfen die Top 10 der Profirezepte zu einem Sonntagsmenü. Und wenn Sie es mögen, dass Ihnen in der Küche regelmäßig unter die Arme gegriffen wird, fordern Sie den Newsletter mit wöchentlichen Kochtipps per E-Mail an.

www.cuisine.at

http://www.cuisine.at

www.cuisine.at ist nicht nur für die Liebhaber der österreichischen Küche ein gefundenes Fressen. Heinz A. Krebs, der Betreiber dieser Seiten, hat ein äußerst umfangreiches Kochbuch bereitgestellt: Kochfreunde können auf mehr als 90.000 (!) Rezepte zurückgreifen. Die hohe Zahl von Zugriffen auf die Sammlung hat den ambitionierten Österreicher schließlich auf die Idee gebracht, die Kochanleitungen auch auf eine CD-ROM zu bannen. Selbstverständlich besteht aber nach wie vor die Möglichkeit, auf die Datenbank online zuzugreifen. Eine einfache (und kostenfreie) Registrierung gibt den Blick auf unbegrenzten Kochspaß frei. Das „Küchenlexikon" sowie die Auflistung ausgewählter österreichischer und Schweizer Lokalitäten ergänzen den Service dieser Seiten.

Galerie Culinaire

http://www.culinaire.com

Die Galerie Culinaire verwöhnt mit einem opulenten Online-Menü à la carte. Wählen Sie im exklusiven Gourmet-Shop herrliche Weine aus aller Herren Länder, informieren Sie sich auf dem Marktplatz für Feinschmecker über die neuesten kulinarischen News & Trends und stöbern Sie in der Rezept-Datenbank Ihre potentielle Leibspeise auf. Die Rezepte können übrigens dank innovativer Suchmaschine nach Rezeptart, Zutaten, Zubereitungszeit und Kaloriengehalt durchforstet werden und kommen mit leckeren Bildern daher. Ein sicherer Schmaus für alle Sinne!

Das Bremer Kochbuch

http://www.das-kochbuch.de

Ob es sich hier wirklich um DAS Kochbuch handelt, mag ein jeder selbst entscheiden. Der geneigte Gast wird jedenfalls vollmundig mit der Aussage begrüßt, dass es sich bei dieser Seite um das „Buch der Kochbücher" handelt. Im prall gefüllten Inneren stehen Vor-, Haupt- und Nachspeisen, darüber hinaus Eintöpfe und Backrezepte sowie Kochvorschläge zu festlichen Anlässen bereit. Einleitende Bemerkungen zu den verschiedenen Kapiteln sowie Schwarzweiß-Bilder klären den Leser über die historische Entwicklung der Esskultur auf.

Das Kochrezept

http://www.daskochrezept.de

Vorbei die Frage, was heute wohl gekocht werden soll. Jeden Tag findet man hier ein neues Rezept. Für diejenigen, die über die Zubereitung von Spiegeleiern noch nicht hinausgekommen sind, gibt es einen Online-Kochkurs, Versiertere können mit einem eigenen Beitrag dafür sorgen, dass sich die Zahl der vorhandenen Rezepte erhöht. Das Angebot ist kostenlos und erfreut sich scheinbar großer Beliebtheit.

Ediths Rezepte

http://www.edithknecht.de

Edith serviert ihre Kochrezepte mit ansprechenden Fotografien. Gefüllte Lachsroulade und Wildhasenfilet sind nur zwei der Spezialitäten, die sie ausgewählt hat, Nudeln-, Fleisch- und Fischgerichte sowie das Kapitel „Federvieh" findet man außerdem. Recht spärlich sieht es bei den Beilagen aus. Außer Basilikum-Gnocchi gibt es noch nichts. Aber das kann sich schnell ändern. Im Rezeptforum kann jeder seinen eigenen Beitrag zu dieser Seite leisten.

Die Hausfrauenseite

http://www.hausfrauenseite.de

Reingelegt: Wer unter dieser Adresse ein Forum für Hausmütterchen mit angeschlossenen Rezeptaustausch-Sites und Chats zu Küche, Kind und Kegel vermutet, liegt falsch. Na ja, nicht ganz falsch, denn schließlich gibt es auf der Hausfrauenseite auch diverse Koch- anleitungen, doch die Initiatorin gibt sich damit nicht zufrieden. Zugegeben: Die Haus- frauenseite begann mit einer Rezeptsammlung, ehe sie um die Rubrik „Blondinenwitze" erweitert wurde. Letztgenannte finden sich nun im „Mütter mit Modem Webring" wieder, einer der unzähligen Verlinkungen, durch die frau Interessantes erfährt. Fürs Internet obli- gatorisch: Auch auf der HFS findet sich eine häufig geklickte Sparte namens „Sex", doch gerade hier wird deutlich, was Frauen und Männer unterscheidet, denn hier wird mit viel Witz und Esprit Erotisches und Exotisches präsentiert. Ohne den web-typischen Schnick- schnack und lästige Plattitüden gibt es seitenweise Frauenpower, mit viel Liebe zum Detail erstellt. Eben unbeschreiblich weiblich.

Kürbisrezepte

http://www.hvl.shuttle.de/finkenkrug/kuerbis

Auf diesen Seiten dreht sich alles um ein Gemüse, das in deutschen Töpfen nur selten ver- braten wird: Es geht um den „Kaiser des Gartens", wie die Chinesen den Kürbis zu nen- nen pflegen. Das Obst mit dem geringen Eigengeschmack lässt sich einlegen, kochen und backen, aber natürlich findet es auch in der kalten Küche zahlreiche Verwendungsmög- lichkeiten, die hier in einer kleinen, aber feinen Rezeptsammlung aufgezeigt werden. Jede dieser Kochanleitungen ist mit einem Foto versehen, das dazu einlädt, das vorgestellte Gericht auch auf den eigenen Tisch zu bringen.

Angelas und Christians Kochecke

http://www.iicm.edu/kochecke

Haben Sie schon mal ein „Gourmetti" gesehen? Die äußerst seltenen Tierchen weisen den Weg durch Angelas und Christians Kochecke. Hier gibt es „Gerichte für Einsame" und Zweisame, vegetarische Kost sowie „Spezialitäten aus aller Welt". Damit die Vorschläge auch gelingen, führt der „virtuelle Kochkurs" Unkundige in den Umgang mit Topf und Pfanne ein. Empfehlenswert ist außerdem die Lektüre des Kräuterlexikons und die des Küchenvokabulars. In der Kochecke wurde einfach an alles gedacht!

www.kartoffelsalate.de

http://www.kartoffelsalate.de

Wenn Sie Ihren Gästen das „Gold der Inkas" anbieten, werden Sie wohl kaum mehr als ver- ständnislose Blicke ernten. Wie die Kartoffel nach Europa kam, können Sie in dem Kapitel „Eine Knolle mach Karriere" nachlesen. Ansonsten widmet sich diese Seite der Zubereitung, und zwar ausschließlich in Form von Salaten. Kartoffelsalat mal anders, hier wird es wahr: 50 verschiedene Varianten warten auf Freunde des Erdapfels.

Kochatelier

http://www.kochatelier.de

Das Kochatelier ist eine wahre Fundgrube, da sich die Initiatoren mit allen „Elementen des Küchenalltags" beschäftigen. Was dabei herausgekommen ist, kann man auf diesen Seiten bestaunen. Der Service beginnt mit der „Küchenplanung", erstreckt sich über „Kochtechniken" und „Vorratshaltung" und reicht bis hin zu einer umfassenden „Warenkunde". Natürlich wird auch dem Sinn und Zweck einer jeden Küche die gebührende Aufmerksamkeit geschenkt. So kommen auf diesen Seiten „Singles", „Gesundheits-Freaks", „Eilige" oder „Schlampige" – also alle, die ein gutes Essen zu schätzen wissen – auf ihre Kosten. Schließlich wird mit der Rubrik „Gedeckter Tisch" dafür gesorgt, dass auch das Auge mitisst. Ein gelungenes Angebot, das keine Wünsche offen lässt!

chefkoch.de

http://www.kochen-und-rezepte.de

In einer riesigen Datenbank mit mehr als 10.000 Rezepten lässt sich mittels einer Suchmaschine eine große Zahl von Gerichten aufspüren. Parallel dazu kann man Artikel zu allen Themen, die mit dem Kochen in Zusammenhang stehen, recherchieren. Besonders lobenswert sind die Diskussionsforen, die lebendig sind und nicht – wie so oft – nur aus drei Einträgen bestehen. Allein zum Thema Kücheneinrichtung gibt es vierhundert Kommentare!

Kochrezepte für Jedermann

http://www.kochen-wein.de

Der Chefkoch der „Alt Schweriner Schankstuben", einem gediegenen Hotel-Restaurant in der Schweriner Innenstadt, gibt sich im Internet die Ehre. Nicht ohne auf seinen gastronomischen Betrieb hinzuweisen veröffentlicht er eine Vielzahl saisonal wechselnder Rezepte. Einer seiner Schwerpunkte: das Kochen mit Wein. Und wirklich, das Angebot an appetitanregenden Vorschlägen ist von hohem Rang. Zum Wein aus deutschen Landen erläutert der Küchenchef wissenswerte Fakten, die es auch dem Laien ermöglichen, Weine besser zu beurteilen. Für Freunde härterer Drinks ist die riesige Cocktail-Datenbank gedacht, die einige phantasievolle Mixturen jenseits der klassischen Drinks „Bloody Mary" und „Cuba Libre" bereithält.

Kochfantasie.de

http://www.kochfantasie.de

Lassen Sie Ihrer Fantasie freien Lauf, denn bis die appetitlichen Gerichte, die Ihnen bei Kochfantasie.de vorgestellt werden, auch tatsächlich auf Ihrem Tisch stehen, dauert es ein Weilchen. Schon allein die große Auswahl an Rezepten, die hier zur Verfügung steht, erfordert ein wenig Zeit. Die Kochfantasten haben bereits mehr als 2.000 Ideen auf ihren Seiten gesammelt – und es sollen noch erheblich mehr werden, da die Autoren sich zum Ziel gesetzt haben, „die größte Sammlung von Kochrezepten" im Internet zusammenzustellen. Doch schon jetzt dürfte es kaum gelingen, die Vielzahl der Gerichte nachzukochen. Mit Vor-, Haupt- und Nachspeisen, ausländischer und schneller Küche sowie Schon- und Trennkost ist für jeden Gaumen etwas dabei!

Kochen macht Spaß

http://www.kochspass.de

Den einen macht Kochen enorm viel Spaß, für die anderen ist es ein notwendiges Übel, zu dem sie ihr Magen zwingt. In beiden Fällen hilft nur eins: Schnell etwas Leckeres zuzubereiten. www.kochspass.de sorgt mit ausgewählten Rezepten dafür, dass Abwechslung auf den Tisch kommt. Wer im Umgang mit dem Kochlöffel noch nicht so versiert ist, bekommt außerdem wertvolle Tipps und Tricks an die Hand. So kann nichts mehr schief gehen.

Küche & Genuss

http://www.kueche-genuss.de

Wenn Sie Ihre Küche in einen Schlemmertempel verwandeln möchten, sollten Sie fachkundige Hilfe einholen. Ein ganz heißer Tipp ist Küche & Genuss, das Genießer- und Kochmagazin. Schon die appetitlichen Antipasti auf der Begrüßungsseite sorgen dafür, dass Ihnen das Wasser im Munde zusammenläuft. Natürlich wird dafür gesorgt, dass Sie aus diesem Augenschmaus ganz schnell eine Freude für Ihren Magen machen können. Wie? Ganz einfach, zum Beispiel in Form von Rezepten. Kochtöpfe und alle mit ihnen verbundenen Tätigkeiten bringen Ihnen nichts als Ärger und eine Küche, die anschließend nicht mehr wieder zu erkennen ist? Auch kein Problem, Küche & Genuss kennt zahlreiche Restaurants, in denen das Essen ein Vergnügen ist. Doch was wäre die leckerste Mahlzeit ohne das passende Getränk? Das Weinlexikon gibt Aufschluss darüber, welche der Rebensäfte zu welchem Essen besonders gut munden. Schauen Sie selbst, was das Genießer- und Kochmagazin noch alles für Sie bereithält!

Männer kochen anders

http://www.maennerseiten.de/kochkurs.htm

Männer kochen anders? Zumindest Herbert Hertramph ist von seiner These überzeugt, da er auf seinen Männerseiten den Kochkünsten des vermeintlich starken Geschlechtes ein eigenes Kapitel widmet. Alle Gerichte sind so angelegt, dass man sie auch problemlos für eine große Gästeschar zubereiten kann. Wer die Rezepte auch parat haben möchte, wenn der Server mal ausfällt, kann sich das ganze Paket als Datei herunterladen.

Maggi Kochstudio

http://www.maggi.de

Liebe geht bekanntlich durch den Magen. Da man von Liebe allein aber nicht leben kann, muss Ernährung den Organismus antreiben. Doch „richtig" ernähren sich nur die wenigsten. Ihrem inneren (wie äußerlichen) Gleichgewicht zuliebe sollten Sie sich einer gesunden und ausgewogenen Ernährung zuwenden. Wer noch keine Idee hat, wie man das in unseren hektischen Zeiten bewerkstelligen soll, dem seien die in vielerlei Hinsicht geschmackvollen Seiten des Maggi Kochstudios empfohlen. Einen ganz wesentlichen Beitrag leistet die mit mehr als 1.800 Kochanleitungen prall gefüllte Rezeptdatenbank, die nach Rezeptkategorie, maximaler Kalorienzahl, der Anzahl der Portionen sowie nach Zutaten abgesucht werden kann. Für noch mehr Abwechslung auf dem Tisch sorgt das Menü des Tages, das den E-Mail-Briefkasten - so Sie wollen - täglich bereichern kann. Mit dem Maggi Kochstudio gewinnen Sie immer, egal ob im übertragenen Sinne (z.B. im Wellness-Land) oder aber wörtlich, denn Maggi verlost Monat für Monat über 1.000 Gewinne. Es ist angerichtet - guten Appetit!

Reifferscheider Küchenschätze

http://www.nordeifel.de/kochbuch/kochbuch.html

Ein Großteil dessen, was die Eifel an Kulinarischem aufzubieten hat, wurde für dieses Kochbuch zusammengetragen. Dass Sie online nur einen Teil des lukullischen Führers einsehen können, hat seinen Grund: Die Grundschule Reifferscheid verkauft das Büchlein in der gedruckten Variante zu einem kleinen Preis, um damit Spielgeräte, Lehrmaterial und manch anderes Ausstattungsstück zu finanzieren. Deshalb: Den Vorgeschmack hier einholen und dann bestellen!

Omas Rezepte

http://www.omarezepte.at

Das Auffälligste an dieser Seite ist die Oma, die ihre Besucher mit einem verschmitzten Lächeln begrüßt. Rein optisch war's das auch schon. Die Großmutter hat aber noch eini-

ges mehr zu bieten als nur ihren erhobenen Kochlöffel, und das sind Rezepte aus der guten alten (österreichischen) Zeit. Eingemachtes Kalbfleisch und faschierter Überraschungs-Braten zum Beispiel, um nur zwei der Hauptspeisen zu nennen. Desserts gibt es zwar nicht, dafür aber leckere Mehlspeisen für ein gemütliches Kaffeetrinken.

Online-Rezepte
http://www.online-rezepte.de

Aufläufe, Desserts, Gebäck, Hauptgerichte, Kuchen, Salate, Saucen und Suppen: Hier kann man sich so manches Kochbuch ersparen. Bedauerlich ist nur, dass man keinen visuellen Vorgeschmack auf das bekommt, was aus den Rezepten entsteht. Dafür kann man sich aber die Kochanleitung für seine Lieblingsrezepte ausdrucken. Wer eine klare Vorstellung davon hat, welche Zutaten er verwenden möchte, sollte im Verzeichnis suchen.

Rezepte.Net – Kochen leicht gemacht
http://www.rezepte.net

Sie kochen für Ihr Leben gern, sind aber leider nur wenig erfinderisch, was die Abwandlung Ihrer Standardrezepte angeht? Kopf hoch, es gibt eine Lösung, und die lautet Rezepte.Net. Was lange Zeit in Bezug auf die Optik nur so vor sich hindümpelte, hat sich zu einer der besten Rezept-Datenbanken gemausert. Für Koch-Neulinge gibt es das ABC, Fortgeschrittene können sich am „Rezept des Tages" und an der „chinesischen Küche" austoben oder sich gleich ganze „Rezeptpakete" auf ihren Rechner laden.

Dinner for Two – Eine feine Menü-Sammlung für gesellige Stunden zu zweit
http://www.ruhr-uni-bochum.de/~schaelcz/dinner.html

Auch Monster haben Esskultur! Das beweist das Bild auf der Startseite der Homepage, auf der man vor dem Kochen in Ruhe schmökern kann. Interessante und witzige Hintergrund-informationen und Zusatztipps bringen Leben in die Küche und Gesprächsstoff an den Esstisch. Jahreszeitlich geordnete Rezepte, zum Teil von Profis abgeguckt, rufen den eigent-

Homepage Maggi Kochstudio

*lichen Nutzen dieser unterhaltsamen Homepage wieder ins Gedächtnis: Sie soll eine An-
regung zum Kochen und Genießen sein.*

Saisonrezepte

http://www.saisonrezepte.ch

*Warum soll man in sommerlicher Hitze das Gleiche essen wie in winterlicher Kälte? Diese
Frage scheinen sich die Anbieter dieser Saisonrezepte im Internet auch gestellt zu haben,
weswegen sich der Inhalt dieser Seite alle drei Monate ändert. So finden sich im Sommer
vorwiegend Rezepte zu leichten Gerichten, deren Zutaten um diese Jahreszeit auch am besten und preiswertesten zu erhalten sind. Auf jeden Fall haben Sie die Möglichkeit, sinnvol-
le Abwechslung in Ihr Jahresmenü zu bringen.*

www.selbstgemachtes.de

http://www.selbstgemachtes.de

*Was für unsere Großmütter noch Pflicht war, ist heute Kür: selbstgemachte Leckereien! Auf
diesen Seiten locken nicht nur Klassiker wie Marmelade und Essig, Roy hat auch unge-
wöhnlichere Obst- und Gemüsezubereitungen wie Chutneys oder Relishs bereitgestellt. Wer
seine Anleitungen nachkochen will, sollte auch einen Blick auf die Tipps und Tricks werfen. Dort erfährt man nämlich, wann welches Obst bzw. Gemüse Saison hat. Und das kann
so manche Mark sparen – schließlich soll Selbstgemachtes die Kosten für Selbstgekauftes
ja nicht übersteigen, oder?*

Leckere Spargelrezepte

http://www.tageblatt.de/_private/html/sonderaktionen/spargel.htm

*Spargel gilt als eines der besten Gemüse. Ganz zu recht, wie diese Seite beweist, da lohnt sich
schon die Mühe des Schälens. Informationen über die entschlackende Wirkung sind gepaart
mit einer Vielzahl köstlicher Rezepte. Die Tipps und Tricks weiß man spätestens beim nächsten Spargel-Kauf zu schätzen, denn hier verrät man Ihnen, woran man frische Ware erkennt.
Und nicht zuletzt hat nur diese Seite die „beste und einfachste Spargelsoße der Welt".*

Thea online

http://www.thea.at

*Der Thea Margarinewürfel ist Ihnen wahrscheinlich kein Begriff, in Österreich hingegen
gehört er seit mehr als 70 Jahren zur guten Küche. Was man mit ihm alles anstellen kann,
verraten diese Seiten – und darüber hinaus noch einiges mehr. So gibt es für jede Kochpanne
Tipps und Tricks, die vermitteln, wie man die Speise doch noch retten kann, außerdem einen
Online-Kochkurs, der auch Ungeübten zu Erfolgen verhilft. Für alle, die ihre Woche im Blick
haben wollen, besteht außerdem die Möglichkeit, einen individuellen Speiseplan zu erstellen. Das Herz dieser Seite ist jedoch die leistungsstarke Rezeptsuchmaschine, die Kochanleitungen nach Vorgaben wie Zubereitungszeit, Anlass und Zutaten ermittelt.*

waskochen.de

http://www.waskochen.de

*Da bald der Herd mit der Pfanne und die multimediale Mikrowelle via Internet mit dem
Rest der kochenden Welt kommunizieren wird, ist es spätestens jetzt an der Zeit, die Möglichkeiten des Webs für die Bereicherung des Speiseplans zu nutzen. Eine gute Anlaufstelle
ist definitiv waskochen.de. Das Rezeptarchiv treibt mit seinem fulminanten Kontingent
jedem kochenden Schürzenträger – auch ohne aufgeschnittene Zwiebeln – Tränen der
Freude in die hungrigen Augen, das virtuelle Gewürz- und Kräuterbord weiht in tiefste
geschmackverstärkende Geheimnisse ein, während der automatische Kochführer jeden Tag
ein frisches Rezept per E-Mail oder WAP verschickt. Service pur und somit 5 Sterne!*

Andere Länder, andere Speisen

100 Rezepte aus der chinesischen Küche

http://kit-ying.virtualave.net

Die 100 Rezepte aus der chinesischen Küche werden reichlich frequentiert, wie der LiveCounter beweist. Neben einer Vielzahl exotischer Speisen findet man auch den ein oder anderen Tipp. So berichtet Kit Ying über internationale sowie deutsche Maßeinheiten, stellt Kalorien- und Nährstofftabellen vor und verrät die richtige Handhabung des Woks. Wer sich mit den fremdartigen Zutaten noch nicht so recht auskennt, findet im Glossar Hilfe.

Pasta-Pasta

http://members.tripod.de/Pastaworld

Die Nudel wird – ähnlich wie die Kartoffel – zu Unrecht zu den Dickmachern gezählt. Dieses und weitere Missverständnisse werden bei Pasta-Pasta geklärt. Nur eines können Sie beruhigt glauben: Nudeln machen glücklich. Liebhaber des Getreideprodukts werden mit dieser Adresse ihren Spaß haben, und zwar nicht nur mit der Auswahl von Rezepten, sondern auch mit Rubriken wie dem „Pastaquiz", dem „Kochzubehör" oder der „Geschichte voller Missverständnisse". Dem obligatorischen Begleiter der Pasta, dem Wein, ist ebenfalls ein Kapitel gewidmet.

Kulinarische Reise durch die USA

http://www.gfra.de/usfood

Eine der besten Seiten für alle Freunde der USA und ihrer kulinarischen Möglichkeiten! Die Reise beginnt mit einer kleinen Einführung, die alte Vorurteile bezüglich der amerikanischen Küche richtig stellt, denn „Junk Food", „Mikrowellen-Fraß" und Hamburger bis zum Abwinken finden Sie hier nicht, dafür Köstliches, das auch den verwöhnten Gaumen erfreuen dürfte. Eine kleine Vorschau auf das, was anschließend folgt, macht Appetit auf mehr. Es gibt zwei Möglichkeiten, um derart vorinformiert voranzuschreiten: Entweder schaut man,

Homepage Thea online

was die einzelnen Regionen an Kochkunst aufbieten oder man klickt sich direkt zu den Rezepten. Wer letzteres zuerst tut, verpasst allerdings wertvolle landeskundliche Informationen, die die Herkunft der Rezepte erst verständlich machen. Schließlich sind die lukullischen Schätze stark durch die Herkunft der ehemaligen Siedler geprägt. Wer unbegrenzt genießen möchte, sollte sich in die Newsletter-Liste eintragen. Auf diese Weise gibt es alle vier Wochen neue Rezepte aus dem Land der unbegrenzten Möglichkeiten.

Türkische Küche – Rezepte

http://www.gmd.de/People/Buelent.Kandaz/rezept/trrezept.htm

Die türkischen Gerichte offenbaren sich dem Genießer nicht auf einen Blick, ein wenig Arbeit mit der Maus ist schon vonnöten. Doch die lohnt sich! Zwar sind die Fotos zu den Gerichten recht klein, dass sie sehr appetitlich sind, ist jedoch nicht zu übersehen. Vom bekannten Döner bis hin zu roten Bohnen in Olivenöl reicht die Palette der kleinen und großen Köstlichkeiten, die Sie mit Hilfe der detaillierten Beschreibungen leicht nachkochen können.

Georgische Küche und Weine

http://www.home.foni.net/~ramzaj

Ein echtes Novum stellen die Rezeptvorschläge von Roman Hildebrandt dar. Er versucht, die georgische Küche in Deutschland zu etablieren. Bisher stehen allerdings nur wenige Kochanleitungen zur Auswahl, die er dafür aber mit witzigen Bildern unterlegt. Dazu empfiehlt der Hobbykoch international anerkannten Wein sowie Weinbrände, die selbstverständlich alle georgischer Herkunft sind.

India-Food Company

http://www.indische-rezepte.de

Indien hat schon immer eine starke Faszination auf westliche Besucher ausgeübt. Einer der zahlreichen Gründe dafür ist die indische Küche. Alle, die sich für die weithin unbekannte kulinarische Seite des indischen Subkontinentes interessieren und die einmal die leichten,

Homepage Kulinarische Reise durch die USA

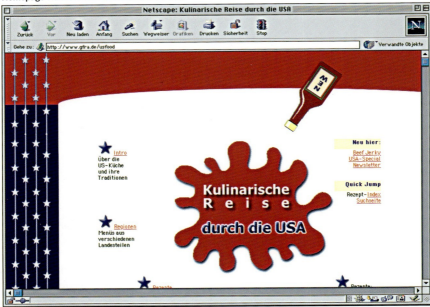

bekömmlichen Speisen dieses faszinierenden Landes erforschen möchten, werden mit dieser Website hervorragend bedient, denn hier stehen Rezepte für die Zubereitung eines kompletten indischen Menüs zur Verfügung. Wer bei der Beschaffung der Zutaten auf Schwierigkeiten stößt, findet auch für dieses Problem eine Lösung: Einzelne Ingredienzien lassen sich bequem per Mausklick bestellen.

Kleines Kochbuch der chinesischen Küche
http://www.laohu.de/Kochbuch/Kochbuch.htm

Fünffach duftende Hühnerfüße dürften das Highlight dieser schön gestalteten Seite sein – zumindest unter den Vorspeisen! Schauen Sie selbst, was an Hauptgerichten folgt. Ausführliche Erklärungen zur Herkunft der Rezepte und genaue Anweisungen für die Zubereitung machen die Seite zu einem unentbehrlichen Wegbegleiter auf ihrem Weg gen östlicher Küche. Wenn Sie zu den fortgeschrittenen Köchen zählen, lassen Sie doch andere an Ihrem Können teilhaben, indem Sie Ihre Lieblings-Rezepte in das Online-Kochbuch eintragen.

Kulinarisches
http://www.pirro.com/german/pirro/Kulinarisches/kulinarisches.html

Essen wie die Profis. Emanuele Pirro, 1962 geborener Rennfahrer aus Rom, hat einige seiner Leib- und Magenspeisen zusammengestellt – und die dürften nicht nur seinen Fans munden. Obwohl selbst begeisterter Sushi-Esser, hält er für kochfreudige Besucher seiner Seite Rezepte bereit, die leichter zuzubereiten sind als das japanische Fischgericht. Zur Auswahl stehen Köstlichkeiten wie „Gamberetti alla Salvia", „Frittura di Melanzane" oder aber „Paciugo". Man muss seine Geschmacksnerven schon arg abgehärtet haben, um hier keinen Appetit zu bekommen!

Martina's Pasta Land
http://www.ram-rom.net/pastaland

Appetitlich geht's in Martinas virtuellem Pastaland zu. Neben einer kleinen, aber gut sor-

Homepage India-Food Company

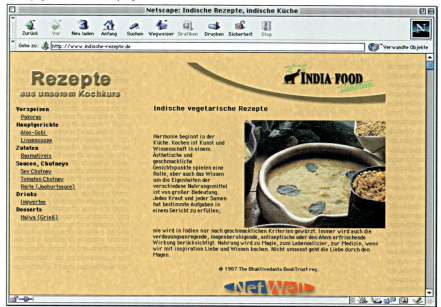

tierten Rezeptauswahl und den notwendigen Hilfsmitteln zur Zubereitung können Sie hier erfahren, wie man durch besonders nette Dekorationen das Auge zum Mitessen bewegt. Sämtliche Serviervorschläge sind mit gestochen scharfen Fotos versehen, die einem schon beim Hinsehen das Wasser im Mund zusammenlaufen lassen.

Gewürze

Gewürze von Hela

http://members.aol.com/mthees

Freunde des Barbecues wissen Hela-Ketchup zu schätzen. So manch einer behauptet gar, dass aus einer nackten Bratwurst nur mit echtem Hela-Ketchup eine „töfte" Currywurst wird. Wer wissen möchte, wie aus der Darm- und Gewürzhandlung von Hermann Laue im Laufe der Jahrzehnte einer der bekanntesten Ketchup-Produzenten wurde, kann dies im Geschichtsüberblick nachlesen. Natürlich dürfen die Protagonisten nicht fehlen. Die würzigen Tomatensoßen präsentieren sich in den Geschmacksrichtungen Curry, Schaschlik, Tomate und Knoblauch.

Kleine Kräuter Fibel

http://thailand-info.de/th/kochen/gewuerze.htm

Von Anis bis Zimt reicht die Informationspalette der kleinen Kräuterfibel. Schlagen Sie unter B nach, lernen Sie in Lektion eins, dass Basilikum der Minestrone ihren Charakter gibt. Und wenn Sie bisher glaubten, Nelken gehörten in die Vase, werden Sie eines Besseren belehrt: Gewürznelken wurden im Mittelalter in Minneliedern gepriesen – und mit Gold aufgewogen.

Hot Chili Peppers Homepage

http://www.chilipepper.de

Wie leistet man einem Chili-Opfer Erste Hilfe? Wer mit der feurigen Schote bereits unangenehme Bekanntschaft geschlossen hat, weiß, dass Bier oder Wasser im Nahrungseingangsbereich nicht für Abhilfe sorgen können. Capsaicin, der Stoff, der das unangenehme Brennen auslöst, ist nämlich nicht wasserlöslich. Die Chiliwehr rät deshalb zu fetthaltigen Löschmitteln wie Milch. Diese Website wird von wahren Chili-Fans gepflegt. Sie haben nicht nur Notfallpläne parat, sondern kennen sich auch in der Geschichte, der chemischen Zusammensetzung und der heimischen Chili-Zucht aus.

Alles um den Essig

http://www.essig.at

Essig ist ein wahrer Alleskönner. Mit ihm kann man Salate würzen, ihn als Reinigungsmittel für den Haushalt nutzen und schon zu Omas Zeiten galt er als Wunderwaffe für zarte Haut. Die säurehaltige Essenz bietet aber noch einiges mehr. Was alles, erfährt man auf dieser Seite. Lohnend ist der Besuch dieser Homepage auch für all diejenigen, die sich selbst in der Herstellung von Essig versuchen möchten: Es werden Apparaturen zur Essigproduktion sowie Beratungen und Seminare angeboten.

Gewürze Shop

http://www.gewuerzdealer.de

Da hat man endlich ein tolles Rezept im Internet gefunden und möchte nun dem Partner seine Kochkünste beweisen, schon stellt man verzweifelt fest, dass man keine Bockshornkleesaat im Hause hat. Beim Gewürzdealer kann man so ziemlich alles bestellen, was man im Tante-Emma-Laden um die Ecke noch für eine Droge hält. Es werden nicht nur Gewürze vertrieben, sondern auch Öle, Tees und nette Präsentkörbe. Wenn man nicht gerade in einer Großstadt wohnt und einen Naturkostladen auf der Straße hat, ist dies die beste Möglichkeit, auf den besonderen Pfiff nicht verzichten zu müssen.

Ingwer-Paradies
http://www.ingwer-paradies.de

Erst durch die chinesische Küche ist Ingwer hierzulande etwas bekannter geworden. Obwohl man ihn in größeren Supermärkten schon in der Gemüseabteilung findet, wissen die wenigsten Leute etwas mit ihm anzufangen. Da ist es gut, mal ein bisschen bei den Kennern herumzustöbern. Die haben nämlich ein paar leckere Rezepte und verschicken auch Produkte, von deren Existenz Sie bisher noch nicht gehört haben: Trauen Sie sich und probieren Sie einmal Ingwer-Marmelade, Ingwer-Naschzeug oder auch kandierte Früchte für Diabetiker.

GOUTESS Kräutergarten
http://www.kraeuter.de

Eine Prise Kräuter macht gutes Essen noch besser, ebenso wie eine Prise Knoblauch Saucen einen warmen italienischen Geschmack verleiht. Wohin Kräuter und Knoblauch noch gehören und wie man mit ihnen auf genussvolle Art sündigt, erfahren Sie hier. Die Seite ist ähnlich geschmackvoll wie ihr Innenleben – und informativ noch dazu! Denn wenn Sie nach der Lektüre jemanden dorthin schicken, wo der Pfeffer wächst, wissen Sie wenigstens, welchen Flug er buchen muss!

Ostmann Gewürze
http://www.ostmann-gewuerze.de

Sonnenuntergang, Kamele ziehen gemächlich durch die Wüste... Zugegeben, Ostmann bedient damit schon ein Klischee, schön ist die Begrüßung aber allemal. Einer der bekanntesten deutschen Gewürzhersteller stellt nicht nur seine Produkte vor, sondern beweist, dass er sich in seinem Metier auskennt. Die Gewürz-Fibel und das ABC sorgen dafür, dass Sie über Geschichte, Bedeutung und Veredelung bestens Bescheid wissen. Und selbstverständlich erfahren Sie hier auch, wie die Gewürze in der Küche am besten zum Einsatz kommen. (Homepage S. 134)

Tali.de
http://www.tali.de

Märchen aus tausend und einer Nacht ... Gewürze aus tausend und einer Nacht ... Tali.de erschließt dem Mitteleuropäer die Möglichkeit, erlesene Spezialitäten nicht nur aus dem Morgenland, sondern mittlerweile aus der ganzen Welt in seine bescheidene Hütte zu importieren. Safran, das teuerste Gewürz der Welt, oder die türkische Spezialität Gaz können neben unterschiedlichen Nüssen und Trockenfrüchten per E-Mail bestellt werden.

Gernot Katzers Gewürzseiten
http://www-ang.kfunigraz.ac.at/~katzer/germ

Stellen Sie sich vor, Sie kochen mit einem italienischen Freund und er versucht Ihnen zu erklären, dass noch etwas „Barbaforte" an den Fisch muss. Dass er damit Meerrettich meint, können Sie ja nicht wissen, es sei denn, Sie kennen Gernot Katzers Gewürzseiten. Der Index erlaubt die Suche nach Gewürzen in mehr als 20 Sprachen. Hat man dann seinen Kandidaten gefunden, kann man sich vergewissern, ob der Geschmack auch wirklich zum Essen passt, denn jedes Gewürz ist detailliert beschrieben. Was sich nach einer einfachen privaten Homepage anhört, ist an Professionalität kaum zu überbieten.

Kuchen & Desserts

Weihnachtsbäckereien: Österreichisches Keks-Verzeichnis
http://germanistik.uibk.ac.at/people/kekse

Das österreichische Keksverzeichnis hat natürlich besonders zu Weihnachten Konjunktur. Mit ein paar Tannenzweigen garniert präsentiert sich die Seite eher nüchtern, lenkt dadurch aber den Blick auf das Wesentliche: Traditionelle Rezepte zu österreichischen Bäckereien, die ihre Herkunft nicht verleugnen können: Bauernkrapferl, Pignoli-Kipferl, Damische Batzen, Kokosbusserl und vieles mehr. Wer seine eigenen Rezepte in das Verzeichnis integrieren möchte, bekommt es mit einer unabhängigen Weihnachtskeks-Kommission zu tun, die die „optischen, olfaktorischen, gustatorischen, haptischen und akustischen Qualitäten" der Leckerbissen überprüft.

Die Seite für den Patissier
http://members.tripod.de/Salmhofer

Mousse au Chocolat ist der Klassiker unter den Desserts. Wer immer schon auf der Suche nach ebenso leckeren Alternativen war, darf diese Seite auf gar keinen Fall verpassen! Der Koch eines Tiroler 3-Sterne-Hotels hat hier eine Auswahl köstlicher Eisspezialitäten, Pralinen, Torten und Parfaits zusammengestellt, außerdem hilft er mit Tipps aus. Wer nicht ausschließlich nach Desserts und Kuchen sucht, kann über die Links auch nach Seiten mit den passenden Hauptgerichten fahnden.

Peters Torten
http://wald.heim.at/wienerwald/550038

Wer gerade Heißhunger auf Kuchen hat, sollte diese Seite unbedingt meiden; ein Blick genügt, um ihn ins Unermessliche zu steigern. Denn was der Peter schon alles gebacken (und anschließend fotografiert) hat, ist extrem appetitlich. Seine Lieblingsrezepte hat er hier

Homepage Ostmann Gewürze

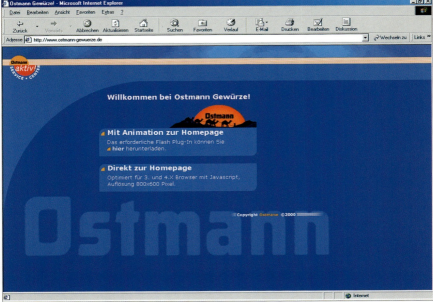

bereitgestellt. Wer seine Torten allerdings in so phantasievollen Formen wie Peter präsentieren möchte, braucht schon eine Menge Geschick: sämtliche seiner Dekorationen sind von Hand gefertigt. Hut ab!

Backalarm.de

http://www.backalarm.de

Alarm in der Küche, weil der Kuchen wieder mal missglückt ist? Jetzt gibt es Abhilfe. Backalarm.de kennt alle Tipps und Tricks für gelungenes Gebäck. Wer diese beherzigt, hat keine Last mehr mit grauer und streifiger Kuvertüre und kann seinen Wiener Tortenboden auch ohne Messer schneiden. Und das ist noch nicht das Ende der Fahnenstange, denn weitere Tipps folgen. Für die Umsetzung dieser Tricks und Kniffe gibt es selbstverständlich auch eine Vielzahl süßer und deftiger Backanleitungen.

Pias Bake Site

http://www.backmitmir.mysite.de

Back mit mir heißt es für alle, die diese Seite aufsuchen. Und die Versuchung ist groß angesichts der Vielzahl der Rezepte, die hier zusammengetragen wurden. Torten von A bis Z, Muffins, Stollen, Kekse, Waffeln und Leckereien für Diabetiker warten auf backfreudige Menschen. Wer sein Lieblingsrezept beisteuern möchte, kann dies natürlich auch tun. Auf diese Weise wächst die Rezeptseite ständig. Deshalb: Regelmäßig vorbeischauen und gucken, was es an neuen Köstlichkeiten gibt.

Walfis Backstube

http://www.come.to/walfi

Vanillebutter-Crème, Erdbeerknödel mit Butterbröseln, Trüffelparfait, Punsch-Kokos-Gugelhupf... Ist Ihnen das Wasser jetzt schon literweise im Mund zusammengelaufen? Dann flugs in den nächsten Supermarkt und die Ingredienzien gekauft, denn es gibt viel zu tun, wenn Sie das riesige Rezept-Kompendium in heimischer Küche nachkochen wollen. Crèmes, Desserts, Glasuren, Konfitüren, Kuchen und Liköre warten nur darauf, Ihnen Gaumenschmäuse erster Güte zu verschaffen. Walfis Backstube legt erfreulicherweise viel Wert auf einfache Handhabung, so dass sich das vorbeisurfende Schleckermaul nicht durch Werbung oder unnütze Informationen kämpfen muss. Hunderte Rezepte, sonst nichts. Auch Genießer, die zwei linke Hände haben, dürfen sich auf verständliche Zubereitungsanleitungen freuen. Walfi wünscht guten Appetit!

Pfeifer & Langen

http://www.koelner-zucker.de

Nicht nur der Filmklassiker mit Heinz Rühmann ist jedes Jahr aufs Neue schön, auch das gleichnamige Gesöff fordert in regelmäßigen Abständen Trinkgelage heraus. Die Rede ist von der berühmt-berüchtigten Feuerzangenbowle. Wie man Sie zubereitet, verrät Pfeifer & Langen. Auch in den übrigen Rezepten zum Genießen spielt der Zucker die kulinarische Hauptrolle. Das Unternehmen bietet außerdem einen hauswirtschaftlichen Beratungsservice zum Backen, Einmachen und zur Zubereitung von Desserts. Und last but not least kann man auch einiges über die „süßen Steine" und ihre Herstellung nachlesen.

Kuchen online

http://www.kuchen-online.de

Kuchen, Kuchen und nochmals Kuchen, das süße Brot in all seinen Konsistenzen, mit allen erdenklichen Belägen, in all seinen Formen und Farben, ob obstig, quarkig oder körnig. Diese Adresse liefert Ihnen sämtliche Rezepte für den Sonntagnachmittag. Bunte Fotos der Endprodukte lassen die Herzen von Kuchenliebhabern höher und schneller schlagen. Und damit Sie mit Ihren Backwerken nicht alleine da sitzen, können Sie Freunden, Bekannten oder der Familie virtuell eine Einladung zum Kaffeekränzchen schicken.

märschimport

http://www.maerschimport.de

märschimport geht Ihnen mit seinen Produkten auf die Nüsse – und das ist voll und ganz beabsichtigt, dreht sich hier doch alles um die Trockenfrüchte, die so manchen Speiseplan bereichern (sollten). Hier erfahren Sie die ganze Wahrheit: Wie gesund sind Nüsse wirklich? Warum machen sie müde Menschen munter? Welche Nährwerte besitzen sie und wie sieht es mit dem Cholesteringehalt aus? Wenn Sie sich durch die Vielzahl an Informationen geklickt haben, werden Sie reich belohnt, und zwar in Form von Koch- und Backrezepten, die Ihnen die zahlreiche Verwendungsmöglichkeiten aufzeigen.

Die besten Backrezepte

http://www.veen.de/Rezepte

Die besten Backrezepte sind auf jeden Fall ganz schön unkonventionell, wie bereits die Namen unschwer erkennen lassen: Fantaschnitten, Milky-Way-Torte, Fress-Dich-Dämlich- und Coke-Kuchen sowie weitere phantasievolle Kreationen können von dieser Seite als Zip-File heruntergeladen werden. Wer etwas ausgefallenes Süßes sucht, sollte hier vorbeischauen. Sowohl ein übersichtlicher Seitenaufbau als auch detaillierte Zubereitungsbeschreibungen mit dem Foto eines gelungenen Exemplars erwarten den Leser. Der Anbieter freut sich übrigens auch über weitere Rezeptvorschläge.

Weihnachtliche Rezepte

http://www.weihnachtswelt.de/rezepte/rezepte.htm

Hier werden Kinderträume wahr: In der Weihnachtswelt findet das Fest der Feste täglich statt. Wer sich beizeiten auf die besinnliche Jahreszeit einstimmen möchte, kann sich in jeder Jahreszeit auf den Weg in die Weihnachtsbäckerei machen. Mehr als 20 Anleitungen für beliebte Spezialitäten wie Aachener Printen, Dresdner Stollen und Früchtelebkuchen stehen bereit. Aber Vorsicht! Wer zur Unzeit in Versuchung gerät, sollte eines bedenken: Der Duft weihnachtlicher Bäckereien wirkt nur im Winter wirklich verlockend.

Vegetarische Küche

Vegan Welt

http://vegan-welt.de/ernaehrung/rezepte

Wer sich für vegane Ernährung entscheidet, hat es nicht leicht. Zwar erfreut sich die vegetarische Kost wachsender Beliebtheit, Speisen, die völlig ohne Tierprodukte auskommen, sind jedoch schwer zu finden. Die Vegan Welt zeigt, wo und wie man dennoch gut essen kann. So weit der Plan. Rubriken wie „Restaurants", die bisher noch nicht mit Inhalten gefüllt sind, spiegeln die Realität wider: Vegane Gaststätten sind äußerst rar. Wie gut, dass es wenigstens umfangreiche Rezeptsammlungen gibt. Die äußerst vielfältigen Ideen, die von Grillvorschlägen über Süßspeisen bis hin zu Meeresgemüsegerichten reichen, verdeutlichen, dass man trotz Verzicht auf Fleisch, Eier und Milchprodukte weiterhin genüsslich leben kann.

Michael Dahners Kochbuch

http://www.dahner.de/kochbuch.htm

Michael Dahner hat sich der vegetarischen Kochkunst verschrieben. Und da die Zubereitung von Speisen allein nur halb so viel Spaß macht, teilt er sein Wissen mit den Besuchern seiner Website. Hier findet man ebenso leckere wie gesunde Speisen, die einen Hauch fleischlicher Genüsse vermitteln, obwohl sie ausschließlich aus Gemüse und Getreide hergestellt werden, etwa Linsenfrikadellen oder Sellerieschnitzel. Wenn Sie bezüglich vegetarischer Kost ebenfalls firm sind, können Sie Ihre Rezepte zu dieser Sammlung hinzufügen. Michael Dahners Besucher werden es Ihnen danken.

fleischlos – Die vegetarische Info-Seite im Internet
http://www.fleischlos.de

Einen besonders eindeutigen Domain-Namen haben sich die Autoren der vegetarischen Info-Seite im Internet gesichert – und antworten mit den Worten des großen deutschen Humoristen Wilhelm Busch auf die Frage, warum man auf Fleisch verzichten solle: „Wahre menschliche Kultur gibt es erst, wenn nicht nur die Menschenfresserei, sondern jeder Fleischgenuß als Kannibalismus gilt." Diese Haltung muss man nicht teilen, wenn man sich auf diesen Seiten umschaut, es gibt vielerlei Gründe, auf den Genuss von Fleisch zu verzichten, von denen hier nur einige wenige aufgeführt werden. Wer sich entschieden hat, aber auch, wer einfach nur weniger Fleisch zu sich nehmen möchte, findet hier eine Vielzahl von Ideen für schmackhafte Gerichte und natürlich auch Restaurants und Gaststätten, die ihre Speisen fleischlos zubereiten.

Nichtalkoholische Getränke

Kaffee

Coffee-Nation

http://www.coffee-nation.de

Er ist dunkel, er ist verführerisch, er ist stark und macht Sie wieder fit. Sein kleines Geheimnis liegt nur so lange im Verborgenen, bis Sie es lüften. Vielleicht haben Sie es schon erkannt, dass jeder Schluck Kaffee ein kleines Wunder birgt. Und wenn nicht, dann sollten Sie sich erst recht einmal in diesem Shop umschauen. Die Coffee-Nation zeigt Ihnen, wie Sie genau den Kaffee finden, der zu Ihnen passt und wie Sie das sinnliche Getränk in allen seinen Nuancen erfahren können. Verschiedene Kaffeesorten stehen zur Auswahl und warten nur darauf, von Ihnen und Ihren Freunden entdeckt zu werden.

Coffeeshop – die Welt des Kaffees

http://www.coffeeshop.de

Auch bei Kaffee sind die Geschmäcker verschieden. Der Coffeeshop trägt dem Rechnung, indem er viele verschiedene Sorten zum Verkauf anbietet. Die Produktauswahl reicht von sortenreinen Arabica Kaffees über „harmonisch abgestimmte Mischungen" bis hin zu verschiedenen Espressos. Doch der beste Kaffee würde ein Pulver bleiben, wenn es keine Kaffeemaschinen gäbe. Der Coffeeshop hält deshalb professionelle Vollautomaten bereit, die für vollendeten Genuss sorgen. Angereichert wird die Offerte durch eine Auswahl an Accessoires, die jede gedeckte Tafel bereichern.

Homepage Coffeeshop

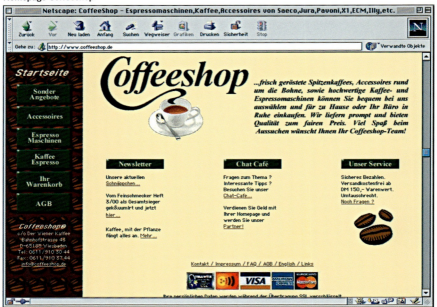

Dallmayr

http://www.dallmayr.de

Wer noch nie in München war, kennt das Angebot von Alois Dallmayr wahrscheinlich nur aus der Werbung. Auch wenn dort die Atmosphäre des Traditionshauses gekonnt eingefangen wird – eine umfangreiche Präsentation kann ein kurzer Spot nicht ersetzen. Das Unternehmen nutzt deshalb seinen Online-Auftritt, um die Geschichte und die Produktvielfalt ins rechte Licht zu rücken. Vorgestellt wird neben dem erfolgreichen Dallmayr Kaffee auch der Weinversand, der die Angebotspalette seit kurzem bereichert, aber natürlich kann man auch einen Eindruck des Restaurants gewinnen sowie nachlesen, was „Geschenk-Versand" und „Delikatess Express" zu bieten haben. Eine Site, die nicht nur durch das richtige Maß an Informationen besticht!

Kaffee-Tee-Spezialhaus Willy Hagen

http://www.hagenkaffee.de

„Tee", „Kaffee", „Technik" und „Service": Willy Hagen umsorgt seine Besucher mit allem, was für den echten Trinkgenuss vonnöten ist. Dazu gehören natürlich auch Informationen, schließlich will man ja wissen, was da so heiß und verführerisch vor einem steht. Noch schlüssiger wird das Wissen um Kaffee und Tee, wenn man sich vor Ort in die Geheimnisse ihrer Produktion einführen lässt. Das Kaffee- und Tee-Spezialhaus veranstaltet aus diesem Grund regelmäßig Seminare, an denen man gegen einen kleinen Unkostenbeitrag teilnehmen kann. Spätestens dann wissen Sie auch, welche Geschmacksnuancen Sie bei den Shopping-Angeboten erwarten.

Heimbs Kaffee

http://www.heimbs.de

Im Hause Heimbs röstet man den Kaffee in einem speziellen Verfahren: Die Bohnen schweben in einem heißen Luftstrom. Dadurch bleiben sie in ständiger Bewegung, eine gleichmäßige Durchröstung ist garantiert. Auf der Homepage wird jedoch nicht nur das aerotherm-Röstverfahren vorgestellt, sondern vor allem auch die Produkte. Seit 1880 hat sich viel getan. Neben verschiedenen Kaffeesorten ist das Sortiment um Tee, Trinkschokolade und alkoholische Spezialitäten erweitert worden. Doch das „Herzstück" des Unternehmens ist und bleibt der Kaffee, der sowohl in der Gastronomie als auch in Privathaushalten daheim ist.

Hochland

http://www.hochland-kaffee.de

Die Kaffees von Hochland sind mittlerweile in aller Munde. Das hat gleich mehrere Gründe. Einer ist sicher der hervorragende Geschmack der einzelnen Sorten, doch der eigentliche Erfolgsgarant ist die Tatsache, dass Hochland fair handelt und die Kleinbauern, die den Kaffee anpflanzen, angemessen entlohnt. Das Unternehmen arbeitet ganz bewusst nur mit kleinen Betrieben zusammen, weil diese auf Klasse (anstelle von Masse) setzen – und davon profitiert der Verbraucher. Ein faires Geschäft also für alle Beteiligten.

Jacobs Kaffee

http://www.jacobs.de

Jacobs lädt zu einer unterhaltsamen Kaffeepause im Web ein. Dort dreht sich alles um die braunen Bohnen. Für Freunde der anspruchsvollen Unterhaltung gibt es Informationspakete zur Geschichte des Kaffees sowie seiner Warenkunde, nicht zu vergessen natürlich die Historie von Jacobs. Warenkunde kann man auch spielerisch betreiben. Durch ein Frage-und-Antwort-Spiel kann man seinen Lieblings-Kaffee aus dem Hause Jacobs ermitteln. Die Krönung jedoch ist nicht nur das gleichnamige Produkt, sondern auch das Spiel „Prophecy Maker": Mit Hilfe des Kaffeesatzes ermitteln die Teilnehmer, wie das Wetter in Tonga wird.

Kaffee Kontor Leipzig

http://www.kaffee-kontor.de

Das Kaffee-Kontor Leipzig hat neben zahlreichen Sorten aus aller Welt auch neue Ge-schmacksvarianten im Programm: Banane, Vanille, Haselnuss, Zimt und Schoko verspre-chen Kaffeegenuss der unbekannten Art. Rechtzeitig zum Jubiläumsjahr des großen Kom-ponisten gibt es außerdem den Bach-Kaffee. Ob ein reizarmer Kaffee dem berühmten deut-schen Barockmusiker allerdings gerecht wird, sei dahingestellt.

Die Espresso-Page

http://www.preisler.de/espresso

Was ist eigentlich Espresso und worin besteht der Unterschied zu Kaffee? Wer dieser Seite einen Besuch abstattet, weiß anschließend mehr. Bohnen, Röstverfahren, Wasserdruck: Hier wird das aromatische Getränk aus der kleinen Tasse von allen Seiten beleuchtet. Dabei ist es gar nicht so einfach, einen guten Espresso zu finden. Wer sich die Suche ersparen will, findet Ausgeh-Tipps, vorwiegend für das Rhein-Main-Gebiet und Italien.

Tchibo

http://www.tchibo.de

Tchibo präsentiert jede Woche eine neue Welt – und das in allen verfügbaren Medien. Das vorteilhafteste ist dabei sicherlich das Internet, denn hier besteht nicht nur die Möglichkeit, alle Angebote zu sichten, sondern sie auch gleich zu ordern – und das, ohne einen Fuß vor die Tür zu setzen. Natürlich gilt das nicht nur für die zahlreichen Accessoires, die mittler-weile viele Haushalte bereichern, sondern auch für den Kaffee, der das Unternehmen zum Erfolg geführt hat. Lassen Sie sich von African Blue, Brazil Mild, Guatemala Grande und Columbia Fiesta, der Edition der Privat Kaffees, verführen!

Säfte & Softdrinks

Home of afri

http://www.afri-cola.de

Die schwarze Limonade erfährt heute ihr erfolgreiches Revival. Der große Rausch begann 1864 in Köln, erfuhr während der beiden Weltkriege eine herbe Misere, weil der Rohstoff-markt umkämpft war, galt in den Nachkriegsjahren als Paradebeispiel für das deutsche Wirtschaftswunder und fiel Ende der 70er-Jahre in einen Dornröschenschlaf. Erst in den 90ern entdeckte die Technoszene die schlummernde, schwarze Schönheit wieder und kul-tivierte sie zu ihrem Szenegetränk. Denn im Gegensatz zur Konkurrenz enthält afri-cola immer noch die echte Colanuss – und damit lässt es sich bis zur After-Hour durchhalten.

alitec Unternehmensberatung – Fruchtsäfte

http://www.alitec.de/d3106.htm

Wie gesund sind Fruchtsäfte wirklich? Diese empfehlenswerte Seite liefert in kurzen Artikeln wissenschaftliches Informationsmaterial und erklärt auch dem Laien in verständlicher Form, warum bei Säften das Maß über die Wirkung entscheidet. Des Weiteren werden mit den Bereichen Lebensmittelzusatzstoffe, Enzyme und Mikroorganismen auch alle anderen für eine gesunde Ernährung relevanten Themen behandelt, die jedem ernährungsbewussten Surfer die eher seltene Möglichkeit bieten, sich fundiert und umfassend zu informieren.

Almdudler

http://www.almdudler.com

Die spinnen, die Österreicher? Mitnichten, auch wenn es so manch einen befremden mag, dass die Alpenländer ihren Almdudler lieber mögen als die Sacher-Torte. Die Kräuterlimonade gibt es mittlerweile sogar als Almradler. Wer selbst mit der Brause aus Österreich experimentieren möchte, findet ein paar Rezepte, die man selbstverständlich auch abwandeln kann. Sehr zum Wohle!

Aqua Nova

http://www.aquanova.de

Intelligent trinkt, wer Aqua Nova zu sich nimmt. Aqua Nova ist ein Energy Drink, der nicht – wie seine „Artgenossen" – einfach nur aufputscht, sondern auf Grundlage körpereigener Substanzen (Q 10) die biologische Energieproduktion anregt. Damit ist er nicht nur für Sportler hilfreich, sondern auch und vor allem für jeden, der unter Stress steht, interessant. Bei der Arbeit, beim Auto fahren, bei geistiger und körperlicher Beanspruchung sorgt Aqua Nova dafür, dass der Körper Hilfe zur Selbstregulierung erhält.

becker's bester

http://www.beckers-bester.de

Die Stiftung Warentest bewertet die Säfte des Familienunternehmens Becker mit dem Urteil „sehr gut". Das hat natürlich seinen Grund: beckers bester achtet auf die Qualität des Obstes (es stammt überwiegend aus heimischen Anbaugebieten), das mit Mitteln modernster Technik gepresst und anschließend abgefüllt wird. Mit innovativen Produkten wie dem „Aktiv-Frühstücks-Trunk", die die Palette der Klassiker ergänzen, baut das Unternehmen seine Marktposition weiter aus. Wer selbst innovativ zu Werke gehen möchte, kann die vorgestellten Cocktail-Rezepte nach Belieben abwandeln. Eine ansprechende Präsentation!

Bluna

http://www.bluna.de

Sind wir nicht alle ein bisschen bluna? Wer bis jetzt nicht dran glaubte, ist spätestens nach dem Besuch der Villa-Bluna davon überzeugt. Ähnlich dem Konzept von „Big Brother" kann man die fünf Bewohner Tag und Nacht beobachten – mit der Ausnahme, dass es sich hier weder um bewegte Bilder noch eine Live-Übertragung handelt: Die Mitglieder der WG sind zwar mal hier und mal dort, bewegen sich aber nicht sichtbar. Wer Lisa und Co. trifft, bekommt mit Hilfe eines Mausklicks den Steckbrief der entsprechenden Person. Nur eines fehlt den Bewohnern gänzlich: Das Bluna-Glas in der Hand.

Coca-Cola

http://www.coca-cola.de

1886 ist das Jahr, in dem das berühmteste Getränk der Welt erfunden wurde: Coca-Cola. In der Historie kann man den Siegeszug des Unternehmens nachlesen, nur eines bleibt natürlich streng geheim: die Formel. Wer wissen möchte, welche Temperatur für optimalen Cola-Genuss sorgt, sollte sich zur Pinnwand gegeben. Dort werden nicht nur Auskünfte zur braunen Brause, sondern auch welche zu ihrem helleren Vertreter, der Fanta, erteilt.

Deit

http://www.deit.de

Auf die gesunde Wirkung und die Verträglichkeit, kurz: auf den Wellness-Charakter ihrer Angebote, legt die Frucade Essenzen GmbH mit ihrer Marke Deit besonderen Wert. Sowohl die Klassiker wie Orangen- und Zitronensprudel als auch die innovativen Mixgetränke wer-

den mit genauen Angaben zu Zutaten und Nährwerten ins rechte Licht gerückt. Die meisten der Deit-Limonaden sind auch für Diabetiker geeignet. Für alle trendsicheren Surfer ist die noch relativ unbekannte Marke gewiss ein Geheimtipp.

Dittmeyer's

http://www.dittmeyer.de

Dass Rolf Dittmeyer Fruchtsäfte produziert, weiß jedes Kind, und das nicht erst, seit die „Angefahrenen Schulkinder" dem Onkel ein Lied gewidmet haben. Aber wer hätte gedacht, dass das Unternehmen auch in die Fußstapfen der Sylter Austernfischer getreten ist? Der Schwerpunkt liegt aber natürlich nach wie vor auf den fruchtigen Durstlöschern. Und so stehen die Plantagen und die fertigen Produkte wie die Säfte der Marke Valensina auch im Zentrum dieser Präsentation.

ECKESgranini

http://www.eckes-granini.de

Bevorzugen Sie La Bamba oder möchten Sie doch lieber nur das Beste aus der Frucht? ECKESgranini hat sie alle, auch Doktor Koch's, hohes C und den sympathischen Frucht-Tiger. Jede dieser Marken verfügt über eine eigene Homepage, zu der man über diese Seite gelangt und auf der die einzelnen Produkte ausführlich vorgestellt werden.

Gatorade

http://www.gatorade.de

Den Durstlöscher für Sportler gibt es mittlerweile in sechs Geschmacksrichtungen. Neu dabei ist Green Apple. Wer große Mengen des kalium- und natriumhaltigen Getränks benötigt – etwa Sportvereine – sollte auf das Getränkepulver zurückgreifen, das man im Shop neben Coolern und Trinkflaschen bestellen kann. Übrigens bestätigt Stiftung Warentest die Qualität des Sportgetränks. Das Urteil kann man auf der Seite nachlesen.

Hohes C

http://www.hohesc.de

Hohes C begrüßt Sie passend zu jeder Tageszeit und gibt die jeweiligen Tipps, die Sie fit halten. Ob Sie aber nun Hohes C als Vitaminstoß am Morgen oder als Fitmacher am Nachmittag genießen, die Produktinformationen sind zu jeder Tageszeit interessant. Und damit die Vitaminversorgung nicht nur schmeckt, sondern auch noch den Tisch schmückt, können Sie hier dekorative Gläser bestellen. Der absolute Clou: Verschenken Sie das Glas zum Saft – online und gleich mit Grußkarte!

ISOSTAR

http://www.isostar.de

ISOSTAR ist nicht neu. Wohl aber der Activator-Effekt. Wissenschaftliche Untersuchungen beweisen, dass ISOSTAR dazu beiträgt, die sportliche Leistung zu verbessern. Weil es eben so viele Teilchen wie die Flüssigkeit im menschlichen Körper enthält, ersetzt es Flüssigkeit, Mineralstoffe und Kohlenhydrate schneller als andere Getränke. Und davon profitieren nicht nur Leistungssportler.

Jolt Cola

http://www.jolt.de

JOLT sagt von sich selbst, es sei „das schwarze Schaf unter den Colas". Doch so ganz richtig ist das nicht. In den USA hat das Getränk schon einige prominente Fans gefunden und sich dadurch den Ruf einer In-Cola erworben. Wer in Deutschland in den Genuss der schwarz-dosigen Brause kommen möchte, hat zwei Möglichkeiten: Per Suchmaschine einen Händler in der Nähe ausmachen (nicht immer erfolgreich) oder online bestellen.

Merziger
http://www.merziger.de

„Merziger macht herziger." Aber nicht nur aus diesem Grund sollten Sie ruhig öfter mal zu den Säften der GmbH greifen. Sie leisten – ebenso wie die Tipps auf dieser Seite – einen Beitrag zu Ihrer Gesundheit. Warum das so ist, verraten nicht nur die Produktinformationen, sondern auch die Fun-Bereiche wie der Wissenstest rund um Vitamine oder der Wellness-Typ-Check.

Pepsi
http://www.pepsiworld.com

Eine Website der Superlative: Leonardo DiCaprio im Quicktime- oder Realvideo-Format, eine Menge namhafter Bands mit jeweils mehreren Videoausschnitten, aufwendige Desktop-hintergründe und Screensaver bilden das Downloadangebot, eine Reihe von Spielen sorgt für Unterhaltung, Links zu Softwareadressen bieten die neuesten Programme und Updates und vieles mehr. Wer nichts gegen überschwängliche Bilder und bunte MTV-Ästhetik hat, sollte sich diese Website nicht entgehen lassen!

Perger Säfte
http://www.perger-saefte.de

Ein alter Zugwaggon, ein Schweißgerät und mehrere Dutzend Schrauben waren Maximilian von Pergers „Zutaten" für seine erste Saftpresse im Jahre 1950. Heutzutage hört das Herz des Betriebes auf den Namen Berta und presst aus ökologisch angebauten Äpfeln, Birnen, Gemüse und Streuobst den leckeren, naturbelassenen Pergersaft heraus, der ebenso wie die Schorlen und die Mixgetränke ohne Zucker und andere Zusätze auskommt.

Punica
http://www.punica.de

Nicht, dass Saft unbedingt langweilig sein muss, aber dass er gleich so aufregend daher kommt? Punica lockt Amüsierfreudige mit Musik, Spiel und Sport auf seine Seiten. Und die haben es so richtig in sich, denn der Safthersteller sponsert zahlreiche Events, etwa die „Inline-Masters" oder die „Punica Jam Session", bei der Sport- wie auch Musikfreunde gleichermaßen auf ihre Kosten kommen. Für die passenden Erfrischungen sorgt natürlich Punica.

Haus Rabenhorst
http://www.rabenhorst.de

So ganzheitlich der firmenpolitische Ansatz im Haus Rabenhorst, so ganzheitlich zeigt sich auch der Anspruch an den Informationsgehalt der Homepage. Auskünfte zu den rund 70 verschiedenen Säften und Nektar-Sorten mit ausführlichen Angaben zu Nährwerten und Vitamingehalt werden ergänzt durch Artikel zum heutigen Wissensstand über die Wirkung der einzelnen Inhaltsstoffe. Detaillierte Beiträge zu Herstellungsverfahren und Anbaugebieten lassen keine Fragen offen. Jedem ernährungsbewussten Verbraucher sei ein Besuch dieser Seite wärmstens empfohlen.

Decks, Drums & Rock'n'Roll: Red Bull Music Academy
http://www.redbullmusicacademy.com

Die Welt ist eine Scheibe – zumindest in der virtuellen Welt von Red Bull. Der Drink, der Flügel verleiht, hebt auch im Netz ab. Und zwar mit Musik! Red Bull bittet zum Tanz und hat aus diesem Grund geladen: Die besten DJs geben sich die Nadel in die Hand, um Laien *die Kunst an den Turntables zu vermitteln. In einer Sommerakademie können sich Fans von Breakbeats und Scratches fortbilden, die Liste der „Honorarprofessoren" ist lang und exquisit: X-Cutioners, Invisbl Skratch Piklz, Peanut Butter Wolf, Phillipe Zdar, Jazzanova und und und. Leider ist das die Liste des Jahres 1999; wer wissen will, wer diesmal dabei ist, muss schon selber nachschauen. Nicht erschrecken: Die Skizze eingangs weist den Weg, man muss also nicht gleich selbst an die Teller. Unterteilt in „Decks, Drums and Rock'n'Roll" und „Thinking of a Masterplan" gibt´s zudem noch Einführungen und Exkurse in Sachen DJ-Culture. Wenn Grandma(ster Flash) das erleben dürfte....*

Sinalco

http://www.sinalco.de

Die Orangenlimonade von Sinalco ist ein Klassiker. Aber kennen Sie auch die trübe Zitrone? Dieses Getränk ist nicht für entsprechende Tassen gedacht, sondern grenzt die Brause von der klaren Zitrusfrucht ab. Und weil es die Sinalco schon so lange gibt, wurde es Zeit für ein neues Gewand. Die PET-Flasche ist eben dieses. Doch eins bleibt: Der bekannte Slogan: „Die Sinalco schmeckt!"

Tee

Eders Teerezepte

http://kostenlos.freepage.de/rezepte

Nicht Meister, sondern Helmut Eder war hier am Werk und hat leckere Tee-Rezepte zusammengestellt. Denn Tee schmeckt nicht nur pur, man kann ihn auch wunderbar mit anderen Lebensmitteln kombinieren. Heraus kommen verheißungsvoll klingende Eistees, Liköre und Sorbets. Die meisten von ihnen sind alkoholfrei, und so können sich Interessierte, die die Autofahrer-Null-Promille-Bowle genossen haben, anschließend bedenkenlos hinters Steuer wagen.

Grüner Tee von LIFE-TEA

http://life-tea.com

Der Tee von LIFE-TEA wächst im Südwesten Chinas. Für die Zubereitung gilt: auf keinen Fall mit kochendem Wasser übergießen, da sonst die Inhaltsstoffe zerstört werden. Welche das sind, verrät das Tee-Lexikon und darüber hinaus noch einiges mehr. Beste Qualität garantieren staatlich geprüfte Lebensmittelchemiker. Wer auf den Geschmack gekommen ist, kann sich den LIFE-TEA ins Haus kommen lassen.

Tee-Online

http://members.tripod.com/tee_online

Der immergrüne Teestrauch wächst nur dort, wo es warm ist. Indien, Afrika und Asien gehören zu den Regionen, in denen er kultiviert wird. Die Zuordnung zu den einzelnen Sorten ist sehr kompliziert und hängt nicht nur vom Blattgrad ab; Aufschluss darüber gibt das Tee-ABC. Wer eine Alternative zu Nikomachos Informationsseite sucht, wird bei den Links fündig.

Chinaladen, der etwas andere Teeladen

http://www.chinaladen.de

Im Chinaladen warten fernöstliche Tees und Kräuter auf ihre Abnehmer. Das Angebot beschränkt sich nicht allein auf grünen Tee, Pu-Erh- und Ling-Zhi-Tee, sondern umfasst auch Zubehör und Wellness-Artikel. Das Lexikon ist ein nützlicher Ratgeber für alle, die Grundkenntnisse in der Teekunde erwerben möchten. Von Anbau und Ernte bis hin zu SFTGFOPI reicht das Informationsspektrum für alle Interessierten.

Der Teeladen
http://www.der-teeladen.de

Der Teeladen ist mittlerweile in vielen Städten Deutschlands heimisch geworden. Die große Auswahl, die man in den Filialen bekommt, ist jetzt auch im Internet erhältlich. Zu jeder Teesorte gibt es Informationen über Herkunft, Geschmack und Besonderheiten. Wer Angst hat, Tee könne mit Pestiziden oder anderen gesundheitsschädlichen Substanzen belastet sein, findet im Tee-Extrablatt Auskünfte zum Thema Verbraucherschutz.

Milford
http://www.milford.de

Haben Sie jemals ein Früchtetee-Sorbet genossen oder Lammfilet mit Apfel-Tee-Sauce probiert? Milford zeigt, welche Möglichkeiten es gibt, Tee auch einmal außerhalb der Tasse zum Einsatz zu bringen. Doch nicht nur in der „Teeküche" dreht sich alles um das wohlschmeckende Aufguss-Getränk. In der Teerunde wird über Getränk, Produktion und Handel diskutiert, das ABC lüftet schließlich die letzten großen Geheimnisse. Dermaßen versiert kommen Sie so schnell nicht mehr ins Schwitzen, auch nicht, wenn wieder einmal ein Kindergeburtstag ansteht, denn Milford verrät zu guter letzt auch noch, wie man mit witzigen Spielen die lieben Kleinen bei der Stange hält.

Tee ist nicht gleich Tee: Sidroga
http://www.sidroga.de

Grüner Tee ist in letzter Zeit zu einem Allheilmittel gekürt worden. Wenn Sie sich aber nicht darauf verlassen wollen, dass alle Alltagswehwehchen durch ihn verschwinden, schauen Sie sich mal auf dieser Seite um. Sidroga, die Teemarke der Apotheken, sagt Ihnen, aus welcher Pflanze der Tee gegen welche Beschwerden gemacht wird. Das Bremer Unternehmen bietet verschiedene Medizinaltees, Kindertees und Wellness-Sorten an. Beim Lesen dieser Seite freut man sich schon auf den nächsten verregneten Sonntag, den man mit einer Tasse Tee im Sessel eingekuschelt genießen kann!

Homepage Chinaladen

Alles über Tee. Tee über alles

http://www.tee.de

Der Teegenießer erfährt auf den Internet-Seiten der Teekanne GmbH alles über die Tee-pflanze. Auf den Geschichtsseiten kann er reich bebildert den Weg des Tees von Asien nach Europa verfolgen, unter der Rubrik Warenkunde werden die unterschiedlichen Teearten und deren Wirkung vorgestellt. Und für alle, die es noch nicht wissen, hält tee.de die Grundregeln der Zubereitung des beliebten Getränks bereit.

Teekampagne

http://www.teekampagne.de

Handel statt Hilfe lautet das Konzept, mit dem die „Gesellschaft für kreative Ökonomie" das erfolgreiche Unternehmen seit Jahren leitet. Aus dem ehemaligen Studentenprojekt ist das größte Teeversandhaus der BRD entstanden. Die „Teekampagne" konnte durch die Steigerung der Nachfrage und angemessene Preisen zu einer entscheidenden Verbesserung der Arbeitsbedingungen in Darjeeling beitragen. Seit 1996 finanziert sie in Zusammenar-beit mit dem WWF ein Wiederaufforstungsprojekt der Regenwälder. Wenn Sie diesen Tee kaufen, können Sie nicht nur sicher sein, dass er mehrfach auf chemische Rückstände unter-sucht wurde, sondern durch Ihren Kauf auch den ökologisch und ökonomisch sinnvollen und fairen Handel mit Drittweltländern unterstützen.

Teekanne

http://www.teekanne.de

Teekanne hat vollbracht, was zuvor viele vergeblich versucht haben: Das Haus darf sich mit der Erfindung des Doppelkammerbeutels schmücken, der heute in vielen Teetassen schwebt. Darauf ist die Unternehmensgruppe mit Recht stolz, und zwar so stolz, dass sie diesem Aspekt ihrer Historie gleich eine eigenen Homepage widmet, die man über das eingeblendete Banner erreicht. Doch auch auf dieser Site gibt Informationen, die man sich nicht entgehen lassen sollte, sowohl zum Unternehmen selbst als auch zu Teekannes liebstem Kind, dem Tee im Beutel. Informieren Sie sich schnell, denn schon bald ist wieder „Tea-Time"!

Tee-Net

http://www.tee-net.de

Das Gold der Inkas: Für die zahlreichen Teesorten dieser Welt gibt es viele wohlklingende Bezeichnungen, die oftmals geschichtliche Bedeutung haben, wie die oben genannte. Kein Wunder, schließlich hat das Aufguss-Getränk eine lange Tradition, über die sich der Be-sucher des Tee-Netzes ins Bild setzen kann. Überliefert ist auch das Ritual der Tee-Zere-monie. Während die Zubereitung in europäischen Gefilden innerhalb von Minuten von-statten geht, kann sie sich in Japan durchaus bis zu einer Dreiviertelstunde hinziehen. Tee-Net ist die Site, die all diese Themen anspricht und damit ein Muss für jeden Tee-Liebhaber.

Tee-online

http://www.tee-online.com

Der Tee geht online. Natürlich nützt Ihnen das nichts, wenn Sie ihn jetzt lieber vor sich stehen hätten. Aber zumindest können Sie sich hier umfassend darüber informieren, was Sie da eigentlich so gerne trinken. Von Darjeeling über Assam bis hin zum Grüntee reicht das Angebot von Tee-online, das Sie hier auch direkt bestellen können. Wer das Besondere liebt, kann außerdem zwischen Mate-, Yogi- und Rotbusch-Tee wählen.

Wasser

Wasser
http://selbsthilfe.solution.de/wasser01.html

Der menschliche Organismus besteht zu einem großen Teil aus Wasser. Da er einen Teil dieses Elements aber auch jeden Tag ausscheidet, muss die Flüssigkeit von außen wieder zugeführt werden. Mineral-, Heil-, Quell-, Tafel- und Leitungswasser gehören zu den gesündesten Durstlöschern. Über die Beschaffenheit der H2O-Arten geben diese Seiten Auskunft.

Apollinaris – The Queen of Table Waters
http://www.apollinaris.de

Apollinaris, the Queen of Table Waters, ist das bekannteste und renommierteste Mineralwasser Deutschlands. Seinen Beinamen verdankt es nicht nur diesem Umstand, sondern auch seinem hervorragenden Geschmack. Und bei 100 Litern, die jeder Deutsche pro Jahr durchschnittlich trinkt, sollte man schon wählerisch sein. Übrigens verbirgt sich auf der Website ein Flaschengeist, der sich, nachdem er einmal befreit worden ist, als ausgesprochen geschwätzig erweist. Wenn Sie sich einmal auf ein Gespräch mit ihm einlassen, plappert er ununterbrochen weiter, belohnt Sie dafür aber auch mit einem kleinen Spielchen.

Aqua Montana – Internationale Mineralwasser im Vertrieb
http://www.aqua-montana.com

Aqua Montana importiert und vertreibt hochwertige Mineralwasser. Die Verwendung von PET-Flaschen garantiert Händlern und Herstellern nicht nur Einsparungen, sondern gewährleistet gleichzeitig eine Entlastung der Umwelt. Der Verbraucher profitiert davon ebenfalls, weil sie im Gegensatz zu den Behältnissen aus Glas nicht zerbrechen können und außerdem sehr viel leichter sind.

Carolinen Brunnen
http://www.carolinen.de

Manchmal erlebt man tatsächlich noch Überraschungen. Die Unternehmensgruppe Wüllner, besser bekannt unter ihrem Markennamen CAROLINEN Brunnen, hat als Bierverlag begonnen. Mit dem Gerstensaft beschäftigt man sich dort allerdings schon seit 1928 nicht mehr, dafür werden Mineralwasser, Limonaden und andere alkoholfreie Getränke abgefüllt. Für die Gourmet-Linie hat man den bekannten Designer Luigi Colani gewinnen können. Wer den optischen Genuss komplettieren möchte, kann die zur Flasche passenden Gläser bestellen.

Christinen Brunnen
http://www.christinen-brunnen.de

Gehring-Bunte, der Hersteller der Mineralwasser-Marke Christinen Brunnen, kann eine imposante Absatzentwicklung vorweisen. Dazu haben nicht nur die in Blauglasflaschen abgefüllten Mineralwässer gesorgt, sondern auch die fruchtigen Erfrischungsgetränke. Zahlen und Fakten belegen den Erfolg eines Unternehmens, das bereits heute in aller Munde ist. Damit das auch in Zukunft so bleibt, setzt Gehring-Bunte auf den verantwortungsvollen Umgang mit der Natur, die dem Unternehmen den wichtigsten Rohstoff liefert: das Wasser.

Ensinger Mineralwasser
http://www.ensinger.de/d/produkte/mineralwasser.html

„Der Mensch besteht hauptsächlich aus Wasser. Selbst das Gehirn besteht fast ausschließlich aus Wasser, auch wenn unser Geist das gerne anders hätte": Ensinger beleuchtet das

Wasser von allen Seiten. Was sagt die Wissenschaft? Was bedeutet Wasser für die Gesundheit des Menschen? Was hat man in der Geschichte über das Urelement gedacht? Selbst assoziativ widmet man sich dem Thema, um dann zu den H2O-Produkten des Hauses überzugehen: Die UrQuelle eignet sich zur Zubereitung von Babynahrung, die Gourmet-Quelle in der neuen meerblauen Flasche ist etwas für den anspruchsvollen Geschmack. Welche Geschmacksrichtungen es noch gibt und was „s'Ländle" damit zu tun hat, verrät Ensinger außerdem. Well done!

Gerolsteiner

http://www.gerolsteiner.de

Sagen Sie Ihrem Durst auf Wiedersehen! Die Gerolsteiner bauen ein Händlernetz auf, das Sie bequem von Ihrem PC aus anwählen können – und innerhalb von 48 Stunden liefert ein Händler in Ihrer Nachbarschaft Ihnen all die Erfrischungen ins Haus, die Sie am Computer geordert haben. Das lästige Kistenschleppen ist damit endgültig vorbei. Für so viel Service müssen Sie ausgesprochen wenig tun, es genügt, wenn Sie Ihre Postleitzahl angeben. Im Moment gilt dieses Angebot allerdings nur für den Großraum Aachen – Düren – Eschweiler, wird aber sicher bald auch in Ihrer Umgebung funktionieren.

Die Lahnsteiner Heil- und Mineralquellen

http://www.lahnsteiner.de

Ob prickelnd, medium oder still: Die Lahnsteiner Heil- und Mineralquellen halten für jeden Geschmack das passende Produkt bereit. So findet man außer den Klassikern auch süße Erfrischungen wie die Limonaden oder den Vitamindrink A-C-E. Exklusiv wird's bei der Lahnsteiner British Line. Das einzige, was der Präsentation fehlt, ist die Vorstellung des Unternehmens. Derzeit muss man sich mit den Presseinformationen begnügen.

IDM – Informationszentrale Deutsches Mineralwasser

http://www.mineralwasser.com

Wer seinem Körper etwas Gutes tun möchte, trinkt natürliches Mineralwasser. Ob mit oder ohne Kohlensäure: Wasser gehört zu den wichtigsten Stoffen für den menschlichen Organismus, der ja schließlich (bei einem Erwachsenen) zu etwa 60% aus Wasser besteht. Alles Wissenswerte zu diesem Thema hat die Informationszentrale Deutsches Mineralwasser zusammengestellt. Neben Daten und Fakten macht sie dem Verbraucher auch ein wenig den Mund wässrig: In der Cocktail-Bar gibt es vielversprechende Rezepte, die natürlich alle auch Mineralwasser beinhalten.

Odenwald-Quelle Mineralbrunnen

http://www.odenwald-quelle.de

Eine Quelle in „Vergangenheit und Gegenwart": Der Heppenheimer Mineralbrunnen-Betrieb erzählt nicht nur, wie sein Gründer Hans Strauch die Quelle am Rande des Odenwaldes entdecke, sondern zeigt in seiner Historie, dass man schon immer zu den Vorreitern der Branche gehörte. Der Sprung in die Gegenwart beweist, dass dem immer noch so ist: Um weiterhin Wasser fördern zu können, das höchsten Qualitätsansprüchen genügt, setzt man bei der Odenwalder Quelle konsequent auf Umweltschutz. Informationen zu Wasser und Produkten runden die Präsentation ab.

Peterstaler Mineralwasser

http://www.peterstaler.de

Peterstaler stellt drei Mineralwässer zur Auswahl: Classic, Medium und Still. Ebenso gesund sind auch die Diät-, Wellness- und Fitness-Drinks, die die Produktpalette ergänzen. Fruchtig wird es bei der Apfelschorle, bei Fruttea und PLUS Cassis, die alle auf Basis der Peterstaler Mineralwässer hergestellt werden. Exklusiv für die Gastronomie gibt es die Schwarzwaldperle in der formschönen Tannenflasche.

Salvus Mineralbrunnen
http://www.salvus.de

Ob Salvus seine Getränke wirklich bis in die Wüste liefert? Die Startseite lässt es zumindest vermuten. Fakt ist, dass das 1901 gegründete Unternehmen nicht nur das Wasser aus eigener Abfüllung verkauft, sondern seit 1938 auch über eine Konzession für den Vertrieb von Sinalco verfügt. Sowohl über die hauseigene als auch über die Sinalco-Produktlinie können Sie sich hier umfassend informieren.

San Pellegrino
http://www.sanpellegrino.de

Den guten Geschmack des Wassers aus San Pellegrino kennt man schon seit mehr als 700 Jahren; zu den ersten Begeisterten gehörte niemand Geringerer als Leonardo da Vinci. Mittlerweile kommt es auch süß daher: Chinotto hat seinen Namen von der gleichnamigen Frucht, die in Süditalien und Ligurien wächst. Eine Alternative stellt Aranciata dar, das all denjenigen bestens munden wird, die es nicht ganz so süß mögen.

Selters Mineralwasser
http://www.selters.de

Schon die Kelten wussten das Wasser, das aus den Quellen an der Lahn sprudelte, zu schätzen; sehr viel später wurde es Tafelgetränk für Kaiser und Könige. Bis heute ist Selters das Synonym für Mineralwasser schlechthin. Egal in welchen Flaschen es auch serviert wird: Selters bleibt Selters. Um eine qualitative Zuordnung zu erleichtern, wird der Unterschied zwischen Mineral-, Heil-, Quell-, Tafel- und Leitungswasser herausgestellt und das Wasser aus den Lahnquellen dazu in Bezug gesetzt.

Homepage Peterstaler Mineralwasser

Sparkling

http://www.sparkling.de

Wer sich in England ein Sparkling Table Water bestellt, bekommt ein Glas Mineralwasser. Damit der Gastwirt nicht ständig Kisten schleppen muss, lässt er das Wässerchen einfach durch die „Sparkling Soda Quelle" blubbern und sprudeln. Und das können Sie jetzt auch: Auf dieser Seite stellt sich die spritzige Firma in allen Einzelheiten vor. Die Einzigartigkeit der Kohlensäure und auch die leckeren Geschmacksrichtungen der Sirups werden dem Surfer in schön gestalteter Weise näher gebracht. Wer da keine Lust auf ein kaltes Glas Sparkling Table Water bekommt...

Stiftsquelle – natürliches Mineralwasser

http://www.stiftsquelle.de

Die Essener Stiftsquelle hebt ihr Umweltbewusstsein besonders hervor: Schon seit 1995 wird die EG-Öko-Audit umgesetzt. Dieses beispielhafte Verhalten wurde mittlerweile zum vierten Mal mit dem ASU-Umweltpreis belohnt. Auch wenn nur das Unternehmen prämiert wurde: Seit über 100 Jahren löscht das bekannte Mineralwasser durstige Kehlen, wird so gesehen durch die Treue seiner Kunden geadelt, die mittlerweile auch die Limonaden und Schorlen der Stiftsquellen für sich entdeckt haben.

WasserMaxx

http://www.wassermaxx.de

Wie unbequem! Wollte man bisher in den Genuss von Sprudel kommen, musste man sich auf den Weg zum nächsten Getränkemarkt machen und die schwere Kiste anschließend mühselig in seine Wohnung befördern. Wer einen WasserMaxx hat, ist von dieser Last befreit. Das kleine Haushaltsgerät sorgt dafür, dass aus schnödem Leitungswasser ein prickelnder Genuss wird, und das ohne jede Mühe – ein einfacher Knopfdruck genügt. Bedenken bezüglich der Wasserqualität sind dabei unbegründet: Die deutsche Trinkwasser-Verordnung gehört zu den strengsten weltweit.

Sekt & Champagner

Comité Interprofessionnell du Vin de Champagne
http://www.champagne.fr/allemand/intr1_de.html

Ein Fest für die Sinne – auf diesen Seiten wird Champagner zelebriert. In blumenreichen Worten kredenzt man Ihnen die edle Seite des Genusses: Ein Champagner, der etwas auf sich hält, trägt natürlich ein „Perlencollier" zur Schau, wer tiefer blickt, erkennt Körper, Herz, Seele und Esprit. Am Etikett offenbart sich Stil, Persönlichkeit und Tradition. Champagner ist eben, was er ist: „ein Stück Lebensart".

Deinhard
http://www.deinhard.de

„Wo ist der Deinhard?", fragt man spätestens dann nicht mehr, wenn man diese Seite aufgesucht hat. Hier natürlich, und außer dem bekannten Deinhard Cabinet sowie den jungen Sektmarken Deinhard Lila und Yello gibt es noch einiges mehr, was den Besuch dieser Seite lohnend macht. Dazu gehören neben dem Lexikon auch die Accessoires, die man nicht nur sichten, sondern auch direkt bestellen kann.

Prosecco aus Italien
http://www.eccoprosecco.ch

Obwohl „secco" trocken bedeutet, ist italienischer Prosecco mitnichten eine trockene Angelegenheit. Alles über den Wein aus dem Veneto, seine Geschichte und seine Tradition, finden Sie auf dieser Site der schweizerischen ecco Prosecco GmbH. Selbstverständlich können Sie aus dem umfangreichen Angebot Ihren Lieblingswein gleich online bestellen. Und um ein wenig Abwechslung in den Genuss zu bringen, finden Sie eine Reihe von Prosecco-Rezepten.

Freixenet
http://www.freixenet.de

Flirten mit Profil ist nur eines der vielen Angebote, die Freixenet den Besuchern seiner Seite offeriert. Wer mit jemandem auf der anderen Seite der Leitung anbändeln möchte, hat hier die besten Karten. Tändeln, turteln, kokettieren: im Chat ist alles erlaubt. Wer seine Wahl schon getroffen hat, kann mit den phantasievollen E-Postcards auf dieser Seite überraschen. Die Darstellung der Produkte, die den Namen Freixenet tragen, tritt dagegen vornehm in den Hintergrund und überlässt die Suchenden ihrem Glück. Wer es hat, sollte zeigen, wem er es zu verdanken hat – und mit dem spanischen Sekt anstoßen.

Charles Heidsiek Champagner
http://www.heidsieck.de

Fast möchte man sagen: Es war einmal. Heimelige Beleuchtung, ein altes Buch... Und tatsächlich mutet das Leben von Charles Heidsieck ein wenig wie ein Märchen an. Bis zu dem Tag, an dem er erkannt hat, dass er sein Leben dem Champagner widmen möchte – und diesem Ziel hat er sich fortan verschrieben. Das ist schon ein Weilchen her, aber das Unternehmen, das er ins Leben gerufen hat, produziert bis zum heutigen Tag Champagner von einzigartiger Qualität.

Henkell
http://www.henkell.de

Henkell lässt Sie nicht auf dem Trockenen sitzen. Das Unternehmen stellt den Sekt für fest-

liche Anlässe vor und schafft sie – wo es sie nicht gibt – auch selbst. Sie können die „Einladung zum Sommernachtstraum annehmen", die Konzerte im Hause Henkell besuchen oder sich im „Veranstaltungskalender" „festliche Tipps" einholen. Ein vielversprechendes Angebot, das ständig aktualisiert wird.

Kupferberg

http://www.kupferberg.de

150 Jahre währt die Geschichte des moussierenden Weines aus dem Hause Kupferberg nun schon. Für prickelnden Genuss sorgen nicht nur das Flagschiff des Unternehmens (der bekannte Kupferberg Gold) sowie der erste Riesling-Sekt Deutschlands, sondern auch die von Kupferberg gesponserten Veranstaltungen. „Sehen", „erleben" und „genießen" Sie, was die Sektkellerei Ihnen zu bieten hat.

Mosel-Sektkellerei Treis

http://www.mosel-wein.com

Moselgold, Rotlack, Tradition, Cabinet, Premium – nur eine kleine Auswahl der von der Kellerei Treis erzeugten prickelnden Köstlichkeiten, die man im übrigen, quasi als flüssige Visitenkarte, zu seinen eigenen machen kann: das Etikett wird nach Ihren Wünschen bedruckt. Wer es nicht so flüssig mag, bestellt sich eine andere Köstlichkeit: Riesling-Sekttrüffel in der „Flasche".

Rotkäppchen Sekt

http://www.rotkaeppchen-sekt.de

Wurden Bundesbürger zu DDR-Zeiten nach bekannten Produkten aus dem Ostteil Deutschlands befragt, konterten sie durchweg wissend, dass Rotkäppchen Sekt eine echte Spezialität sei. Und das ist der rote Perlwein noch heute. Da sich nicht nur Könige und Dichter an dem anregenden Getränk erfreuen, scheinen die Geschäfte des Hauses Rotkäppchen gut zu laufen. Die Homepage ist jedenfalls in edelstem Design gestaltet. Ganz nach dem Motto: „Phantasie aus tausend Perlen".

sekt.de: Die heiteren Seiten des perlenden Genusses

http://www.sekt.de

Sekt steht für Fröhlichkeit, Ausgelassenheit und Heiterkeit: die Sektlaune eben. Bewirkt wird dieses Gefühl durch das Zusammenspiel von Alkohol und Kohlensäure, sagt das Sektlexikon, einem selbst aber meist schon der eigene Bauch. Was „das prickelnde Nachschlagewerk" noch alles weiß, sollten Sie sich in Ruhe zu Gemüte führen. Auch für die Sekt-Geschichte(n) sollte man sich Zeit nehmen, denn schließlich handelt es sich um eine mehr als 200jährige Historie, die unter anderem verrät, wem der Sekt seinen Namen verdankt. Genießen Sie die „heiteren Seiten des perlenden Genusses"!

Söhnlein Brillant

http://www.soehnlein-brillant.de

Ein prickelndes Vergnügen erwartet den Besucher der Homepage von Söhnlein Brillant, und dafür sorgt nicht nur Deutschlands beliebteste Sektmarke. Hier dreht sich alles ums Flirten – und wer sich diesbezüglich auskennt, kann auch etwas gewinnen. Bei so viel Kribbeln im Bauch lässt es sich auch verschmerzen, dass die Informationen über die Sektmarke viel zu kurz kommen: Sie sind schlicht nicht vorhanden! Aber schließlich hat wohl ein jeder schon einmal mit Söhnlein Brillant angestoßen und weiß, worum es eigentlich geht.

Tabakwaren & Raucherutensilien

Arnold André Cigars
http://www.arnold-andre.de

„Beim Cigarrenrauchen kann man viel entdecken: Alles wird unwichtig, die Sorgen, die Probleme, die Gedanken." Mit diesem Zitat von Raul Julia entführt uns Arnold André in den glutvollen Kosmos der Zigarren und Zigarillos und lässt Raucherträume wahr werden. Profilierte Klassiker wie Clubmaster oder die unverwüstliche Handelsgold sind ebenso im Sortiment vorhanden wie edles Rauchwerk à la Montague oder das Zeitgeist-Zigarillo Independence. Sie möchten sich selbst davon überzeugen? Bitte! Unter der Rubrik „So kommen Sie zum Zug" können Sie Rauchproben ordern, so lange der Vorrat reicht. Und wer neben dem Genuss auch noch die Information schätzt, findet unter „Ganz schön link" eine Sammlung mit interessanten Adressen aus der großen weiten Welt des Tabaks.

Behique
http://www.behique.com

Behique verwöhnt Sie mit Zigarren, die „von ihrem Liebhaber (Aficionado) Aufmerksamkeit, Hingabe und Respekt" erfordern. Für Respekt sorgen allerdings auch die Preise. Der besondere Genuss, etwa in Form von 25 Cuaba Distinguidos in einer hübschen Keramikdose, kostet das stolze Sümmchen von 1.525 DM. Wer es versteht, sich derart zu verwöhnen, benötigt natürlich das richtige Zubehör. Der mit vielen Informationen gespickte Online-Shop ist auch in dieser Hinsicht eine Fundgrube. Ihre Wünsche und Anfragen nimmt das Team von Behique (zu finden in der Rubrik „Kontakt") entgegen.

Zigarrenhaus Bennung
http://www.bennung.de

Seit mehr als 100 Jahren versorgt das Zigarrenhaus Bennung, das älteste Tabak-Fachgeschäft im Saarland, Genießer mit erstklassigen Zigarren und Pfeifen. Die „Adresse für den anspruchsvollen Raucher" bietet für jeden Geschmack etwas: Zigarillos, Pfeifen, Pfeifentabak, elegante Accessoires oder Feuerzeuge der Marke Dupont. Das Haus Bennung steht mit den meisten Importeuren und Herstellern in geschäftlicher Verbindung und kann so fast jeden Wunsch erfüllen. Geben Sie den gewünschten Artikel in die integrierte Datenbank ein und lassen Sie sich überraschen. Neu ist der Happy-Hour-Shop, der jeden Donnerstag um 19.59 Uhr seine Online-Pforten öffnet.

Peter Fendt Zigarren-Versand
http://www.cigar.de

Falls Sie feinste Zigarren nach Ihrem Geschmack suchen oder online ordern möchten, sind Sie beim Peter Fendt-Versand genau richtig. Das riesige Sortiment umfasst über 400 hochwertige Zigarren für Kenner und Liebhaber, untergliedert nach Anbaugebieten, Marken, Formaten, Preis und Zigarren-Zubehör. Wer sich den geliebten Glimmstengel bereits angesteckt hat, kann im Forum mit anderen Rauchern fachsimpeln oder sich Informationen rund um den Rauchgenuss einholen. Außerdem bieten die Seiten Unentschlossenen Geschmacksinformationen zu den einzelnen Zigarrenmarken.

Cigardirekt – Der Online Zigarrenmarkt
http://www.cigardirect.de

Hier kommen Kenner zum Zuge: Cigardirekt sorgt mit Fabrikaten aus der Dominikanischen

Republik, aus Nicaragua und sogar aus Deutschland für vollendeten Rauchgenuss. Allerdings: Das Vorwissen muss man hier schon mitbringen, da sich die Rubrik „Cigarrenkunde" noch im Aufbau befindet. Weniger schwierig wird es bei der Weinauswahl: Die aufgeführten Weingüter, mit denen Cigardirekt zusammenarbeitet, sind über Links erreichbar und stellen sich ausführlich vor. Für die richtige Illumination von Wein und Zigarre sorgt Lumiere, der Glaszylinder, den man auf jede Weinflasche aufsetzen kann und der 45 Stunden für Erleuchtung sorgt. Vielleicht hilft's ja auch bei den Zigarrenkenntnissen?

Cigarrenversand.de
http://www.cigarrenversand.de

Cigarrenversand.de, nach eigenen Angaben die „erste Adresse für Zigarren im Internet", verwöhnt die Liebhaber des gehobenen Tabakgenusses mit Markenware aus Kuba, der Dominikanischen Republik, Eigenimporten und Zigarren aus deutschen Anbaugebieten. Zum Service des Online-Versandes gehören der „Cigarrenberater", die „Profisuche" und ein „Gratis Geschenkservice". Darüber hinaus findet sich Wissenswertes rund um den blauen Dunst und nicht zuletzt das „Cigarrenforum", das Kennern zum Gedankenaustausch zur Verfügung steht.

Cigarweb.de
http://www.cigarweb.de

Wenn Sie vom blauen Dunst keinen blassen Schimmer haben, können Sie es entweder dabei belassen oder Cigarweb.de aufsuchen. Informative Rubriken tragen dazu bei, sich Wissen rund um den Tabakgenuss anzueignen. Ihre neuerworbenen Kenntnisse können Sie gleich auf die große Auswahl im Shop anwenden. Im Cigarweb können Sie außer Zigarren und Zubehör auch Pfeifen von Meisterhand sowie die benötigten Accessoires erstehen.

Cigarworld by Tabac Benden
http://www.cigarworld.de

Die Zigarre erfreut sich in Deutschland zunehmender Beliebtheit. Jahrelang als Großvaters Utensil zur Schadstoffemission abgetan, erlebt der mächtige Schmöker eine Renaissance, die ihresgleichen sucht. Die Zigarre ist im neuen Jahrtausend nicht mehr Statussymbol der Bonzen und Superreichen, sondern Ausdruck individueller Lebensfreude und -qualität. Dem Zeitgeist entsprechend bietet Cigarworld by Tabac Benden auch das Internet-Pendant zum erwachenden Tabakgenuss. Cigartests und -tastes, News, Online-Shop und Gewinnspiel stellen die Grundelemente der Seite. Events, Service und ein Pinboard dienen als Forum, dem Interessenaustausch und der Information. Eine rundum schöne und gelungene Seite, bei der man fast das Aroma einer guten Havanna zu riechen und zu schmecken glaubt.

Dannemann Cigarrenfabrik GmbH
http://www.dannemann.com

Dannemann (ent)führt Sie in die Welt des Rauchgenusses. Bei beschwingter Musik verrät der Tabakwarenhersteller, wie die manuelle Herstellung von Cigarren vonstatten geht, zeigt in seinem „Brasilien Spezial" die Schönheiten seines Herkunftslandes und verrät, wie man zum Genießer des Monats avanciert. Wer sich mehr als nur oberflächlich informieren möchte, kann bei jedem dieser Punkte tiefer in die Welt von Dannemann eintauchen und sie natürlich auch in natura entdecken. Neugierig geworden? Dann statten Sie den Seiten doch einen Besuch ab!

Gourmet and Cigar
http://www.gourmetandcigar.ch

Willkommen auf der Homepage für Feinschmecker und solche, die es werden wollen! Denn „die Zigarre kehrt in ihrem alten Glanz zurück als Inbegriff der Feinschmeckerkultur, als

Objekt der Neugierde und der Bildung des Glücksgefühls". Unter den Gourmets der Havanna-Generation befinden sich übrigens auch immer mehr Frauen. Stöbern Sie also nach Herzenslust in diesen Seiten, die Ihnen unter anderem die „Zigarre des Monats" mit 10 Prozent Rabatt offerieren. Zigarrenliebhaber finden hier nicht nur genaue Degustationsbeschreibungen bezüglich Farbe, Konsistenz, Duft und Geschmack des Objektes ihrer Begierde, sondern auch Tipps, welches die beste Gelegenheit und die ideale Tageszeit für den Genuss einer Zigarre ist.

Humidor Discount

http://www.humidordiscount.de

Im Humidor Discount haben Sie Gelegenheit, „hochwertiges Zigarrenzubehör zu Direkt-Import-Preisen" zu ordern. Um Ihnen Fehlkäufe zu ersparen, wurde das Kapitel „Worauf Sie beim Humidorkauf achten sollten" eingefügt. Die Zigarrenaccessoires für den stilvollen Raucher bewegen sich in einer Preisspanne zwischen 19 und 77 DM. Überzeugen Sie sich unter dem Link „Ihre Vorteile" von den kundenfreundlichen Einkaufskonditionen, die nicht nur ein ausgezeichnetes Preis- Leistungsverhältnis garantieren. Die bestellte Ware wird Ihnen versandkostenfrei nach Hause geliefert, Sie haben 14 Tage uneingeschränktes Rückgaberecht.

Tabak-News

http://www.oeff.de

Alles Wissenswerte aus der Welt der Zigarren, Pfeifen und sämtlicher anderer Rauchutensilien bietet sich dem informationshungrigen Tabakfreund dar, wenn er zwischen zwei genussvollen Zügen an seiner Cohiba online geht und diese Seite findet. Der virtuelle Rundumschlag zeigt unter der Rubrik „Tabak-Promis", dass nicht nur Winston Churchill und Che Guevara, sondern auch so heterogene Gestalten des öffentlichen Lebens wie Günter Grass und Thomas Gottschalk der glühenden Leidenschaft frönen. Werden Sie selbst zum Experten. Im Forum kann sich jeder an der Diskussion zum Thema „Was Raucher bewegt" beteiligen.

Homepage Dannemann

SAMSON
http://www.samson-tabak.de

Ganz oben auf der Selbstdreherliste steht der schon in den Siebzigern bekannt gewordene Löwe Samson. Das eher freundlich dreinschauende Kätzchen beweist ein sicheres Pfötchen für dezent-edles Homepage-Design und locker und spaßig aufbereitete Inhalte. Eine explizite Geschmacksbeschreibung der einzelnen Sorten trifft hier auf interessante „Tabak-Facts", eine „Gamezone" mit lustigen Gewinnspielen auf eine neu eingerichtete „mp3-Lounge" mit Wissenswertem über das Thema. Die Galerie ausgewählter Samson-Anzeigen der vergangenen drei Dekaden gibt einen kurzen Einblick in Historie und Langlebigkeit der traditionsreichen Marke. Eine nette Site, die nur ein Urteil zulässt: Gut gebrüllt, Löwe!

Tabac-Collegium Coster
http://www.tabac-collegium.de

Das Kölner Tabac-Collegium sorgt in kultiviertem Ambiente für eingefleischte Genussraucher. Im antik-luxuriösem Verkaufsraum, der gleichzeitig auch eine ruhige Raucher-Oase darstellt, kann der mondäne Tabakliebhaber sachkundigen Rat und Spitzenerzeugnisse traditioneller Zigarren- und Pfeifenhersteller aus England, Frankreich, Italien und Dänemark erwerben. Nicht-Kölner müssen dafür zunächst eine mehr oder weniger lange Reise auf sich zu nehmen (Anreiseskizze ist vorhanden), denn am Online-Bestellservice wird derzeit noch gefeilt.

www.tabakbar.de
http://www.tabakbar.de

Wer hätte das gedacht? Nach Cocktail- und Kaffee-Bars, nach Sushi-Bars und Bar-becues nun die Konsequenz für den qualmenden Web-Raucher: Eine wunderbare Tabakbar hat ihre Pforten für den surfenden Marlboro-Mann geöffnet. Raucher kann sich unter „Vorgestellt" neue Inspirationen holen, unter „Tastings" geschmackliche Alternativen ansehen oder unter „Skurriles" eine kleine anekdotische Schmunzelrauchpause einlegen. Natürlich gilt es, nach dem Vorgeschmack einen kurzen Blick auf den Shop zu werfen. Die vier großen „Z"s – Zigaretten, Zigarren, Zigarillos und Zippos – sind hier genauso vertreten wie Pfeifen und Humidore. Eine Bar ohne Sperrstunde!

Tabak Berens
http://www.tabak-berens.de

„Aus Erfahrung gut" – so könnte das Motto des traditionellen Familienbetriebs lauten, der schon 1867 gegründet wurde und heute in der fünften Generation Raucher aller Länder mit seiner umfassenden Produktpalette beglückt. Von Feinschnitt über Pfeifentabak bis hin zu Import Zigarillos und Zigarren reicht das Spektrum des Lennestädter Unternehmens, das sich auch dem Vertrieb der bekannten Marke Nobel Petit verschrieben hat. Den Höhepunkt des Sortiments bildet die klassische Longfiller-Zigarre La Corona, die sich großer Beliebtheit erfreut. Auf der Homepage von Tabak Berens werden essentielle Fragen beantwortet, die sich jeder Raucher einmal stellen sollte. Dazu gehört ohne Zweifel diese: „100 % Tabak – was ist das?"

Tabak Goetz
http://www.tabak-goetz.de

Tradition verpflichtet! Nach diesem Motto verfährt das Tabakhaus Goetz seit über 80 Jahren und hat sich seitdem als eine Oase für den nach Qualität dürstenden Raucher etabliert. So anspruchsvoll und gediegen wie die feilgebotenen Preziosen aus Kuba, Honduras oder Brasilien präsentiert sich auch die Homepage der Regensburger, die man im wahrsten Sinne des Wortes als geschmackvoll bezeichnen darf. Nicht nur herrliche Zigarren veredeln dort das Sortiment des blauen Dunstes, sondern auch eine Auswahl von über 320 verschiede-

nen Pfeifentabaken. Die Mischung stimmt bei Goetz, und wer seine Genussfähigkeit noch vertiefen möchte, ist bei dem Link zu Pfeifen- und Zigarrenbüchern gut aufgehoben. Rauchen ist eben doch ein Kulturgut!

Tabak Hilden
http://www.tabak-hilden.de

Tabak Hilden lässt keine Wünsche offen und bedient ohne Hemmungen all die Laster, die das Leben erst richtig schön machen. Wer eine Designer-Pfeife mit Doppelrauchkanal sucht, findet sie hier nebst dem zugehörigen Tabak, der in verschiedenen Hausmischungen erstanden werden kann. Wer die Zigarre präferiert, kann sich in Las Fontanas, Las Cabrillas und Don Antonios suhlen oder der exotisch klingenden Hausmarke Döppesbäckere den Garaus machen. Dass unmäßiges Rauchen selbst edelster Tabake die Kehle austrocknet, ist jedem Kenner ein vertrautes Phänomen. Deshalb kann man bei Hilden auch gleich die passenden Spirituosen ordern. So ergänzen sich die Genüsse auf die herrlichste Art und Weise.

Eine exquisite Adresse für Pfeifen und Tabak: Tabakversand.de
http://www.tabakversand.de

Produkte wie „Basma – die Königin des Tabaks", „Besuki" oder „Latakia" (ein würziger Orienttabak aus Syrien und Zypern) sind nur ein kleiner Ausschnitt des vielfältigen Lieferspektrums an Rauchwerk des Tabakversandes. Damit nicht genug, bietet diese Website außerdem noch eine umfassende Datenbank, in der die ausgefallensten und exklusivsten Produkte aus der Welt des Tabaks mit ausführlichen Erklärungen erfasst sind. Wer also wie der gemeine Raucher nicht einordnen kann, was Krüllschnitt bedeutet oder sich unter Lippenriss etwas Schmerzhaftes vorstellt, ist mit dieser Website gut beraten, denn hier kann man sich die Informationen in leichter und bekömmlicher Form abholen.

Zechbauer
http://www.zechbauer.de

Zechbauer-Zigarren hält im Online-Shop für jeden Raucher das Richtige bereit. Der „Einsteiger" hat die Möglichkeit, Einzelzigarren und Sortimente aus der gutbestückten Produktpalette zu bestellen, im „Profibereich" steht das gesamte Sortiment zur Auswahl. Auch Liebhaber von Zigarillos oder anderen Tabakwaren aus der hauseigenen Produktion des Hauses Zechbauer werden fündig. Weiterhin gibt es Pfeifentabak, Raucherutensilien, auf die man nicht verzichten sollte und unter „Zigarrenkunde" eine kleine Wissensexpedition ins Rauchvergnügen.

Tabak-Ecke Bugge
http://www.zigarren-bugge.de

Norbert Höldke entfaltet in seiner Tabak-Ecke die ganze Welt des Rauchgenusses. Einen ersten, leider nur virtuellen Vorgeschmack, hält bereits die Website bereit: Im Online-Shop kann man zwischen Zigarren ausgewählter Anbaugebiete, aber natürlich auch in der großen Vielzahl an Zubehör wählen. Dabei werden unerfahrenere Tabakliebhaber mit den „Tastings" auf die richtige Fährte geleitet. Wer dennoch unentschieden ist, kann sich bei den „Probierpaketen" umschauen. Die Seite hält neben Cohibas und Havannas ein ganz besonderes Highlight für die Liebhaber des blauen Dunstes bereit: eine Auflistung „zigarrenfreundlicher Restaurants". (Homepage S. 158)

Zigarren-Stenger
http://www.zigarren-stenger.de

Oscar Wilde hat das Credo aller Genießer formuliert: „Ich habe einen ganz einfachen Ge-

schmack... Ich bin stets mit dem Besten zufrieden!" Diesem Anspruch möchte auch Zigarren-Stenger gerecht werden. Das Fachgeschäft aus Aschaffenburg versorgt Genießer mit Zigarren, Pfeifen, Accessoires und natürlich auch mit Humidoren – und das sowohl on- als auch offline. Viel Spaß beim Stöbern!

Bundesverband der Zigarrenindustrie
http://www.zigarren-verband.de

Ob schnöde Sucht oder wahrer Genuss: Beim Thema Tabak scheiden sich die Geister. Allerdings nicht auf dieser Homepage, handelt es sich doch um den Bundesverband der Zigarrenindustrie. Seit fast 50 Jahren kümmert er sich um die Belange seiner Mitglieder. Ein halbes Jahrhundert Rauchgenuss bedeutet natürlich auch, dass hier Kenner des Metiers zu Werke gehen. Ihr Wissen teilen sie mit den Besuchern ihrer Website. Neben Entwicklungstendenzen in der Tabakindustrie werden relevante Gesetze vorgestellt, außerdem macht Sie der Verband mit Anbaugebieten in aller Welt bekannt und führt Sie nicht zuletzt in die Geheimnisse der Tabakherstellung ein. Besonders schön: Der Tabak-Knigge, der Ihnen zeigt, wie Zigarillo oder Zigarre zum zelebrierten Rauchgenuss werden.

Zigarrenwelt
http://www.zigarrenwelt.de

Das E-Zine Zigarrenwelt ist kein Zigarrenversand, sondern ein auf privater Initiative basierendes Magazin. Hauptzielgruppe sind hier unvermeidlich die Zigarrenraucher, aber auch „alle, die sich mit sympathisierender Neugier schlau machen wollen". Die interessante Themenvielfalt und dazugehörige Essays unterstreichen diesen solidarisierenden Gedanken: „Wie man falsche Havanas erkennt", ein Interview mit Smudo (Fanta 4) über Zigarren, „Zippo oder nicht?" und viele andere anregende und unterhaltsame Geschichten rund um das genussreiche Statussymbol verhindern, dass sich die Zigarrenwelt allzu schnell in Rauch auflösen wird.

Homepage Tabak-Ecke Bugge

Verbände & Einrichtungen

Arbeitsgemeinschaft die moderne Küche

http://www.amk.de

Die Arbeitsgemeinschaft „Die Moderne Küche" ist die Wirtschaftsvereinigung der Küchenbranche. Sie vertritt seit über 40 Jahren die Interessen ihrer Mitgliedsunternehmen durch ein umfassendes Maßnahmenprogramm sowie durch zielgruppenorientierte Dienstleistungen. Neben Herstellern von Küchenmöbeln und Zubehör gehören zu den Mitgliedsfirmen der AMK Hersteller von Hausgeräten, Zulieferfirmen der Küchengeräteindustrie, aber auch Handelskooperationen und Dienstleistungsunternehmen. Diese interdisziplinäre Zusammensetzung ermöglicht eine effektive Kooperation zur Optimierung des Produktes Einbauküche.

Backmittelinstitut

http://www.backmittelinstitut.de

Brot ist eines der ältesten und beliebtesten Nahrungsmittel der Welt. Doch die Zeiten, in denen Brot nur aus Mehl und Wasser gefertigt wurde, sind längst vorbei. Seit langem schon bereichern Backmittel und Grundstoffe die Backwaren, doch das Wissen um diese Zusatzstoffe ist oft sehr gering. Das Backmittelinstitut will das ändern und leistet deshalb umfassende Aufklärungsarbeit. Getragen von Unternehmen der Backmittel- und Backgrundstoffbranche in Deutschland informiert es Hersteller, Bäcker, Konditoren, Journalisten, Wissenschaftler und Verbraucher über Backmittel und Backgrundstoffe sowie deren Bedeutung für die Backwaren. Neben diesen Aufgaben gibt das Backmittelinstitut aber auch Auskunft über lebensmittelrechtliche und ernährungsphysiologische Fragen. Das Institut versteht sich als Ansprechpartner für alle, die mit Backmitteln und Backgrundstoffen arbeiten sowie für diejenigen, die sich über die Thematik informieren wollen.

Zentralverband des deutschen Bäckerhandwerks

http://www.baeckerhandwerk.de

Der Zentralverband des deutschen Bäckerhandwerks ist die „Interessenvertretung aller handwerklichen Bäckereibetriebe auf europäischer und auf Bundesebene". Als solcher kümmert sich der Verein um alle Belange seiner Mitglieder, beginnend mit der Förderung für die Beschäftigten bis hin zur Einrichtung einer Zusatzversorgungskasse. Um die Forderungen des Bäckerhandwerks an der richtigen Stelle zu Gehör zu bringen, arbeitet der Zentralverband außerdem mit gesetzgebenden Instanzen zusammen, um sich so schon bei der Vorbereitung neuer Regelungen für die Belange seiner Mitglieder einsetzen zu können. Mitgliederinfos sowie zahlreiche Links zu den Landesverbänden runden die Präsentation ab.

Bayerischer Brauerbund

http://www.bayrisch-bier.de

Nicht nur auf dem Oktoberfest hat das Bier Hochkonjunktur. Mit knapp 700 Braustätten ist Bayern, da kann man dem Brauerbund nur zustimmen, „das Land des Bieres". Der Export weist eine positive Bilanz auf, Tendenz steigend. Trotzdem gibt es auch Probleme, die nicht verschwiegen werden: Überkapazitäten haben zu einer Verschärfung des Wettbewerbs geführt, aus der eine ungünstige Erlösentwicklung resultiert. Der Bayerische Brauerbund weiß aber noch mehr zu berichten. Zapfen Sie diesen Informationspool an!

Bundesverband der Hersteller von löslichem Kaffee

http://www.blkaffee.de

Der Bundesverband erklärt den langen Weg zur schnellen Tasse. Seit dem 19. Jahrhundert hat man sich mit der Frage beschäftigt, wie man die Kaffeezubereitung vereinfachen könne. 1938 war es dann so weit: Der erste lösliche Kaffee ging in Serie. Eigentlich ist es ganz simpel. Der geröstete Kaffee wird aufgebrüht, so dass ein dickflüssiger Sud entsteht, der anschließend wieder getrocknet wird. Durch das Entfernen des Kaffeesatzes und anschließende Trocknung bekommt er die pulverige Konsistenz, die nur noch mit heißem Wasser übergossen werden muss. Den löslichen Kaffee kann man aber auch ganz anders einsetzen: Zahlreiche Rezepte, die zeigen, was man außerhalb der Tasse mit dem Pulver alles zaubern kann, vervollständigen das Informationspaket des Verbandes.

Deutscher Brauer-Bund

http://www.brauer-bund.de

Wer die Flasche vorbeiziehen sieht, weiß, worum es geht: der Deutschen liebstes Getränk, das Bier. Und das verliert man auch nicht aus den Augen, wenn man sich durch die Rubriken des Deutschen Brauer-Bundes klickt. Das kühle Blonde, natürlich frisch gezapft, ist stets dabei, wenn es um den DBB, News und Zahlen und natürlich das Bier-Lexikon geht. Für Fans ist der Sammler-Treff gedacht. Von Krügen bis zum Bierdeckel: hier wird man entweder fündig oder die eigenen Objekte wieder los.

Deutsche Gesellschaft für Ernährung

http://www.dge.de

Die Deutsche Gesellschaft für Ernährung ist ein gemeinnütziger Verein, der es sich zum Ziel gesetzt hat, genussvolles Essen und Trinken anzuregen sowie einen entscheidenden Beitrag zu Wohlbefinden, Leistungsfähigkeit und Gesundheit der Bevölkerung zu leisten. Wie ernst es dem Verein mit der Umsetzung seiner Ziele ist, davon können Sie sich in der Präsentation überzeugen. Sie erhalten wertvolle Verbraucherinformationen, in denen auf verschiedene Bevölkerungsgruppen wie zum Beispiel Schwangere, Kids und Teens, Senioren oder Sportler gesondert eingegangen wird. Weiterhin können Sie in den Publikationen des Vereis stöbern oder das PC-Programm „Ernährung aktiv" anfordern.

Deutsche Landwirtschafts-Gesellschaft

http://www.dlg-frankfurt.de

Die Deutsche Landwirtschaftsgesellschaft hat sich einiges einfallen lassen, um Ihnen zu zeigen, dass Kühe mehr können als nur in lila-weißem Outfit für Schokolade zu modeln: Informationen, Veranstaltungstermine, Fachausstellungen, Pressemitteilungen und Prämierungsvorschriften zeichnen ein facettenreiches Bild der Aufgaben der Deutschen Landwirtschafts-Gesellschaft. Ein nettes Extra: die Angebote für „Urlaub auf dem Bauernhof".

Bundesverband Ökologischer Weinbau

http://www.ecovin.de

In einer Zeit, in der Pestizide und Düngemittel immer mehr in Verruf geraten, haben Weine, die natürlich angebaut werden, Konjunktur. Die Mitglieder von Ecovin haben sich dem ökologischen Weinbau verschrieben. Welche Richtlinien ausschlaggebend sind, erfährt der Unkundige hier. Das virtuelle Öko-Weingut zeigt auf, wie das, was auf den Seiten theoretisch erläutert wird, in der Praxis aussieht – natürlich im übertragenen Sinne, denn hier gibt es ausschließlich Text. Wer die Mitglieder von Ecovin kennen lernen möchte, findet sie, nach Anbaugebiet sortiert, über die Navigationsleiste.

Bundesverband der Deutschen Erfrischungsgetränke-Industrie

http://www.erfrischungsgetraenke-verband.de

Der Bundesverband der deutschen Erfrischungsgetränke-Industrie vertritt seit 1882 die

Hersteller und Vertreiber von Erfrischungsgetränken in ganz Deutschland. Er informiert über Rechtliches wie die Leitsätze des deutschen Lebensmittelbundes, gibt aber auch gesundheitliche Tipps. Wer mehr wissen möchte, kann die Faltblätter des Verbandes zu Themen wie „Trinken Sie sich fit" bestellen.

Verband der deutschen Fruchtsaft-Industrie
http://www.fruchtsaft.de

Deutschland ist, wenn man dem Verband der deutschen Fruchtsaft-Industrie glauben darf, „weltweit das Saftland Nr. 1". Höchste Zeit also, sich ausführlich mit der fruchtigen Erfrischung auseinander zu setzen. Beim Verband der deutschen Fruchtsaft-Industrie werden sowohl Angehörige der Branche als auch Interessierte, die nicht vom Fach sind, mit Wissenswertem rund um den Obstsaft versorgt. Hier wird nicht nur erklärt, wie der Traubensaft in die Flasche kommt, sondern auch, was es mit gärungsloser Früchteverarbeitung oder der „Herstellung von Fruchtsaft aus Fruchtsaftkonzentrat" auf sich hat. Für Unterhaltung sorgen Comics, das Gewinnspiel des Monats sowie Cocktail-Rezepte aus der „Fruchtsaft-Küche".

Deutscher Kaffee-Verband
http://www.kaffeeverband.de

Die Kaffee-Bibliothek funktioniert wie das Zirkel-Training in der Schule. Man beginnt mit Kapitel 1 und arbeitet sich kreisförmig vor. Wer die Zielgerade erreicht hat, weiß Bescheid: die Welt des Kaffees hat sich ihm erschlossen. Etwas suchen muss man allerdings die Informationen über den Verband selbst. Sie verbergen sich hinter dem Vorwort. Ansonsten lässt diese Seite wirklich keine Wünsche offen.

Landesvereinigung der Milchwirtschaft Nordrhein-Westfalen
http://www.milch-nrw.de

Die Landesvereinigung der Milchwirtschaft Nordrhein-Westfalen koordiniert die Interessen der Milcherzeuger mit denen der Molkereien, des Groß- und Einzelhandels und des Ver-

Homepage Bund Deutscher Oenologen

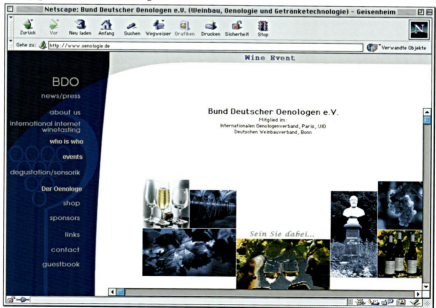

brauchers. Dazu gehört natürlich auch Informationsarbeit, die auf diesen Seiten geleistet wird. Zugehörige Molkereien, Daten und Fakten wie die Butternotierung und vieles mehr vermitteln einen Eindruck von der Arbeit der Vereinigung.

Bund Deutscher Oenologen

http://www.oenologie.de

Der Bund Deutscher Oenologen ist der Fachverband des deutschen Weinbaus. Neben vielfältigen Informationen über die Satzung des Verbandes und seine Tagungen stellt man Ihnen in Auszügen auch die Fachzeitschrift des BDO vor. „Der Oenologe" ist für alle, die sich mit Weinanbau befassen, eine notwendige Lektüre, um sich auf dem Laufenden zu halten. Wer tiefer in die Materie einsteigen möchte, findet auch eine Datenbank mit Diplomarbeiten aus dem Bereich Weinbau und Getränketechnologie. (Homepage S. 161)

Schutzgemeinschaft der Fruchtsaft-Industrie

http://www.sgf.org

Hier stellt sich die Schutzgemeinschaft der Fruchtsaftindustrie mit Informationen zu Struktur, Selbstverständnis, Satzung und Mitgliedern vor. Vor über 20 Jahren gegründet liegen ihre Aufgaben im Bereich der Qualitätskontrolle und der Förderung eines freien, lauteren Wettbewerbs. Ein Interview mit dem neuen Vorstandsvorsitzenden gibt einen Einblick in die aktuellen Projekte und Ziele und macht diese Seite zu einem lohnenswerten Besuch mit Blick hinter die Kulissen.

Süßstoff-Verband

http://www.suessstoff-verband.de

Der Süßstoff-Verband wurde 1966 mit dem Ziel gegründet, „die Forschung auf dem Gebiet der Süßstoffe und die Verbreitung (Veröffentlichung) der Forschungsergebnisse sowie die Information der Öffentlichkeit zu fördern". Während Ihres Streifzuges auf diesen Seiten erfahren Sie von der sinnvollen Nutzung von Süßstoffen in Bezug auf Zahngesundheit,

Homepage Deutsches Tiefkühlinstitut

Gewichtskontrolle und zeitgemäße Diabetiker-Diät. Der Verband informiert Sie natürlich auch darüber, welche Arten von Süßstoffen es gibt, welchen lebensmittelrechtlichen Bestimmungen sie unterliegen und welchen wissenschaftlichen Hintergrund sie haben.

Tiefkühlkost = Frische auf Vorrat
http://www.tiefkuehlinstitut.de

Tiefkühlkost liegt bei den Verbrauchern in Deutschland voll im Trend. Wer mehr über eines der erfolgreichsten Sortimente innerhalb der Ernährungswirtschaft wissen möchte, findet auf der Site des Deutschen Tiefkühlinstitutes (dti) produkt- und firmenneutrales Material. Die Informations- und Kommunikationsplattform der Tiefkühlbranche bietet online unter anderem Statistiken zur Entwicklung des Tiefkühlmarktes, Mitglieder-Links mit Hinweisen auf Homepages und Unternehmensschwerpunkte der im dti zusammengeschlossenen Unternehmen sowie ein umfangreiches Pressearchiv für Journalisten.

Deutscher Vegetarierbund
http://www.vegetarierbund.de

Sind es die Hormone? Ekeln Sie sich? Oder tun Ihnen die gequälten Tiere leid? Es gibt viele Gründe, sich vegetarisch zu ernähren, doch allzu oft spricht die Speisekarte im Restaurant dagegen, dass man alles, was man braucht, auf pflanzlichem Wege bekommt. Wo Sie in Ihrer Nähe vegetarisch essen können, erfahren Sie im Katalog der vegetarischen Gaststätten – nach Postleitzahlen geordnet. Aber der Bund der Vegetarier bietet noch mehr: Termine informativer Kongresse, Literaturverweise und das Abonnement der Vereinszeitschrift sind nur einige Angebote, die man auf dieser „grünen" Seite finden kann.

Weinbruderschaft Rheinhessen
http://www.weinbruderschaft.com

Gehören Sie zu den Zeitgenossen, die an keiner Flasche Wein vorübergehen können? Dann sollten Sie in Erwägung ziehen, der Weinbruderschaft Rheinhessen beizutreten. Denn der Genuss eines jeglichen Tropfens, an dem man vorüberzieht, ist eine der obersten Pflichten der Mitglieder. Natürlich beschränkt sich die Tätigkeit des Vereines nicht allein darauf. Die Weinbruderschaft Rheinhessen ist der Meinung, dass das Wissen um den Wein gefördert werden soll (beim Trinken?), außerdem pflegt man Kontakt zu den Artgenossen. Und wer suchet, der findet, nämlich die entsprechenden Links. Na dann: Zum Wohle!

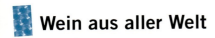

Wein aus aller Welt

75cl.com – Ihr Berater für Wein
http://de.75cl.com

75cl.com mit berät nicht nur mit seinem Weinlexikon. Wer Fragen hat, auf die er dort keine Antwort findet, kann Eric Dugardin, einem der besten Kellermeister Frankreichs, schreiben. Ein weiterer Pluspunkt ist die große Anzahl an Weinen: über 500 aus aller Welt bereiten dem Kunden die Qual der Wahl. Wer wider Erwarten nicht zufrieden sein sollte, bekommt sein Geld zurück.

Asia Wines
http://www.asiawines.com

Wer Wein aus Asien sucht, ist bei den Seiten von Orient Pacific (Asia) Limited goldrichtig. Händler, Weinkeller, Privatkollektionen: All das findet man hier vor. In den mehr als zehn Weinclubs kann man seine Erfahrung und sein Wissen mit anderen Weinfreunden teilen, außerdem werden internationale Weinmagazine präsentiert. Ein sehr schönes Angebot.

austrian-wines.com
http://www.austrian-wines.com

austrian-wines.com hat die erste Suchmaschine für Wein aus Österreich bereitgestellt. Damit erschöpft sich das Angebot aber keineswegs. Neben den Menüpunkten „Winzer", „Rebsorten", „Gebiete" und „Marken" findet man auch ein Magazin, das auf Antons Weinseite weiterleitet. Wer sich für Weinbaumuseen oder die Mitgliedschaft in einer Wein-bruderschaft interessiert, wird dort fündig.

Vino Argentino
http://www.bodega-c.f2s.com

Haben Sie schon mal Wein aus Argentinien getrunken? Obwohl das Land der Gauchos der fünftgrößte Weinerzeuger der Welt ist, ist der dort heimische Rebensaft hierzulande noch rela-tiv unbekannt. Die Weinkellerei J.A. Cicchitti möchte dem Abhilfe leisten und hat deshalb einen Katalog ins Netz gestellt. Darin finden Sie eine kleine Auswahl argentinischer Weine. Eine Be-sonderheit stellt die Kollektion Chipo Céspedes dar. Der Maler und Bildhauer, der einigen Wei-nen seinen Namen „geliehen" hat, stellt seit 35 Jahren eine Auswahl erlesener Tropfen zusam-men, die seinem Geschmack und seinem Namen gerecht werden. Wer einen der argentinischen Weine kosten möchte, kann sich die Fläschchen seiner Wahl ins Haus kommen lassen.

Bodegas Rioja
http://www.bodegas-rioja.de

Im sonnenverwöhnten Spanien reifen ganz hervorragende Weine. Andreas Krämer hat dies früh erkannt und sich fortan dem Import der Weine aus dem Land der Iberer verschrie-ben. Seine Vorliebe für die guten Tropfen aus Rioja merkt man ihm dabei deutlich an. Er versorgt die Besucher seiner Seiten aber nicht nur mit dem prozentigen Rebensaft, son-dern informiert sie auch über „Anbaugebiete", „Degustation" sowie „Wein & Speisen". Wer sich in die Welt des spanischen Weins vertiefen möchte, sollte sich das Wörterbuch nicht entgehen lassen, das eine große Hilfe bei der Übersetzung so manchen Flaschenetiketts ist.

Weinführer Burgund
http://www.bonnjour.de/burgund/weinf

Der Burgund-Weinführer liefert einen Einblick in Historie und Herstellungsverfahren der

Weine der Region. In der kurzen Geschichte des Weinbaus – die im übrigen gar nicht so kurz ist – erfährt der Burgunder-Fan unter anderem, dass man im Mittelalter rote und weiße Trauben gemeinsam verarbeitet hat. Derartige Grobheiten tut man dem Wein in der heutigen Zeit nicht mehr an, im Gegenteil: Beim Beaujolais Nouveau kommt es darauf an, die Traubenhäute auf keinen Fall zu verletzen, damit die Gärung ausschließlich in den Trauben stattfindet.

Haus der guten bulgarische Weine
http://www.bulgarien-weine.de

Mal ehrlich, wer hätte das gedacht: Bulgarien gehört zu den Ländern mit der längsten Weinbautradition in Europa. In den letzten zehn Jahren haben sich die Weine des Landes hinsichtlich Geschmack und Qualität erstaunlich entwickeln können. Die Orientierung an westeuropäischen Anforderungen wird dazu beigetragen haben. So reifen auf den Hängen des Balkan mittlerweile sogar Merlot- und Cabernet Sauvignon-Trauben. Die Firma Bossev Marketing versucht nun, die hochwertigen Weine auf dem deutschen Markt zu platzieren. Wer mehr über den preiswerten Genuss der noch immer exotischen Weine erfahren möchte, dem sei die informative Website empfohlen.

ChateauOnline
http://www.chateauonline.de

Der Weinanbieter Chateau-Online bietet seinen Besuchern eine wahre Fülle an Angeboten und Wissenswertem. Seine Auswahl beinhaltet vom französischen Landwein bis hin zu den großen Weinen aus aller Welt etwas für jeden Geschmack. Das gilt im Übrigen auch für Freunde des Champagners. Zusätzlich findet man viele Informationen aus der Welt des Weines, von Einsteigertipps über die fachgerechte Gestaltung eines Weinkellers bis hin zu Neuigkeiten für den erfahrenen Weinkenner.

Consorzio del Marchio Storico Chianti Classico
http://www.chianticlassico.com

Zwischen Florenz und Siena, im Herzen der Toskana, wachsen die Reben für einen der bekanntesten und besten Weine der Welt: die Reben für den Chianti. Chianti Classico informiert vielseitig und grafisch gut aufbereitet über die Geschichte des Weines mit dem schwarzen Hahn. Sie können sich anhand einer Karte einen Überblick über die einzelnen Anbaugebiete verschaffen und sich detailliert über die einzelnen Weine informieren. Zudem werden Ihnen landestypische Gerichte vorgestellt, die ideal zum Chianti munden. Falls Sie den Wein dort trinken wollen, wo er am besten schmeckt, finden Sie hier alle notwendigen Informationen, falls nicht, können Sie ihre Bestellung online aufgeben.

Chile Wein Contor
http://www.cwc.de

Die Geschichte Chiles in den letzten 20 Jahren ist die Geschichte eines einzigartigen Aufschwungs. Heute gilt die Andenrepublik als das „europäischste" und wirtschaftlich gesündeste unter den Ländern Südamerikas. Ein beständiges Wirtschaftswachstum während der letzten Jahre hat dem Land einen relativen Wohlstand beschert. Die Fischerei vor der über 5.000 Kilometer langen Küste, die Bergbauindustrie und die klimatisch begünstigte Landwirtschaft stellen die stabile Grundlage dafür dar. Im „Chile Wein Contor" finden Sie chilenische Weine, aber auch Non-Food-Spezialitäten, Infos und Rezepte sowie Tipps zur chilenischen Küche. Ein kleines, aber feines und hochspezialisiertes Angebot.

Das Weinhaus

http://www.das-weinhaus.de

Im „richtigen Leben" ist das Weinhaus in Roßbach – am Fuße des Taunus – in einem alten, gemütlichen Fachwerkhaus aus dem Jahre 1700 untergebracht. Virtuell gibt man sich umso moderner, mit einem eleganten, aufgeräumten Design, einer ausgeklügelten Warenkorb- funktion und einem breiten Angebot an ausgesuchten Weinen und Sektspezialitäten aus aller Herren Länder. Hier wird sogar Cybercash akzeptiert! Ein Angebot, an dem es nichts auszusetzen gibt.

Kalifornische Weine: Ernest & Julio Gallo

http://www.ejgallo.de

Das Weingut Ernest & Julio Gallo aus Kalifornien startete vor einiger Zeit eine breit ange- legte Werbekampagne in den deutschen Printmedien, die nun ihr Echo im Internet findet. Diese perfekt gemachte Selbstdarstellung mit Bezugsquellennachweis, Rebsortenerklärung (von Zinfandel bis Merlot) und der Beschreibung kalifornischer Trink- und Essgewohnheiten wird hierzulande bald gewogene Nachahmer finden.

Les Vins d'Alsace, der offizielle Server der elsässischen Weinberge und Weine

http://www.elsasserweine.com

„Es war einmal...", beginnt die Geschichte des Elsässer Weins, die keineswegs so märchen- haft ist, wie der Anfang glauben lässt; Eroberungen und Kriege haben die Weinbautradition immer wieder unterbrochen. Heute werden Weine auf höchster Qualitätsstufe hergestellt, von denen Sie einige auf dieser Seite für sich entdecken können. Für Kenner der Elsässer Weine gibt es ein Quiz, das eine Überprüfung des eigenen Weinwissens ermöglicht.

World Wine

http://www.eno-worldwine.com

Der ENO-Verlag ist Spezialist für Weine aus der ganzen Welt. World Wine lautet der Name der Seite, und das zu recht. Ob Nachrichten, Datenbank, Hinweise zu Degustationen, Rei- sen, Weingüter, Länderkunde, Weinforum... Hier gibt es eigentlich nichts, was es nicht gibt. Wer nicht stundenlang im Internet bleiben möchte, findet auch im Buchprogramm des Verlags Entsprechendes.

St. Pauls – Historisches Weindorf an der Südtiroler Weinstraße

http://www.eppan.com/stpauls

Geradezu malerisch präsentiert sich St. Pauls, das historische Weindorf an der Südtiroler Weinstraße. Hier kann man sich mühelos seine Zeit vertreiben: Eine schier nicht enden wol- lende Liste zeigt, was in und um Eppan passiert, in der „Weinkultur" werden die guten Tropfen der Region umfassend beleuchtet, die „Burgen und Ansitze" schließlich verraten, welche Sehenswürdigkeiten man sich auf keinen Fall entgehen lassen sollte. Wer sein nächs- tes Urlaubsziel jetzt schon kennt, kann sich gleich die passende Unterkunft suchen. Eine ansprechende Präsentation.

eurowein.de

http://www.eurowein.de

Ein Wein-Einkaufs-Erlebnis verspricht „eurowein.de". Und in der Tat! Hier kann man sei- nen Weinkeller nicht nur mit guten Tropfen aus der ganzen Welt bestücken, sondern auch sein Wissen über den gegorenen Rebensaft vermehren. Oder die Zahl seiner Freunde er- höhen, indem man sie mit Präsenten wie dem „First Lady Sekt im Geschenkkarton" be- glückt. Auch eine Möglichkeit: Sie treten dem Wein-Club bei oder unternehmen eine Reise zu den schönsten Weinanbaugebieten der Welt. Eine kleine Auswahl steht in der entsprechenden Rubrik zur Wahl.

First Vinos – Weinköstlichkeiten aus Spanien und mehr
http://www.firstvinos.de

„Weinköstlichkeiten aus Spanien und mehr": Hier ist das Wörtchen „mehr" der entscheidende Faktor, denn im Sortiment von First Vinos finden Sie Wein aus Spanien, Argentinien, aus Südafrika, Portugal und auch aus Deutschland, ferner einen Weinbuchshop, Software und Tipps zur Frankfurter Gastronomie. Sie können außerdem in Weinangeboten aus der Neuen Welt und Südafrika stöbern oder sich Weinraritäten und einen Bordeaux ab Jahrgang 1900 sichern. Wer nicht gerne via Internet einkauft, kann sich das gesamte Angebot des Hauses auch ausdrucken und konservativere Wege nutzen, um sich das köstliche Nass ins Haus kommen zu lassen.

¡Hola España!
http://www.hola-iberica.de

Von „Amontillado" bis „Xarello": Das „ABC der spanischen Weinsprache", welches Sie hier finden, hilft bei allen Fragen zum spanischen Wein weiter. Eine große Liste spanischer Bodegas und Weine bietet dezidierte Informationen wie etwa Säuregehalt und Restzuckerwert bestimmter Marken. Diese Site lässt einen so manches Vorurteil vergessen. Die spanische Weinkultur kennt eben doch bedeutend mehr als nur Rioja!

ItalianWine.com
http://www.italianwine.com

Ob Lombardei oder Sizilien, diese englischsprachige Linkseite deckt mit rund 350 Weinen den ganzen italienischen Stiefel, von der Krempe bis zur Spitze, ab. Eine Suchmaschine hilft beim Auffinden spezieller Sorten, Anbaugebiete oder Weingüter, durch Registrierung der E-Mail-Adresse lässt sich ein Newsletter abonnieren. Als Extraservice wird eine Einführung in die Terminologie der italienischen Weinetiketten angeboten.

Ital Vini
http://www.ital-vini.de

Genuss pur! Ital Vini kombiniert Weine mit Feinkost. Heraus kommt eine Seite, die nicht nur aufgrund ihres Inhalts das Herz eines jeden Feinschmeckers erfreuen dürfte. Zur Einführung in die Welt italienischer Weine gibt es ausgewählte Literaturtipps, aber auch online kann man sich in die Materie vertiefen. Die Übersichtskarte zeigt, aus welchem Anbaugebiet die Rebensäfte kommen, die man direkt bestellen kann. Auch die Feinkost kommt nicht zu kurz. Wer eine Kombination von beidem haben möchte, kann sich einen Präsentkorb nach seinen individuellen Wünschen zusammenstellen lassen.

Vinum – Das internationale Weinmagazin
http://www.ivinum.com

Einmal im Monat erscheint das internationale Weinmagazin Vinum. Die Artikel der aktuellen Ausgabe sind abgedruckt, zum Stöbern laden außerdem frühere Jahrgänge des Magazins ein. Vorkenntnisse sollte man allerdings schon mitbringen, denn die bedeutendste europäische Weinzeitschrift richtet sich nach eigenen Worten an eine Elite von Trendsettern und Führungskräften – und denen ist das fachmännische Vokabular natürlich vertraut.

Kap der guten Weine
http://www.kap-der-guten-weine.de

Das Kap der guten Weine empfängt Sie mit Impressionen aus dem südlichsten Weinland der Welt. Da Südafrika immer noch zu den Exoten unter den Weinproduzenten gehört, wer-

den Ihnen die Regionen des Landes in Wort und Bild vorgestellt. Wer das, was er hier als visuellen Vorgeschmack geboten bekommt, einmal selbst probieren möchte, kann sich die Weine rund um das Kap der guten Hoffnung ins Haus liefern lassen.

La Vineria – Spanische Weinkultur

http://www.lavineria.de

La Vineria hat sich in Deutschland als eine der ersten Adressen für spanische Weine einen Namen gemacht. La Vineria ist aber weit mehr als nur eine gute Bezugsquelle für Weine und Spezialitäten. Aus erster Hand erhält man hier regelmäßig aktuelle Informationen über die spanische Weinszene, neue Trends, Angebote und Entwicklungen. Bei den „Tagen der offenen Tür" können Sie kostenlos und unverbindlich ausgewählte Tropfen verkosten und sich im persönlichen Gespräch Tipps und Anregungen holen. Außerdem organisiert La Vineria geführte Weinreisen nach Spanien, bei denen Sie u.a. renommierte Bodegas besuchen können. Eines von vielen weiteren Angeboten: Gourmet-Menüs, bei denen Spitzenköche die vollendete Harmonie von spanischen Weinen und exquisiten internationalen Speisen demonstrieren.

Die Weine des Médoc

http://www.medoc-weine.com

Impressionen aus dem Médoc: Das Weinanbaugebiet im Südwesten Frankreichs stellt sich nicht nur mit seinen „Weinen von Weltruf" vor, sondern überzeugt bei seinem Webauftritt auch mit ausgewählt schönen Fotografien. Dazu wird dem nicht aus Frankreich Stammenden die Geschichte der Region sowie die des dort betriebenen Weinbaus erzählt. Der Médoc überzeugt aber auch als Urlaubsparadies. Welche Möglichkeiten Ihnen die französische Landschaft bietet, sehen Sie sich am besten selbst an, denn es sind zu viele, um sie hier aufzuführen.

Australian Wine Cellars

http://www.ozwinenet.com.au

Was die Australier so alles eingekellert haben, ist schon erstaunlich. Die Datenbank der Australian Wine Cellars umfasst mehr als 900 Weingüter. Und da die Verfasser dieser Seite den Ehrgeiz haben, ein Portal für australischen Wein zu bauen, wird sich diese Zahl in absehbarer Zeit sicherlich noch erhöhen. Bis dahin kann man sich die Zeit schon mal mit der einen oder anderen Kostprobe vertreiben, und die gibt's im Shop.

Pinard de Picard

http://www.pinard-de-picard.de

Die Weinhandlung aus Saarlouis meistert ihren Internetauftritt mit Bravour – vor allem gestalterisch. Ihre Weine stammen aus Europa, Chile und Neuseeland, doch leider stellt sie nur die französischen Winzer im Einzelnen vor. Dafür beinhaltet die Homepage alle für einen angenehmen Weinkauf nötigen Disziplinen: eine Suchmaschine, die archivierten Hausnachrichten und eine transparente Warenkorb- und Rechnungsübersicht. Bien fait.

Le Pinot Noir

http://www.pinotnoir.de

Le Pinot Noir ist der Name einer Rebsorte, aus der Burgunder gewonnen wird. Ein sehr treffender Name also für eine Seite, die Wein aus Burgund vorstellt. Da es vor allem um die besseren Weine aus der Region geht, steht ihre Produktion auch im Vordergrund. Die Devise lautet, die natürlichen Gegebenheiten „bei größtmöglichem Respekt für die Individualität des Weinberges" auszuschöpfen. Wer sich von der Qualität der Weine überzeugen möchte, sollte die Angebote in Augenschein nehmen.

Faszination Südafrika!

http://www.suedafrika-wein.de

Nach nervender Cookie-Abwehr haben Sie auf diesen Seiten die Chance, sich von den Weinen Südafrikas faszinieren zu lassen. Die Übersichtskarte auf der Homepage führt Sie zu den einzelnen Anbaugebieten, die detailliert die Vorzüge ihrer Region herausstellen. Wer shoppen möchte, wird unter dem Link mit den vielen Fässchen fündig, auch „Bezugsquelle" genannt. Hier haben Sie die Qual der Wahl zwischen Winzern von A wie Aan de Doorns Wybnkelder bis Z wie Zevenwacht Wine Estate LTD, können aber auch nach Postleitzahlen oder Anbaugebieten fahnden. Darüber hinaus bieten die Webseiten viele Informationen zu Südafrika und seiner langjährigen Weintradition. (Homepage S. 170)

Swiss Wine Exporters' Association SWEA

http://www.swisswine.ch

Die Schweizer Weine sind auf dem Vormarsch. Daran ist die SWEA nicht ganz unbeteiligt. Sie fördert den Export der Weine aus dem Alpenland ins Ausland. Da darf natürlich eine Internetpräsentation des Produktes nicht fehlen. Die sechs großen Anbaugebiete werden Ihnen mit Worten und Bildern nähergebracht, aber auch über Klima und Boden sowie über die historische Entwicklung des Weinbaus in der Schweiz können Sie auf dieser Seite Erkundigungen einziehen.

Grafschafter Weinhandlung

http://www.t-online.de/home/niesert

Wenn Sie sich mit Wein, Sekt und Champagner aus Frankreich, Spanien, Italien und natürlich auch aus Deutschland eindecken möchten, den Schritt vor die Tür aber scheuen, werden Sie hier bestens bedient. Die Grafschafter Weinhandlung beliefert Sie mit dem Gewünschten, Sie müssen nur noch entscheiden, was Sie Ihrem Gaumen gönnen möchten. Außer den prozentigen Rebensäften führen die Grafschafter auch Magenlikör, Cognac sowie Balsamico-Essig in ihrem Sortiment. (Homepage S. 171)

Homepage Pinard de Picard

Ungarwein

http://www.ungar-wein.de

Paul Holtzer ist ein Freund erlesener Weine und hat sich auf den Import selbiger aus Ungarn spezialisiert. Wer den einleitenden Text gelesen hat, findet eigentlich nur noch den Shop. Dort gelangt man unvermutet an Informationen über die Weinanbaugebiete und die Weingeschichte des Landes, die man vorher vergeblich gesucht hat. Paul Holtzer entschädigt die Besucher seiner Homepage dafür mit hochrangigen Weinen und Raritäten.

Vega-Sicilia

http://www.vega-sicilia.de

Das Weingut Vega-Sicilia gehört zu den exklusivsten Adressen der iberischen Halbinsel und gewährt auf seiner Website jedem Interessierten einen tiefen Einblick in die Geheimnisse des Erfolges. Entstehung der Bodega, der besondere Herstellungsprozess, die verwendeten Rebsorten und technischen Geräte werden detailliert beschrieben und vermitteln einen deutlichen Eindruck der sensiblen Prozesse, die zur Herstellung eines internationalen Spitzenweins erforderlich sind. Die Bestellung allerdings lässt sich ganz zeitgemäß und unkompliziert online abwickeln.

Vinolenio.ch – Die Weinseite für Amateure

http://www.vinolenio.ch

Wenn Sie Amateure mit Dilettanten gleichsetzen, werden Sie hier eines Besseren belehrt. Sehr fundiert und äußerst detailliert dringt Lenio Crameri in die Welt des Weins vor. Wie beurteile ich ihn? Was ist beim Degustieren zu beachten? Welchen Wein serviert man zu welcher Speise? Die Rubrik „Weinwissen" gibt Aufschluss über diese und viele weitere Fragen. In Vorbereitung ist eine Wein-Datenbank, in der man nach Herstellern, Wiederverkäufern, Testergebnissen sowie Herkunft und Weinanbauländern fahnden kann. Bis es soweit ist, bieten die Seiten Ihnen neben dem Weinwissen ein Weinforum, Software, Bücher, Restaurants und den „Wein des Monats".

Homepage Faszination Südafrika

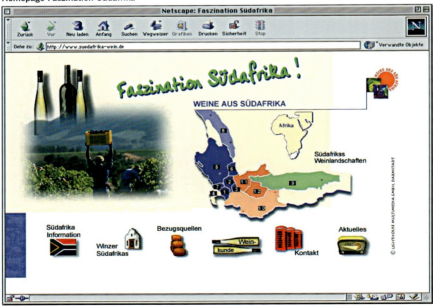

Wein & Vinos

http://www.vinos.de

Der spanische Wein erlebt seit etwa zehn Jahren wieder einen Aufwärtstrend. Da aber nur wenige Sorten – wie der Rioja – in Deutschland bekannt sind, gibt es zunächst einmal einen Überblick über die vielen Anbaugebiete, gefolgt von den dort hergestellten Weinen. Zur Auswahl stehen Rotweine, Weißweine, Roséweine, Sherry, Sekt und Weinraritäten. Wer einen Vorgeschmack auf den sonnigen Süden bekommen möchte, kann sich die Weine Spaniens ins Haus kommen lassen. Die Website von Wein & Vinos wird mit Wissenswertem, News und einem Weinquiz abgerundet.

VinoSearch

http://www.vinosearch.com

Die VinoSearch-Datenbank ist mit Informationen über Weine, Weingüter und Winzer aus aller Welt gefüllt. Wer die Weinwelt lieber offline erkundet, findet Büchertipps, bei denen es nicht nur um den Rebensaft geht: Auch andere kulinarische Genüsse der jeweiligen Länder werden dort präsentiert. Für den heimischen Keller ist die Wine-Info-Library gedacht. Dort kann man sich zu einer Vielzahl von Weinen Informationskärtchen ausdrucken und damit Ordnung in das eigene Wein-Sortiment bringen.

VinoVeritas

http://www.vinoveritas.de

Ob im Wein wirklich immer die Wahrheit liegt, sei einmal dahingestellt. Fakt ist auf jeden Fall, dass Sie auf den Seiten der Weinhandlung VinoVeritas so manches gute Tröpfchen ordern können. Neben einer reichhaltigen Auswahl an internationalen Weinen finden Sie hier spannenden Themen rund um den köstlichen Rebensaft und wichtige Termine für Verkostungen und Feste. Alles, was für Weinliebhaber und Kauflustige wichtig ist, verraten Ihnen die vielfältigen Links auf der Homepage. Hier finden Sie auch eine Suchmaske, mit

Homepage Grafschafter Weinhandlung

deren Hilfe Sie nach dem Wein Ihres Geschmacks fahnden können. Der Service stimmt, denn auf alle Waren wird Rücknahmegarantie gewährt, Sie bezahlen bequem per Nachnahme, Rechnung, Bankeinzug oder Kreditkarte.

Vins de France

http://www.vins-de-france.de

Manfred Saier sorgt dafür, dass die Deutschen in den Genuss französischer Weine kommen. Und damit auch jeder weiß, was ihn erwartet, zeigt er anhand einer Karte die verschiedenen Weinregionen auf. Auch über die Klassifikation der Weine aus unserem Nachbarland wird man informiert. Die Weinkunde erklärt, was Vin de Pays oder Cru bedeuten. Schade ist nur, dass man sich nicht gleich ein Fläschchen aus dem Sortiment bestellen kann.

Vintro Weinversand

http://www.vintro.de

Das obligatorische „in vino veritas" darf auf keiner weinverbundenen Site fehlen und verlockt Auge und Seele auch bei Vintro mit scheinbar magischer Anziehungskraft zu tiefergehenden Shopping-Exkursionen. Das reale Wein-Behältnis, sprich: das Weingeschäft, das den Sprung in die trockene Internetwelt geschafft hat, heißt sinnvollerweise „Fass No1" und steht mit seinem reichhaltigen und professionell präsentierten Angebot „Anfängern" und Feinschmeckern gleichermaßen mit Produkten sowie Rat und Tat zur Seite. Neben der kundenfreundlichen Suchmaschine reicht die Vielfalt von Weinen (nach Herstellungsland geordnet), Champagner, Sekt und diversen Spirituosen über Präsente, Raritäten und Spezialitäten bis hin zu Literatur und Auktionen. Illustration und Übersicht ist hier ebenfalls erste Wahl. In diesem Shop liegt die „Wahrheit" nur wenige Klicks entfernt.

viva-vinum.de: Genuss hat viele Seiten...

http://www.viva-vinum.de

Unter dem Motto „Genuss hat viele Gesichter" offeriert Ihnen viva-vinum auf diesen Webseiten eine internationale Weinkarte. Hier haben Sie nicht nur die Wahl zwischen den köstlichen Tropfen aus Weinanbaugebieten in aller Welt, sondern können auch Sonderkonditionen für Ihren Einkauf nutzen. Profis wählen für ihre Weinrecherche die integrierte Datenbank auf der Homepage. Zum umfangreichen Service gehört neben der Einzelflaschenbestellung auch die Auswahl zwischen sieben sicheren Zahlungsarten und die umgehende Lieferung der bestellten Ware innerhalb von einem bis drei Werktagen. Wer mehr zu den Einkaufskonditionen erfahren möchte, linkt sich unter „Infothek" ein.

Vino, Olio, Terracotta von V.O.T. Baumgarten

http://www.vot-baumgarten.de

V.O.T. Baumgarten macht in Italien Weingüter ausfindig, die kontinuierlich Wein hoher Qualität herstellen. Klasse statt Masse: Von den Weinen seiner handverlesenen Spitzenerzeuger profitiert, wer hier bestellt, denn die Erzeugnisse gibt es zu vernünftigen Preisen. Die einzelnen Weine sind qualitativ eingeordnet, so dass es beim Öffnen der Flasche keine unliebsamen Überraschungen gibt.

Wein24.de

http://www.wein24.de

Wenn vollmundige Aromen mit langatmigem Nachhall und raffinierter Süße betören, ein Strauß von Duftkaskaden mit der Nase kokettiert und ein Bukett von verschiedenen Früchten auf der Zunge tanzt, ist Ihr liebster Gaumenschmaus sicherlich ein guter Wein. Um die lieblich-trockenen Rebensäfte am heimischen Kaminfeuer genießen zu können, bedarf es nur eines Mausklicks, und der edle Tropfen wird bald vom virtuellen Warenkorb in den wirklichen wandern. Kulinarischen Freunden sei dieser Shop wärmstens an den Mund gelegt.

Wein-des-Monats.de

http://www.wein-des-monats.de

Bei Wein-des-Monats.de findet man viel mehr, als der Name vermuten lässt: Oma Mieke stellt ihre Rezepte vor, das Wein-des-Monats-Team empfiehlt dazu den passenden Wein. In der Bücherecke gibt es Literaturtipps, die sich ebenfalls mit dem Thema beschäftigen, und da man mit einer Flasche Wein allein nicht viel anfangen kann, gibt es außerdem schöne und nützliche Accessoires wie Sektkühler oder das Wein-Lexikon.

WeinExpress

http://www.weinexpress.de

Damit Ihnen Ihre Weinvorräte niemals ausgehen, hat sich der WeinExpress etwas ganz besonderes ausgedacht: das „Wein-Abo". Wer bei diesem Angebot zugreift, wird viermal jährlich beliefert – entweder mit einer der vorgeschlagenen Vorauswahlen oder aber individuell. Service pur wartet auch in den weiteren Rubriken dieser Seite. Sie können hemmungslos shoppen oder aber die Mitarbeiter des WeinExpresses behelligen, wenn Sie Fragen haben; sie haben immer ein offenes Ohr für Sie. Doch werfen Sie zuvor einen Blick in das umfangreiche Weinlexikon, vieles lässt sich auch schon dort klären.

Wein im WWW

http://www.weinimwww.de

Wein, wohin das Auge blickt.... Es ist unglaublich, aber Sie finden hier rund 3.000 Links zu Seiten rund um den Wein: Weingüter und Weinhandlungen in ganz Europa und sogar Wein-Datenbanken, allgemeine Informationen über den alkoholhaltigen Rebsaft, interessante Links zu Seiten, auf denen Ihnen edle Accessoires angeboten werden (haben Sie übrigens schon das unentbehrliche Sommelierset?), eine große Liste mit Links zu Online-Magazinen und guten Büchern über Wein, Links zu internationalen Organisationen und Clubs und – Wein-Software! Sie können nämlich Ihren spinnenwebendurchzogenen Weinkeller auch mit einer Software verwalten, um zu verhindern, dass ein gutes Tröpfchen unbemerkt in der Ecke stehen bleibt.

weinjournal

http://www.weinjournal.de

Im weinjournal dreht sich alles um den alkoholhaltigen Rebsaft. So erfährt der Laie, dass man Rotwein bereits eine Stunde vor dem Servieren öffnen sollte, Weißwein hingegen nicht. Auch das Einschenken ist eine Kunst für sich. Wer von der Theorie genug hat, begibt sich zu den Weinhändlern. In der Liste mit Verkaufsstellen in ganz Deutschland ist bestimmt auch eine in Ihrer Nähe zu finden.

Weinsearch.de/Weinmarkt.de

http://www.weinmarkt.de

Weinmarkt.de macht Ihnen die Suche leicht. Mit Hilfe der Weinsuchmaschine auf der Homepage können Sie Ihre Recherche nach dem Wein Ihrer Wahl unter 85 Händlern und 13.524 Weinen starten. Weitere internationale Spezialitäten finden Sie in der Datenbank, die mit 9 Shops und 7.459 Weinen gefüllt ist. Darüber hinaus haben Sie im Menü die Möglichkeit, den kostenlosen „Suchservice" in Anspruch zu nehmen und ein „Weingesuch" aufzugeben. Falls ein Händler die von Ihnen gesuchte Weinsorte führt, wird er sich bei Ihnen melden. Wer mag, kann auch in der „Weinauktion" ein gutes Tröpfchen ersteigern. In der

„Diskussionsliste" sind nicht nur spannende Informationen rund um das Thema Wein auf-gelistet, hier haben Sie auch die Chance, mit anderen Weinfreunden zu fachsimpeln.

www.weinserver.at
http://www.weinserver.at

Sie suchen nach einem bestimmten Wein oder Winzer in Österreich? Dann stehen die Chancen gut, auf dieser Website fündig zu werden: Über 5.000 Adressen sind hier nach Winzername, Sorte und Anbaugebiet geordnet. Doch es wird noch mehr geboten: Ein Veranstaltungskalender mit einem Heurigen-Teil, Wissenswertes zu Fachbezogenem wie Schädlingsbekämpfung und Gesetzeslage und schließlich ein Diskussionsforum zum Fach-simpeln und Austauschen von Tipps mit anderen Weinkennern und -liebhabern. Wer in Sachen österreichischer Wein auf dem Laufenden bleiben möchte, dem sei ein Besuch die-ser Seite wärmstens empfohlen.

www.wein-plus.de – Das unabhängige Weinportal
http://www.weinstammtisch.de

Die ultimative Seite für alle Weinliebhaber! Im Wein-Stammtisch wird nicht nur geredet, sondern vor allem auch probiert. Einmal im Monat werden ausgewählte Weine an die Teilnehmer verschickt, die diese kritisch unter die Lupe nehmen. Und das heißt natürlich: Sie dürfen, sollen und müssen sich die edlen Tropfen einverleiben. Es kommen aber nicht nur die Tester zu Wort. Das Wein-Forum ist offen für jeden, der sich zu diesem Thema äußern möchte. Und natürlich lassen die Stammtischbrüder ihresgleichen nicht im Stich. Wer verzweifelt nach einer Wein-Rarität sucht, findet hier mit Sicherheit Hilfe.

Weinstock
http://www.weinstock-online.de

Wissen Sie, was „Domänenweine aus Burgund" sind? Nun, diese Seite gibt darüber Auf-schluss, denn hier wird eine erlesene Vielzahl vorgestellt. Die Informationen sind allerdings eher knapp gehalten. Ein kurzer Einführungstext klärt über den aufgeführten Wein auf, anschließend folgt die Preisliste, denn natürlich können Sie sich die Tropfen aus Burgund ins Haus kommen lassen. Die Liefer- und Zahlungsbedingungen verraten, wie es geht.

Weinversand Schröder
http://www.weinversand-schroeder.de

„Das Leben ist zu kurz, um eine schlechte Flasche Wein zu trinken..." Mit dieser Weisheit begrüßt der Weinversand Schröder seine Gäste. Um auch weniger versierte Weinkäufer von der Qualität der italienischen, französischen und deutschen Weine zu überzeugen, leistet der Weinversand kompetente Beratung zu allen Fragen rund um den Wein und seine Lagerung.

Wein aus Österreich
http://www.wine.co.at

Ein schickes Titelbild in gediegenem Kolorit erwartet den Besucher dieser Seite und lädt ihn zu einer virtuellen Präsentation des Weinlandes Österreich ein. Nachdem man sich mit den letzten Meldungen, dem Pressearchiv und dem Terminkalender auf den neuesten Stand gebracht hat, lassen sich mit detaillierten Informationen zu allgemeinen Herstellungsver-fahren, den Aufgaben der Winzer, der Geschichte des Weins und den Besonderheiten der vier Anbauregionen die Kenntnisse vertiefen. Weitere Beiträge zum Rebsortenspiegel, zur Marktanalyse des Vorjahres und eine Darstellung der legislativen Zusammenhänge beleuch-ten die wirtschaftliche Seite. Eine Reihe von Links zu thematisch benachbarten Seiten ver-vollständigt das Angebot.

The Wine Advocate
http://www.wine-advocate.com

Kennern des Rebensaft-Metiers dürfte der Name Robert Parker ein Begriff sein. Sowohl in Buchform als auch auf seiner Homepage stellt der Weinadvokat seine Degustationen vor. Nur die besten Weine halten dem prüfenden Gaumen des Verkosters stand. Die Ergebnisse können Sie in der Auswahl des Monats einsehen oder aber, indem Sie sein neues Buch bestellen, in das Sie auf dieser Seite Einblick nehmen können.

Winegate.de – Das Internet genießen
http://www.winegate.de

Haben Sie schon mal versucht, das Internet zu genießen? Sie schließen die Augen, beißen genüsslich rein… und schon sind Sie wieder in der Realität angelangt! Das Weingate bringt Sie dem virtuellen Genuss ein Stückchen näher, wenn hier auch zunächst nur das Auge isst. Sie haben die (Qual der) Wahl. Sollen es mal wieder ausgesuchte Weine sein? Oder vielleicht doch lieber die liebevoll zusammengestellten Spezialitäten-Angebote? Fehlen noch Accessoires, um den Tisch zu bereichern? Lassen Sie sich inspirieren! Wenn Ihnen das nicht reicht, können Sie natürlich auch bestellen. Ganz Eilige bekommen Ihre Ware innerhalb eines Tages ins Haus geliefert.

WineGuide
http://www.wineguide.ch

Die Schweiz ist ein Land der Gaumenfreuden. Schweizer Käse, die berühmte Schweizer Schokolade… In unserem Nachbarland gibt es aber auch sehr guten Wein, und der wird Ihnen auf diesen Seiten nähergebracht. Oder kennen Sie bereits die Weinbauregionen im Land der Eidgenossen? Diese können sie dank dieser Seiten ebenso in Erfahrung bringen wie die Rebensorten, die dort angebaut werden.

Winelife – Die Welt des Weines und die Weine der Welt
http://www.winelife.de

Für alle Freunde des guten Weines und vor allem für diejenigen, die es gern werden möchten, ist diese Seite ein absolutes Muss. Das respektable, sechsmal im Jahr erscheinende Magazin „Alles über Wein" hat in bester eigener Tradition sein Know-how zum Thema Wein vor dem dürstenden Surfer aufgeblättert. Von der Bewertung bestimmter Wein-Jahrgänge bis hin zum Wein-Shopping im Internet (mit kurzen Erläuterungen) findet man hier nahezu alles. Viele sprechen von den beispielhaften Buchversendern und Verlagen im Netz: Diese Website macht deutlich, dass die „Wein-Branche" auf dem besten Wege ist, diesen Vorsprung aufzuholen.

WineLight …wo Weintrinken anfängt
http://www.winelight.de

WineLight bietet einen tollen Service: Regelmäßig werden preisgünstige Weine getestet und vorgestellt. Wer in der Preisklasse bis 15 DM echte Klasse sucht, wird hier mit Sicherheit fündig. Aber WineLight tut noch mehr für seine Besucher. Unter der Rubrik „bacchus & Co" findet man Geistreiches und Wissenswertes. Das fängt mit fossilen Traubenkernen an und endet mit „glasklaren" Argumenten, die die Entscheidung für das richtige Trinkbehältnis erleichtern.

Wine Across America
http://www.wines-across-america.com

Amerikanischer Wein kommt immer aus Kalifornien? – Keineswegs! Fast jeder Staat der USA besitzt eigene Weinanbaugebiete, und diese Seite gibt einen genauen Überblick über

Adressen, Termine und Spezialitäten. Übersichtlich geordnete Links zu den Homepages der weit über hundert verschiedenen Weinkeller ermöglichen effiziente Navigation, Tipps vom Fachmann gibt es außerdem.

l'Ecole du Vin

http://www.wine-school.com

Im Gegensatz zu den meisten Schulungsangeboten rund um den Wein ist dieses kostenlos. Die Weinschule bietet einen weiteren Vorteil: Man kann sie aufsuchen, wann immer man Zeit hat, denn hierbei handelt es sich um den ersten elektronischen Weinkurs. Einfach registrieren, und schon kann man sich auf bequeme Weise fortbilden. Einziges Manko ist, dass es diese Seite nur in englischer Sprache gibt.

WINE System Aktiengesellschaft

http://www.winesystem.com

Wer endlich einmal Ordnung in seinen Weinkeller bringen möchte, sollte einen Blick auf die Seiten der WINE System Aktiengesellschaft werfen. Verschiedene Kartensysteme sorgen für Überblick in den Gewölben, in denen Sie so manch guten Tropfen einlagern. Dazu benötigt die AG allerdings Ihre Hilfe – oder vielmehr die Ihres Winzers. Denn ohne grundlegende Informationen nützen Ihnen auch Kellerordnungs- und Regalkarte nichts. Wer zur Systematisierung erst einmal einen Bestand aufbauen muss, wird hier ebenfalls fündig. Der Shop bietet neben Weinen auch Säfte, Brände, Accessoires, Spezialitäten und Geschenke.

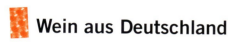

Wein aus Deutschland

DeutscherWein.de
http://www.deutscherwein.de

Haben Sie Ihren liebsten Rebensaft unter der Vielzahl deutscher Weine schon ausgemacht? Falls nicht, haben Sie hier Gelegenheit, sich in die Materie zu vertiefen und anschließend Ihre Entscheidung zu fällen. DeutscherWein.de ist mit seiner integrierten Suchmaschine dabei behilflich, den Wein, Sekt oder die Spirituose der Wahl herauszusuchen. Auch Weinschänken, Weinfeste und Veranstaltungen in der Bundesrepublik sind hier aufgeführt. Die Informationen zum Getränk gibt's im „Wein-ABC".

Deutsche Weine online
http://www.deutscheweine.de

Das Deutsche Weininstitut verknüpft die Jahrtausende alte Tradition des Weinanbaus in Deutschland mit dem Medium der Zukunft, dem Internet. Diese Site ist gleichermaßen für Weinkenner und für Genießer, die gerade erst auf den Geschmack gekommen sind, ein Gewinn. Hier erfährt man, dass eine Spätlese auch trocken angebaut werden kann und dass die Rebsorte Riesling auf dem Schieferboden der Moselregion besonders gute Früchte trägt – also alles, was es über die deutschen Anbaugebiete und ihre Weine zu wissen gibt.

Deutsche Weingüter
http://www.deutsche-weingueter.de

Das übersichtliche Online-Kaufhaus der deutschen Weingüter ermöglicht es Ihnen, Weine, Winzersekt, Spirituosen und andere Winzererzeugnisse wie zum Beispiel Weingelee, Traubensaft und Winzeressig direkt vom Weingut Ihrer Wahl zu bestellen. Dabei gelten natürlich unterschiedliche Zahlungskonditionen, Lieferbedingungen und Mindestbestellmengen. Machen Sie sich also vor dem Einkauf kundig, damit Sie keine böse Überraschung erleben.

Homepage Deutsche Weine online

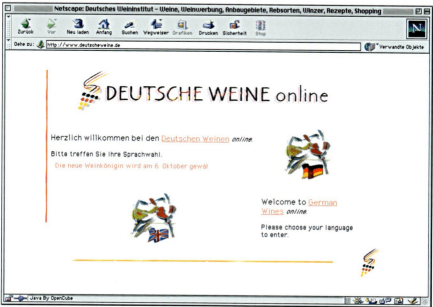

Auch neue Anbieter sind hier immer gerne gesehen, Näheres zu den extrem günstigen Verkaufsbedingungen des Online-Shops erfahren interessierte Winzer unter dem Link „Teilnehmerinformation".

Deutsche Weinstraßen
http://www.deutsche-weinstrassen.de

Deutschland hat nicht nur eine Weinstraße, sondern gleich mehrere. Welche das sind, sehen Sie auf dieser Homepage auf einen Blick. Da zur Zeit das Repertoire der Seite erweitert wird, gibt es nur zur badischen sowie zur fränkische Bocksbeutel-Straße ausgewählte Informationen; Feste, Wissen und Kultur machen diesen Teil aus. Wer die Rebe in dem Gebiet genießen möchte, aus dem sie stammt, kann auf der Seite der deutschen Weinstraßen auch Auskünfte über die angebotenen „weintours" einholen.

GermanWine.de
http://www.germanwine.de

Da die Lagerung angebrochener Weine immer mit Qualitätsverlust verbunden ist, ist es besser, sie bald auszutrinken. Ein eher simpler Rat, gefunden auf den Infoseiten von „German Wine". Dies soll aber nicht darüber hinwegtäuschen, dass Sie hier eine unglaubliche Fülle an Infos und Tipps zu deutschen Weinen bekommen. Von der Ahr bis nach Württemberg werden hier alle deutschen Weinanbauregionen vorgestellt.

Karthago's Gourmet
http://www.karthago.de/gourmet

Karthago's Gourmet verrät Ihnen die 100 besten Schlemmeroasen Deutschlands. Dank der vielen Informationen über Aufstieg und Fall deutscher Kochkünstler innerhalb der Top 100 können Sie sich überlegen, in welchem Restaurant Sie sich demnächst lukullisch verwöhnen lassen möchten. Neben der Küche müssen natürlich auch Ambiente und Service stimmen, deshalb schaffen es nur die Besten, sich unter den Top 100 zu behaupten. Das gilt

Homepage GermanWine.de

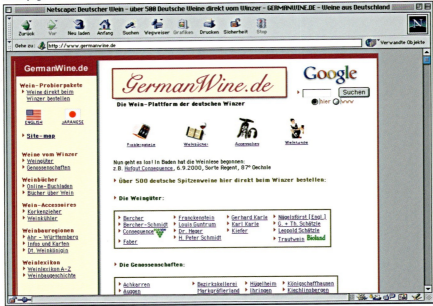

auch für die Weingüter, die ebenfalls um einen Spitzenplatz bei Karthago's Gourmet kämpfen. Der Genießer-Guide unterhält Sie zusätzlich mit Wissenswertem rund um den deutschen Wein, mit witzigen oder besinnlichen Geschichten zum Thema „In vino veritas" und verrät Ihnen tolle Rezepte.

Gut Nägelsförst

http://www.naegelsfoerst.de

Gut Nägelsförst gehört zu den traditionsreichen Weingütern Baden-Badens. Hier finden Sie laut Aussage des Winzers „eine Sorten-, Lagen- und Ausbau-Vielfalt an Gutsweinen und Gutssekten, die in der Region ihresgleichen" sucht. Die Vielfalt bestätigt ein Mausklick, von der Qualität müssen Sie sich schon selber überzeugen. Unter „Bestellung" finden Sie deshalb nicht nur die Einkaufskonditionen, sondern auch die feilgebotenen Weine, zwischen denen Sie wählen können.

Verband Deutscher Prädikats- und Qualitätsweingüter

http://www.vdp.de

Der Webauftritt des Verbandes Deutscher Prädikats- und Qualitätsweingüter unter der Ägide von Michael Prinz zu Salm-Salm ist beispielhaft in puncto Design und Informationsgehalt: keine übertriebenen Grafik-Verrenkungen, geschmackvolle Linie, gute Texte, klare Link-Logik. Worauf es ankommt zeigt der Punkt, auf den man klicken sollte, denn ein Wein besteht nicht nur aus Wein allein; neun Dinge gilt es zu beachten, vom Boden bis zum Winzer. Wir haben das gern gelesen. Demnächst noch mehr, mit einem Glas Wein neben der Tastatur.

VinoNet.de: Die besten Weingüter Deutschlands

http://www.vinonet.com/indexde.htm

Die besten Weingüter Deutschlands scheinen sich auf fünf der 13 deutschen Anbaugebiete zu beschränken. Unter der jeweiligen Region findet man eine Auswahl an Weingütern, die auf ihren Homepages verraten, welche Rebsorten sie anbauen und was ihre Weine auszeichnet. Natürlich geht es hier nicht nur ums Schauen, sondern auch ums Kaufen. Hilfreich wäre es allerdings, wenn die Offerten zentralgesteuert wären. So muss man sich bei jedem Weingut einzeln über die Zahlungsmodalitäten informieren.

wein.com

http://www.wein.com

Die wein.com-Seite ist in drei Bereiche unterteilt: Der Weinmarkt zeigt die Homepages bekannter Weingüter, im Service-Teil wird über Weingeschichte, Anbau und Rebsorten berichtet (unter anderem gibt es einen Überblick über die Auszeichnungen, die in Deutschland verliehen werden), in der Schatzkammer schließlich befinden sich sorgfältig gelagerte Raritäten für Kenner oder für besonders festliche Anlässe, die man online bestellen kann. Schlicht, aber ergreifend!

Prämierte Weine der Deutschen Landwirtschaftsgesellschaft DLG

http://www.wein.de

Wussten Sie, dass auch für Wein und Sekt jährlich eine Bundesprämierung vorgenommen und ein DLG-Ehrenpreis verliehen wird? Auf diesen Seiten lernen Sie die Spitzenprodukte der deutschen Winzer kennen. Darüber hinaus haben Sie in der Datenbank Gelegenheit, 4.100 Weine abzufragen, die bereits ausgezeichnet wurden. Ihre Recherche kann dabei nach verschiedenen Kriterien wie verliehener Preis, Jahrgang, Rebsorte, Wein-Art, Anbaugebiet, Geschmacksrichtung, Qualitätsbezeichnung und Endverbraucherpreis erfolgen.

wein-abc

http://www.wein-abc.de

Das ABC lernt jedes Schulkind, das Wein-ABC dagegen beherrschen oft nicht einmal versierte Weingenießer. Damit ist jetzt Schluss! Das wein-abc stellt nicht nur die 13 Anbauregionen Deutschlands vor, sondern weiß auch, welche Rebsorten wo in welchem Umfang angebaut werden. Je weiter man sich in die Deutschlandkarte vertieft, desto mehr erfährt man. So gelangt man etwa über das Anklicken einzelner Städte zu den Adressen von dort ansässigen Weingütern. Das kann man natürlich auch schneller haben. „Winzer" heißt die Rubrik, die über eine eigene Suchmaschine verfügt und anhand von Weinanbaugebieten, Postleitzahlen oder Ortschaften Weingüter ermittelt.

Der internationale Wein-Shop

http://www.wein-bestellen.de

Verschiedene Weingüter bieten Ihnen im internationalen Weinshop ihre flüssigen Erzeugnisse an. Ob Sie vom heimischen Sessel aus edlen Rot- oder Weißwein, prickelnden Sekt oder feurige Spirituosen bestellen möchten – hier gibt' für jeden etwas. Das schließt natürlich auch die entsprechenden Hintergrundinformationen ein. Vielleicht möchten Sie ja vor dem Genuss noch ein paar Rebsorten näher kennen lernen – schon die alten Römer wussten um ihre Bedeutung. Da sie fürchteten, ihre Tonkrüglein könnten leer bleiben oder mit dem Produkt miserabler Gewächse gefüllt werden, haben sie vorsichtshalber ihre eigenen Reben mitgebracht und angebaut. Ganz schön clever, die Römer. Was es sonst noch zu wissen gibt, verrät das „Kleine Lexikon der Wein-Fachbegriffe" – so es dereinst fertiggestellt ist. Dann können Sie mit wichtigen Begriffen wie „sommelieren" oder „degustieren" die Weinlaien in Ihrem Bekanntenkreis beeindrucken.

Alles über Trauben

http://www.weine.de

Eines können Sie hier nicht: nämlich Wein kaufen. Ansonsten bietet „Deutsche Weine, Deutscher Wein" aber Informationen rund um den Wein, und zwar in Hülle und Fülle. Ob Wein und Gesundheit, Wein und Essen, Weinrecht, Anbaugebiete, Weinproben, Weinetiketten, Literatur zum Thema Wein, Rebsorten oder Prämierungen: Hier können Sie zum Fachmann avancieren!

Weinguide Deutschland

http://www.weinguide.de

Die Etiketten auf deutschen Weinen sind so kodiert, dass der Laie einen Dolmetscher zur Entschlüsselung benötigt. Oder aber den „Weinguide Deutschland", der als besonderer Service eben auch hinter die Etiketten schaut. Ebenso weiht er den Amateur-Sommelier in das große Einmaleins der richtigen Glasauswahl ein. Hauptsächlich aber stellt der Wein-Guide Weine und Weingüter Deutschlands vor, beurteilt sie und vergibt – quasi als Pendant zu den Sternen in Hotelführern – Trauben: fünf Pergel für den besten Wein, drei für ein mittelmäßiges Weingut ... Der vollständig ins Netz übertragene Weinführer ist nutzerfreundlich strukturiert, leicht zu verstehen, ansprechend gestaltet, gut, aber keineswegs „trocken".

Wein-net

http://www.wein-net.de

Wer das Wein-net besucht, kann nicht nur Informationen rund um den gegorenen Rebensaft sammeln, sondern sich auch im Chatraum mit dem treffenden Namen „Weinkeller" mit anderen Freunden über die guten Tröpfchen unterhalten. Angst vor einer Blamage muss niemand befürchten: Das Wein-Lexikon liefert alle wichtigen Begriffe. Appetitlich wird es bei den Rezepten: Dampfnudeln, Gänsekeulen oder Rahmmedaillons, natürlich alle mit Wein verfeinert.

Ahr

Weingut Schloßhof

http://home.t-online.de/home/schlosshof

Der Schlosshof war einstmals das Wirtschaftsgebäude einer nahegelegenen Burg. Eine Wirtschaft ist er auch heute noch, wenn auch in anderem Sinne: Seit 1859 kann man dort den in Dernau angebauten Wein verkosten. Wenn Sie allerdings den Weg dorthin scheuen, wird es schwierig. Zwar verrät der Winzer, was ein gutes Tröpfchen aus dem Ahrtal kostet, ein Bestellformular hat er der Seite jedoch nicht beigefügt. Aber wer weiß, vielleicht hilft es ja, wenn genügend Besucher dieser Website nachfragen!

Die Gesundheitsregion Ahr, Rhein & Eifel

http://www.ahr-rhein-eifel.de

In der Gesundheitsregion Ahr, Rhein und Eifel beweist man Liebe zum Wein. Fast schon zuviel des Guten, denn hier hat man die Ahrweinkönigin der Jahre 1998 und 1999 hinters Mikrofon gelassen. Sie huldigt ihrer Heimat auf geradezu rührige Weise – allerdings nicht unbedingt schön. Wie gut, dass die informativen Bereiche ohne Musikuntermalung auskommen!

Das Ahrtal

http://www.ahrtal.de

Nur wenige Seiten im Web stellen das „Rotweinparadies Deutschlands" vor. Um so löblicher, dass man unter dieser Adresse ein umfassendes Magazin findet. Die „Dia-Show" vermittelt Impressionen aus dem viertkleinsten Anbaugebiet Deutschlands, aber natürlich gibt es auch textlastigere Informationen. Im Schutz der Eifel wachsen an der Ahr Trauben heran, die später zu Burgunder, Portugieser und manch anderen köstlichen Tropfen verarbeitet werden. Doch obwohl man an der Ahr die Herstellung roter Weine vorzieht, wird etwa ein Fünftel der Anbaufläche auch den Trauben für die Weißweine überlassen. Die genussvollen Seiten des Ahrtales kann man aber nicht nur über seine Weine kennen lernen. Wer sich vor Ort kulinarisch verwöhnen lassen möchte, sollte sich auf diesen Seiten gründlich umschauen, denn hier stellt sich auch so manche Ortschaft vor.

Weingut Försterhof

http://www.foersterhof.de

Direkt über dem romantischen Rotweinwanderweg im Ahrtal liegt das Weingut Förster. Im viertkleinsten Anbaugebiet Deutschlands werden, das wird auch schon aus der Lage des Winzerhofes deutlich, vor allem rote Trauben angebaut und gekeltert. Diesem Umstand verdankt das Ahrtal auch den Ruf, Deutschlands „Rotweinparadies" zu sein, obwohl es dort natürlich auch sehr gute Weißweine gibt. Wer noch ein klein wenig Geduld aufbringt, kann in Kürze die Rebensäfte von der Ahr online bestellen.

Weingut Meyer-Näkel

http://www.meyer-naekel.de

Dort wo der Rhein in die Ahr mündet, liegt eines der kleineren Weinanbaugebiete Deutschlands: das Ahrtal. Schon die Römer nutzten den sonnenverwöhnten Landstrich, um Weinstöcke anzupflanzen. Das Weingut von Werner Näkel ist, wie das „Echo" verrät, „die allseits anerkannte Nummer Eins im Weinbau an der Ahr". So gesehen ist es auch nicht verwunderlich, dass der Winzer sich mit zahlreichen „Lorbeeren" schmücken darf. Welche das genau sind, kann man auf der Homepage des Weingutes in Erfahrung bringen. Mittlerweile beschreitet Werner Näkel neue Wege. Trauben aus Südafrika werden im Ahrtal zu einem

Wein von internationalem Format weiterverarbeitet. „Zwalu" (Neuanfang) heißt das Produkt, das man neben vielen weiteren leckeren Tröpfchen online erwerben kann.

Baden

Affentaler Winzergenossenschaft Bühl

http://www.affentaler.de

Die Affentaler Winzergenossenschaft Bühl verwöhnt Sie mit edlen Getränken aus Baden. Weinfreunde sollten keinesfalls das regionale Weinfest im Juli versäumen, auf dem nicht nur ordentlich getrunken, sondern auch eine Weinkönigin gekrönt und ein tolles Festprogramm geboten wird. Alle aktuellen Events und Highlights sind unter dem Link „Veranstaltungen" aufgeführt. Im Online-Shop finden Sie neben den offerierten Weinen und Sekten auch Spezialitäten und Geschenkpackungen „zum Probieren und Faszinieren für Zechbrüder und andere Gemüter".

Badische Weine

http://www.alte-wache.com

Die Alte Wache in Freiburg ist ein Haus der badischen Weine. Hier können Sie die unterschiedlichsten badischen Weine, ob rot, rosé oder weiß, bestellen. Der Online-Auftritt der Alten Wache bietet aber noch mehr. Nicht nur, dass Sie sich über die einzelnen Weine informieren oder einen virtuellen Rundgang durch das Weinhaus unternehmen können, Sie werden auch – wichtig für alle, die sich im Breisgau aufhalten – über Veranstaltungen und Weinproben informiert und haben die Möglichkeit, in einem gutsortierten Weinlexikon Schlagwörter aufzurufen. Wenn Ihnen der Begriff Transvasiermethode also noch nicht geläufig ist, nach dem Besuch der Alten Wache wissen Sie, worum es geht.

Badischer Winzerkeller Breisach

http://www.badischer-winzerkeller.de

Dank der Weitsichtigkeit badischer Winzer entstand 1952 mit dem badischen Winzerkeller eine große, moderne Kellerei, die sich im Laufe der Jahre zu einem der leistungsstärksten Betriebe des Landes entwickelte. Eine fein abgestimmte Symbiose traditioneller Verfahren und moderner Techniken führt zur Herstellung von Weinen, die höchsten Ansprüchen genügen. Sorgfalt und Pflege der Reben im Weinberg finden in der natürlichen und umweltbewussten Kellerwirtschaft ihre Fortsetzung. Mehrere hundert Erzeugerabfüllungen verlassen jährlich das Haus – sehr zur Freude aller Genießer des badischen Weines. Auf der Website finden Sie nicht nur eine ausführliche Geschichte des Winzerkellers, sondern auch Infos zum „Weinland Baden" sowie einen kleinen Online-Shop.

Weingut Löffler

http://www.BreisgauCity.com/weingut-loeffler

Falls Sie badischen Wein und badische Gemütlichkeit lieben und eine herzhafte Winzervesper mit frischem Bauernbrot zu schätzen wissen, sind Sie beim Weingut W & B Löffler in Staufen-Wettelbrunn genau richtig. Die Familie unterhält zwei gemütliche Gästezimmer, deren Ausstattung Sie online einsehen können. Auf dem Weingut im Herzen des Margräflerlandes gedeiht insbesondere der heimische Gutedel, eine Rebe, die als Lieblingskind der Margräfer Winzer gilt. Außerdem werden auf dem Weingut die Rebsorten Müller-Thurgau, Nobling, Silvaner, Weißer Burgunder, Rulander, Spätburgunder, Muskateller und Gewürztraminer angebaut. Entsprechend vielfältig ist auch die Auswahl im Online-Shop, wo es neben den Weinen auch Winzersekt, Likör, Schnaps, Branntwein und Herzhaftes einzukaufen gibt.

Weine & Winzer Region Bodensee

http://www.de1.emb.net/wein

Weine & Winzer ist eine Datenbank, in der man die Weinbauern rund um den Bodensee findet. Die Zuordnung beschränkt sich nicht allein auf Weinanbaugebiet und Rebsorten, die von ihnen angebaut werden, sondern wird ergänzt durch die Zahl der verliehenen „Gläser". Dahinter verbirgt sich die qualitative Bewertung der Weine. Ein Glas bedeutet, dass es sich um „einfache und ehrliche Landweine" handelt, fünf Gläser, die Bestnote, steht für „perfektionistisch produzierte Spitzenweine".

Durbacher Winzergenossenschaft

http://www.durbacher.de

Wenn Sie im Webangebot der Durbacher Winzergenossenschaft einmal in den sogenannten „Medaillenspiegel" geschaut haben, dann wissen Sie, wie hoch die Qualität der von ihr produzierten und vertriebenen Weine ist. Vom Blauen Spätburgunder über Klingenberger Riesling bis hin zum Chardonnay finden Sie hier wirklich erlesene Tröpfchen. Wer seinen Wein lieber in uriger Festzeltatmosphäre schlürft und gerne zu Weinfesten geht, schaut in die Rubrik „Veranstaltungen".

Weingut Gebrüder Müller

http://www.netfit.de/weingut-mueller

Willkommen auf der Webpräsenz des Weingutes der Gebrüder Müller in Breisach am Rhein. Die Familie kann auf eine fast 180-jährige Geschichte des Weinanbaus zurückblicken und übt ihr Handwerk heute unter dem Motto „klein, fein und trocken" aus. Aus Überzeugung pflegt das Kaiserstühler Privatweingut nur umweltschonenden Weinanbau. So bringt der Verzicht auf Süßreserven nicht nur unverfälschten Weingeschmack, sondern ermöglicht es den Winzern auch, mit sehr geringen Schwefelabgaben auszukommen. Die Qual der Wahl haben Weinfreunde unter der Rubrik „Produkte", den Inhalt der Probier-Pakete können sie unter „Bestellung" einsehen.

Homepage Badischer Winzerkeller Breisach

Oberkircher Wein

http://www.oberkirch.de/inhalt/weinbau

Als Herzog Friedrich von Württemberg zu Beginn des 17. Jahrhunderts in Oberkirch bei Straßburg den Weinanbau im großen Stil einleitete, blickte diese Region schon auf rund 500 Jahre Traubentradition zurück. Heute, zu Beginn des dritten Jahrtausends, werden Ruländer, Weißherbst, Spätburgunder und der spezielle Klingelberger Riesling immer noch auf bewährte Art im Barrique angebaut und auf dieser Seite detailliert vorgestellt. Reichhaltige Informationen zu Geschichte und Anbaugebiet sowie Bilder vom letzten Weinfest laden zu einem Abstecher ins Badische ein.

Oberkircher Winzergenossenschaft

http://www.oberkircher-winzer.de

Die Oberkircher Winzergenossenschaft wirbt damit, bereits zur „zweiten Generation des Onlinehandels" zu gehören. Zumindest der Webauftritt hat die nächst höhere Stufe erreicht: Er besticht durch eine übersichtliche Navigationsstruktur, die schnell zu den Informationen führt, die für den User von Belag sind; „Geschichte", die „Winzer", die „Rebsorten", die „Sektherstellung" oder „Wein & Leben" sind in eine reich bebilderte Slide-Show verpackt. Herzstück dieser Seite ist natürlich der Shop, der zeitgemäß mit einem Warenkorb-System ausgestattet ist.

Wein- und Sektparadies Sonnenstück – Winzergenossenschaft Schliengen

http://www.sonnenstueck.de

Die erste Markgräfler Winzergenossenschaft hat sich den schönen Namen „Sonnenstück" zugelegt. Seit 1908 setzen sich die Weinbauern der „Toskana Deutschlands" gemeinsam für ihre Belange ein – so auch bei ihrem Webauftritt. Neben den Weinen selbst stehen die Prämierungen, die die Erzeugnisse in den letzten Jahren erfahren haben, aber auch die Geschichte der Genossenschaft im Vordergrund. Besonders praktisch ist der „Weinfinder", den man mit Vorgaben wie Preis und einer Vielzahl weiterer Kategorien für seine Recherche nutzen kann.

Weine – Die schönen Dinge des Lebens vom Bodensee

http://www.wein.mbo.de

Hagnau, ein kleiner verträumter Urlaubsort am Bodensee zwischen Friedrichshafen und Meersburg, kann auf eine lange Winzertradition zurückblicken, ist doch der Hagnauer Winzerverein der zweitälteste in Deutschland überhaupt. Auf dieser schlichten, aber nett gemachten Site können Sie sich über die Weine aus Hagnau und den umweltschonenden Weinanbau dieser Gegend informieren und – wenn Sie auf den Geschmack gekommen sind – die Weine auch gleich online bestellen.

Wein- und Sektgut Weber

http://www.weingut-weber.de

Die Webers haben sich nicht nur dem Wein, sondern auch dem Walnussanbau verschrieben. Oberstes Ziel aller Arbeiten im Familienbetrieb ist neben der Erzeugung hochwertiger Weine sowie naturbelassener Walnüsse auch die Erhaltung des Naherholungsgebietes Ettenheim. Das erfordert natürlich einen schonenden Anbau. Wer in den Genuss der Ernte der Familie Weber kommen möchte, kann sich in Mai und September vor Ort verwöhnen lassen oder sich auf den Weg in den Online-Shop machen.

Franken

Weinbau Familie Hofman

http://members.aol.com/weinhofman

Gepflegte Gastlichkeit gehört für die Ipsheimer in Mittelfranken zu ihrem Lebensstil. Hier, im landschaftlich reizvollen Aischtal, liegt auch der Weinbaubetrieb der Familie Hofmann, auf dem nach der Philosophie gearbeitet wird, „stets naturnahen und umweltschonenden Weinanbau zu betreiben, um trockene Weine mit Frische, Frucht und mit angenehm belebender Säure zu erhalten". Unter „Unsere Weine" haben Sie die Auswahl zwischen den erlesenen Tröpfchen in Flaschen und Bocksbeuteln. Zum Verkaufsservice gehören Sonderetiketten und auf Wunsch eine stilvolle Geschenkverpackung.

Weinland Franken

http://weinland-franken.de

Von der Traube in die Flasche – dem Besucher werden viele Möglichkeiten geboten, Franken und seine Weine kennen zu lernen. Dazu dienen Landkarte, Suchfunktion zu Gastronomie und Winzern sowie Urlaubs- und Buchhinweise. Wer sich in erster Linie für den Wein aus der Region interessiert, kann sich in der Rubrik „Wissenswertes" umfassend informieren. Geschichte, Sagen und Gedichte zeichnen ein lebendiges Bild der fränkischen Weintradition.

artwein

http://www.artwein.de

Dieser Name ist Programm: Wer seinen Weinkeller mit den guten Tropfen von artwein füllt, gibt jungen Künstlern damit die Chance, sich kostenfrei auf dieser Seite zu präsentieren. Das Projekt finanziert sich aber nicht nur über den Verkauf des Weines, sondern auch über Kunstkarten mit Reproduktionen ausgewählter Maler. Welche Werke bisher ausgesucht wurden, zeigen sowohl die „art galerie" als auch die „art karten", die man kostenfrei an Freunde und Bekannte verschicken kann.

Der Frankenladen

http://www.frankenladen.de

Echte Franken-Fans kommen an diesem Shop nicht vorbei, denn hier werden sie mit allen erdenklichen Spezialitäten und Erzeugnissen aus fränkischen Landen verwöhnt. Für das gute Tröpfchen sorgt das Weingut Luckert mit verschiedenen Wein- und Sektspezialitäten aus der Region. Auch Bier und Schnaps können online geordert werden. Originelles Muss für alle Frankenanhänger sind die T-Shirts mit heimatverbundenem Aufdruck, ganz Ausgeflippte finden sogar Lätzchen mit der Aufschrift „Klöß', sonst nix!" Eine sorgfältige Vorauswahl ist allerdings zu empfehlen, da das Rückgaberecht ausschließlich für fehlerhafte Ware gilt.

Internet Weinshop

http://www.franken-wein.com

Klein ist in diesem speziellen Fall besonders fein. Der Internet-Weinshop offeriert einzig „eine exklusive Auswahl besonderer Weine der Staatlichen Hofkellerei Würzburg". Die meisten von ihnen präsentieren sich ganz „frankenlike" im Bocksbeutel. Zu den Highlights gehört der „Randersackerer Ewiges Leben", der den Deutschen den Übergang von der D-Mark zum EURO schmackhaft machen soll. Im Geschenkkarton mit zwei edlen Gläsern eignet er sich auch hervorragend als Geschenk. Weiß- und Rotweine sowie fränkische Brände stehen außerdem zur Wahl.

Franken-wein im Internet

http://www.franken-wein.de

Deutschland ist das Land der weißen Rebsorten. Rund 82% aller Anbauflächen werden mit hellen Trauben bepflanzt. Franken-wein klärt im Internet nicht nur über die Sonnenstunden auf, die ein Weinstock im Jahr erwarten darf, sondern hat auch noch spezielle Informationen über den fränkischen Wein parat. Dazu gibt es Beschreibungen der letzten 30 Jahrgänge sowie zu den Tätigkeiten der Winzer.

Wein aus Franken

http://www.gwf-kitzingen.de

Was ist eigentlich eine Trockenbeerenauslese? Diese und andere Fragen werden Ihnen auf der Webpage der Gebietsgenossenschaft Winzer Franken beantwortet. Die GWF, die sich als eine der wenigen Winzergenossenschaften mit dem Bundesehrenpreis in Gold der Deutschen Weinwirtschaft – dem Wein-Oscar – schmücken darf, bietet Ihnen darüber hinaus alles über Frankenwein und Frankensekt und lädt Sie ein, in Franken an einer „Weinsafari" teilzunehmen.

Hofgut Hörstein

http://www.hofgut-hoerstein.de

Wann hat man Ihnen zuletzt reinen Wein eingeschenkt? Hier gibt es „Frankenwein direkt vom Erzeuger", und das ist in diesem Fall das Weingut im Aschaffenburger Schloss. Berichtet wird nicht nur über die verschiedenen Rebsorten und Lagen, sondern über alles, was es an Wissenswertem rund um Schloss und Wein gibt. Dazu gehören Weinproben, Kellerführungen und sogar die Besichtigung des Schlosses – ein kleiner Abstecher auf das Hofgut Hörstein lohnt sich also. Wer dazu keine Zeit hat, muss auf die Weine dennoch nicht verzichten: Bestellungen können per E-Mail oder aber per Telefon übermittelt werden.

Klingenberg am Main

http://www.klingenberg-main.de/weinbau.htm

In Klingenberg am Main wird guter Wein hergestellt – davon können Sie sich bei einem Besuch selbst überzeugen. Vorab sollten Sie aber einen Blick in die Webseiten der Ortschaft werfen, denn hier finden Sie interessante Informationen über Weinlagen, Bodenbeschaffenheit, Klima und Rebsorten. Auch das örtliche Heimatmuseum wird vorgestellt – inklusive Öffnungszeiten und Eintrittspreisen. Wer jetzt schon Durst hat, kann natürlich auch schon vor seinem nächsten Urlaub in den Genuss der Weine aus Klingenberg kommen: einfach online bestellen!

Weinbau Paul Leicht

http://www.leicht-nordheim.de

Sie wollen das Nordheimer Vögelchen pfeifen hören? Dann sollten Sie den gleichnamigen Wein probieren. Spätestens nach zwei Fläschchen fängt er an zu jubilieren – garantiert! Weinbauer Paul Leicht hat natürlich auch andere edle Tropfen im Sortiment, die er online vorstellt. Nur das Verkosten müssen Sie noch ein Weilchen aufschieben, denn via Internet kommt man nicht in den Genuss der Weine, Sektsorten und Schnäpse. Warum statten Sie dem Weingut nicht mal einen Besuch ab? Zwei Ferienwohnungen warten darauf, von Ihnen bezogen zu werden. Und dort gibt es dann auch gesellige Weinproben – versprochen!

Weingut Roman Schneider

http://www.schneiderwein.com

Viele der Weine des Weingutes von Roman Schneider sind bei regionalen und überregionalen Wettbewerben prämiert worden. Wo die Trauben für diese edlen Tropfen wachsen, wie man mit ihnen vor und nach der Lese umgeht und zu welchen kulinarischen Genüssen die einzelnen Weine passen, erfahren Sie hier ebenso wie Neuigkeiten rund um Weingut und Wein. Wer Lust auf eine spritzige Floßfahrt, gesellige Weinproben, eine Betriebsführung oder ein uriges Hofschoppenweinfest hat, kann im Veranstaltungskalender nachschlagen, wann das jeweilige Event stattfindet.

Rothenburger Holzbrandwerkstatt – Weinhaus zu Rothenberg Werner van Helden

http://www.van-helden.rothenburg.de

Wer seine Wohnung gern mit volkstümlicher Handarbeit schmückt, aber auch, wer einen guten Wein zu schätzen weiß, ist bei Werner van Helden an der richtigen Adresse. Ersteres produziert er selbst, Zweiteres offeriert er in seinem Weinhaus im schönen Rothenburg. Die Auswahl an Weinen ist im Gegensatz zu den rustikalen Liebhaberstücken aus Holz zwar klein, dafür aber ausgesucht. Besonders anspruchsvolle Kunden verwöhnt Werner van Helden mit einer Vorauswahl an Weinen, die man bei einer Verkostung (nach Vereinbarung) testen kann.

Weinkellerei – Weingut Bernhard Völker

http://www.voelkerwein.com

Bernhard Völker lädt zu einem virtuellen Rundgang durch sein Weingut und seine Weinkellerei ein. Der Winzer „vertritt das Bestreben eines natürlichen Ausbaus“, das bedeutet, Weinbehandlungsmaßnahmen werden nur in Notfällen angewandt. Im Angebot finden Sie ein begrenztes Angebot an Öko-Weinen, die durch das Kontrollinstitut Lacon geprüft wurden. Außerdem gibt es im „Weinshop“ Wein aus Franken, internationale Weine, Spirituosen, Sekt, Saft, Essig und Geschenke. Eine Übersicht über andere deutsche Weinanbaugebiete und ihre Spezialitäten komplettiert den Seitenservice.

Weingut Lother

http://www.weingut-lother.fwo.de

Hans Lother aus Wipfeld am Main lädt Sie zu einem virtuellen Rundgang durch seinen Familienbetrieb ein. Dem Weingut ist es durch die sorgsam pflegende Hand seines Kellermeisters gelungen, weit über 200 Auszeichnungen auf Landes- und auf Bundesebene zu gewinnen. Überzeugen Sie sich selbst und wählen Sie zwischen neun verschiedenen Rebsorten oder den offerierten Weinpräsenten. Destillate und Liköre vervollständigen das Sortiment.

Weingut Robert Schmitt

http://www.weingut-robert-schmitt.de

Wer seinen Wein sehr trocken mag, wird sich über diese Seiten freuen, denn das Weingut Robert Schmitt in Randershausen wirbt ausschließlich mit naturreinen Weinen um Ihre Gunst. Unter der etwas provozierenden Fragestellung „Trockener als trocken?“ betont der Winzer, dass keiner seiner Weine angereichert oder mit Restsüße abgerundet wurde. Wenn dieses Angebot Sie auf den Geschmack bringt, können Sie die Weine Ihrer Wahl für sich ordern oder sich im „Präsentservice“ für Ihre Lieben umschauen. Die ausgesuchten Weinkombinationen sind als Geschenk verpackt und werden frei Haus geliefert.

Winzergenossenschaft Nordheim/Main

http://www.wgn.de

Die Winzergenossenschaft Nordheim hält mit ihrer buntbestückten Wein- und Sektpalette für jeden Gaumen das Richtige bereit. Informieren Sie sich über die Winzertradition direkt in der Volkacher Mainschleife, wo Weine angebaut werden, wie Frankenwein-Freunde sie lieben. Die Weinfachberater aus Nordheim möchten Ihnen die Auswahl erleichtern und haben

*deshalb eine kleine Zusammenstellung repräsentativer Weine vorbereitet. Neuerdings kön-
nen Sie auch Probepakete von Weinen ordern, die auf der Vinitaly 2000 prämiert wurden.*

Kaiserstuhl

Die Region Kaiserstuhl – Tuniberg
http://members.tripod.de/kaiserstuhlgemeinden

*Dass das badische Land mit Recht zu den beliebtesten Weinanbaugebieten zählt, wird hier
am Beispiel der Region Kaiserstuhl-Tuniberg nahe Freiburg verdeutlicht. Adressen, Informationen und Links zu über dreißig Winzergenossenschaften machen Lust auf Weinproben, Kellerbesichtigungen und Weinfeste, die hier im Rahmen der interregionalen Aktion
„Offene Weinkeller" vorgestellt werden. Ausführliche Wettervorhersage und eine hilfreiche
Übersichtskarte runden die Präsentation ab.*

Weingut Karl H. Johner
http://www.johner.de

*Der Weg zu den hohen Künsten des Webdesigns ist lang und beschwerlich. Das Weingut
Karl H. Johner, das sich auf diesen Seiten vorstellt, hat diesbezüglich noch einen gute Strecke
vor sich. Immerhin stimmt der Informationsteil, und so soll Ihnen diese Adresse nicht vor-
enthalten werden. Neben allgemeinen Auskünften rund um Wein und Weinbau hat das
Weingut natürlich auch speziellere zu seinen eigenen Produkten bereitgestellt. Wenn Sie
sich dann zwischen Grauburgunder, Rivaner und Spätburgunder entschieden haben, können Sie Ihren Wunsch im Online-Shop in einen Lieferbefehl umwandeln.*

Kaiserstuhl online
http://www.kaiserstuhl.com

*Viele Wege führen zum Kaiserstuhl, einer davon über diese Homepage. Am Anfang steht
eine Panoramakarte, mit deren Hilfe man sich in die gewünschte Stadt oder Gemeinde
klicken kann. Wer geographisch nicht so versiert ist, wählt stattdessen die Rubrik „Orte"
und gelangt ebenfalls ans Ziel. Ob Flora oder Fauna, Wein oder Urlaub, der Kaiserstuhl
wird vielen Interessen gerecht. Eine schöne Seite, ganz wie die Region, deren Besuch einem
hier angetragen wird.*

Kaiserstühler Weinspezialitäten
http://www.kws-wein.de

*Auf den Seiten von Marita Scheucher finden Sie Kaiserstühler Weinspezialitäten: Ver-
schiedene Weingüter („Die besten Weinmacher Badens") stellen vielversprechende Rot- und
Weißweine sowie Sekt zur Wahl. Sollte sie zu schwer fallen, kann man sich auch für eins
der Wein- und Sekt-Probierpakete zu Vorzugspreisen entscheiden. Für Bestellungen müssen
Sie nicht erst ans Telefon oder an den Briefkasten eilen, es genügt, wenn Sie Ihre Maus auf
die entsprechenden Felder setzen.*

Ökologisches Weingut Rabenhof
http://www.weingut-rabenhof.de

*Ist der Auftritt von Hans Huckebein als Warnung zu verstehen? Oder kennt der Webmaster
das tragische Ende des Raben aus der Feder von Wilhelm Busch nicht? Ein Punkt, der vielleicht noch einmal überdacht werden sollte, zumal es sich hier um ökologisch angebauten
Wein handelt. Lassen Sie sich vom Auftritt des Federviehs aber nicht beirren. Sie haben hier
die Möglichkeit, die außergewöhnlichen Rot- und Weißweine sowie feinste Edelbrände und*

Liköre des Weingutes Rabenhof zu ordern. Welches Know-how beim Shopping vonnöten ist, verrät Ihnen der „Online-Shop", außerdem macht die rechte Navigationsleiste Sie mit den Geschmacksrichtungen der einzelnen Offerten, den Preisen und den Probiersortimenten vertraut, die Buttons auf der linken Seite entführen Sie dagegen in die malerische Region des Kaiserstuhls und vermitteln Informationen über das Weingut.

Mittelrhein

Weinort Leutesdorf

http://www.leutesdorf-rhein.de

Leutesdorf ist ein hübsches kleines Städtchen am Rhein, das auf diesen Seiten zeigt, was es zu bieten hat. Der „älteste und größte Weinort am unteren Mittelrhein" ist vor allem für seine guten Tropfen bekannt. Ein Besuch lohnt sich aber nicht nur deshalb, sondern auch aufgrund der vielen Sehenswürdigkeiten, die man dort bewundern kann. Für Komfort vor Ort sorgen Hotels, Gaststätten und Pensionen, über die Sie sich auf diesen Seiten informieren können. Ein heißer Tipp: Legen Sie Ihren Urlaub so, dass Sie an den „Festen & Veranstaltungen" teilnehmen können, es lohnt sich bestimmt.

Mittelrhein Weine voller Temperament

http://www.rhein-wein.mittelrhein.net

Das Gebiet zwischen Bingen und Koblenz ist nicht nur wegen seiner romantischen Landschaft und den vielen Burgen, sondern vor allem aufgrund seines hervorragenden Weines bekannt. Grund genug, im Namen des Rebensaftes zahlreiche Veranstaltungen – wie zum Beispiel das Weinhexenmahl in der Walpurgisnacht – zu organisieren. Welche feuchtfröhlichen Festivitäten in der nächsten Zeit stattfinden, können Sie auf diesen reich bebilderten Seiten nachlesen – und den Urlaub gleich mitplanen, denn hier werden außer den Weinfesten auch noch zahlreiche Hotels und Pensionen vorgestellt. Auf zum Mittelrhein!

Mosel – Saar – Ruwer

Winninger Wein Weltweit

http://members.aol.com/kabe56333/WinningerWeinWeltweit.htm

In diesem besonderen Fall steht WWW nicht für das weltweite Computernetz, sondern für Winninger Wein Weltweit. Die Seiten führen die Geschichte des oft mühseligen Moselweinanbaus vor Augen, der bereits auf eine zweitausendjährige Tradition verweisen kann. Für den Anbau der Rieslingrebe, die als Königin unter den Weinreben gefeiert wird, eignet sich das milde Klima des Moseltals hervorragend. Lassen Sie sich auf verschiedene Weingüter der Region einladen und erfahren Sie, wie Kenner einen guten Wein bei der Verkostung testen. Mit der „Weinbestellung Online" befördern Sie die delikaten Tröpfchen zu sich nach Hause.

Weinbau Lex

http://members.tripod.de/WeinbauLex

Der familiäre kleine Winzerbetrieb Lex in Detzem an der Mittelmosel möchte Sie mit den Rieslingweinen der Region verwöhnen, die durch ihr frisches, feinfruchtiges und würziges Aroma weltberühmt und unverwechselbar geworden sind. Konkrete Offerten finden Sie unter dem Link „Preisliste", wo jeder einzelne Wein noch einmal in seiner Besonderheit vorgestellt wird. Sollen die guten Tropfen zu einem besonderen Anlass verschenkt werden, fer-

tigt der Winzerbetrieb Lex auf Ihren Wunsch hin sogar besondere Etiketten an. Mit wenigen Worten wird außerdem der Weinort Detzem vorgestellt.

Riesling von der Saar

http://saarwein.istcool.de

Der Winzerverein Irsch-Ockfen aus dem Saarland stellt sich vor. Hier gibt es interessante Fotos und Berichte über die Weinherstellung und -lagerung zu sehen. Welchen Wein kombiniere ich mit welchem Essen? Dieser Frage wird selbstverständlich auch nachgegangen. Wenn Sie bei Ihrer nächsten Weinprobe den Eindruck erwecken möchten, ein Kenner des Metiers zu sein, sollten sie das Wein-Glossar nicht verpassen! Und natürlich können sich Liebhaber deutscher Riesling-Weine direkt beim Seitenbesuch mit den Weinen ihrer Wahl eindecken.

Weingut Eifel-Pfeiffer

http://www.eifel-pfeiffer.de

Eifelpfeiffer – eine aussterbende Vogelart? Nein, ein idyllisches Weingut an der Mittelmosel. Weißweine, Rotweine, Sekt – wonach auch immer Ihnen ist, hier finden Sie es. Und damit Sie nicht erst warten müssen, bis Sie mal in die Ecke kommen, können Sie die Weine gleich online bestellen. Da gibt es so wohlklingende und vermutlich auch mundende Weine wie die 1998er Trittenheimer Apotheke oder den Riesling Eiswein. Übrigens bietet das Weingut auch verschiedene Serviceleistungen: das Fahnden nach dem von Ihnen gewünschten Wein, Etikettierung mit einem von Ihnen gewünschten Text (z.B. für Jubiläen) und Beratung darüber, welcher Wein zu welchem Fest und Anlass passt. Schauen Sie doch mal rein!

Flensburger-Online-Weinvertrieb

http://www.klauspreil.de

Ein festlicher Anlass erfordert ein besonderes Geschenk. Wer bisher noch keine schöne Idee hatte, bekommt einen heißen Tipp vom Flensburger-Online-Weinvertrieb: Wie wäre es mit einem Wein, dessen Etikett speziell für die anstehende Gelegenheit gefertigt wird? Natürlich kann man auch „einfach so" so manches delikate Tröpfchen ordern. Ganz exklusiv wird es in der „Schatzkammer". Dort warten Spitzenweine der Jahrgänge 1957 bis 1989. Die Ferienangebote in Leiwen vervollständigen das Angebot dieser Seiten.

Moselwein24.de

http://www.moselwein24.de

Ein umfassendes Angebot sowohl für Weinliebhaber als auch für Inhaber von Weingütern: Bei Moselwein 24 kann man nicht nur nach Herzenslust shoppen, sondern auch alles Wissenswerte rund um die guten Tropfen in Erfahrung bringen. „Wie war das noch mal?", verrät das Weinlexikon, die „Link-Liste" führt zu anderen Weinseiten, der „Chat" sorgt für anregende Gespräche rund ums Thema. Mehr als 1.200 Weine sind bisher bei Moselwein 24 verzeichnet. Da die Seite aber auch bisher noch nicht eingetragenen Weingütern offen steht, wird sich diese Zahl sicher bald vervielfachen.

Mosel Saar Ruwer e.V.

http://www.msr-wein.de

Der Mosel-Saar-Ruwer-Wein-Verein kümmert sich um die Vermarktung des Weines aus der Region. Dazu gehört es, die Vorzüge des dort hergestellten Rebensaftes herauszustellen. In der „Weinkunde" und in der Präsentation der Güter und ihrer Produkte wird dieses Ziel umgesetzt. Damit auch andere Gaumenfreuden nicht zu kurz kommen, stellen die Köche der Region außerdem ausgewählte Rezepte vor.

Weinkellerei Römerhof

http://www.roemerhof-weinkellerei.de

Ja, ja – die alten Römer, die wussten, was gut ist und mit welchem Feier- oder Schlummer-trunk sie ihre Krüglein am besten füllen. In dieser Tradition bewegt sich die Römerhof-Weinkellerei: Nur die besten Trauben werden durch die Kelter gepresst, und weil der daraus hervorsprudelnde Wein so hervorragend ist, wird er in die ganze Welt exportiert (in Brasilien immerhin mit 35% Marktanteil!). Weiß, rot, trocken, lieblich – hier ist für jeden etwas dabei. Entweder gleich online bestellen oder sich vorher noch ein bisschen über die Weinlagen, Rebsorten und den Anbau informieren.

Saarwein

http://www.saarwein.com

Riesling ist die an der Saar vorherrschende Weinsorte. Es verwundert also kaum, dass man zu diesem Wein auch die meisten Informationen auf der Webpage der Weingut-Brennerei Heinz Schultheis in Saarburg erhält. Neben dem Riesling werden aber natürlich auch die anderen Rebsorten des Weingutes vorgestellt. Eine informative Site, die alles Wissenswerte über den Weinanbau an der Saar bietet und Ihnen erlaubt, den Wein auch gleich via Mausklick zu ordern.

Weingut Karlsmühle

http://www.weingut-karlsmuehle.de

Winzermeister Peter Geiben lädt Sie zu einem virtuellen Besuch des Weingutes Karlsmühle in Mertesdorf ein. Der Winzer wurde im Juni 2000 von der Presse nach der Weinverkostung des Jahrganges 1999 zum „Winzer des Jahres an Mosel, Saar und Ruwer" gekürt. Die „Wein-liste" verschafft Ihnen den notwendigen Überblick über die guten Tröpfchen, die nur vom prämierten Weingut Karlsmühle geführt werden dürfen und zu den besten Qualitätsweinen in Deutschland zählen. Um Ihnen einen ersten Eindruck des neuen Jahrgangs zu vermitteln,

Homepage Mosel Saar Ruwer e.V.

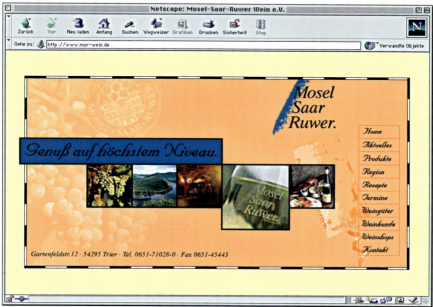

hat das Gut zwei typische Probierpakete zusammengestellt, die Ihnen auf Wunsch portofrei zugesandt werden. Die Einkaufskonditionen erfahren Sie unter dem Link „Bestellen".

Riesling-Weingut Hugo Kohl
http://www.weingut-kohl.de
Das Riesling-Weingut Hugo Kohl gewährt Ihnen einen wunderschönen Panoramablick auf die Natur der sonnigen Rebenlandschaft zwischen Leiwen und Trittenheim. Hier wird seit 420 Jahren der edle und feine Rieslingwein hergestellt, zu dessen Verkostung das Gut Sie herzlich einlädt. Hugo Kohl ist Spezialist für die Erzeugung von hochkarätigem Riesling-Hartgewächs in den drei Geschmacksrichtungen trocken, halbtrocken und feinfruchtig. Das Ergebnis jahrhundertelanger Erfahrung und heutiger Wein-Philosophie sind „reihenweise prämierte Weine von filigraner Struktur". Wer mag, kann sie online ordern und sich selbst überzeugen.

St. Urbans-Hof
http://www.weingut-st-urbans-hof.de
In einer märchenhaften Flusslandschaft in Leiwen an der Mosel liegt der St. Urbans-Hof. Das Familienweingut wurde 1947 von Nicolaus Weis auf einer Anhöhe erbaut. Hingebungsvoll widmete sich der ehemalige Schuster fortan zwei Dingen: dem Wein und der Politik. Als Würdigung seines politischen Engagements sowie seines Einsatzes für die Weintradition in der Region wurde ihm 1969 der Titel „Oekonomierat" verliehen, der sich heute noch im Zeichen des Weingutes befindet. Das Weingut informiert online über seine Weinlagen, den Weinanbau sowie die Weinbereitung und lädt zu Verköstigungen ein. Wer die guten Tropfen des St. Urbans-Hofs ohne lange Anreise probieren möchte, kann online bestellen.

Weingut Sturm
http://www.weingut-sturm.de
Peter H. Sturm baut an seinen Steilhängen in Moselkern nur Rieslingweine an. Alle Arbeiten in den Weinbergen werden per Hand durchgeführt, denn der Einsatz von Maschinen ist an den steilen Wänden nicht möglich. Das Etikett des Hauses Sturm fällt durch seinen geschwungenen Schriftzug auf, die abgebildete Traube steht für reinen und unverfälschten Wein, so wie die Natur ihn wachsen ließ. Diese Seiten ermöglichen Ihnen den Online-Kauf der erlesenen Weine, Interessenten sind im Holzfasskeller des Gutes zu einer Weinprobe eingeladen. Auch das Weinfest, das Erlebnis-Wochenende in Moselkern oder eine Planwagenfahrt gehören zu den Abenteuern, die Weinfreunde irgendwann einmal einplanen sollten.

Weingut Berker-Steinhauer
http://www.becker-steinhauer.de
Engagement und Liebe zum Wein gehören für Familie Becker zum Alltag, denn die Familie ist gemäß einer fast 300 Jahre alten Tradition bereits in der siebenten Generation im Weinbau tätig. Alle Weine stammen aus den berühmten Lagen der Mosel und werden entweder naturnah im traditionellen Holzfass oder auch im modernen Edelstahltank ausgebaut. Das Weingut zieht vor allem Riesling-Trauben heran, daneben können aber auch Chardonnays und Rotweine verkostet und geordert werden. Im familiär geführten Gästehaus haben Ruhebedürftige Gelegenheit, das Angenehme einer Weinprobe mit den Annehmlichkeiten eines wunderschönen Urlaubs in der Mittelmoselgemeinde zu verbinden.

Weingut Befort
http://www.befort.de
Auf den Web-Seiten des Weingutes Befort finden Sie sachliche Informationen über Wein und Sekt, die angebauten Rebsorten und wichtige Neuigkeiten rund um das Thema Weinanbau. Das war's dann aber auch mit der grauen Theorie! Im Online-Shop haben Sie die

Wahl zwischen den „Weinen 2000", zwischen Burgunder, Gutssekten, Rosé, lieblichen Weinen und den Edelbränden des Weingutes. Weinfreunde sollten das Gewinnspiel auf diesen Seiten nicht versäumen, denn als Preis winken 12 Flaschen Rosé.

Weingut Geller-Steffen

http://www.geller-steffen.com

Wenn Sie glauben, dass ein Weingut nur Trauben auspresst, um das Resultat dann in Flaschen abzufüllen, dann täuschen Sie sich gewaltig. Das Weingut Geller-Steffen an der Mosel bietet neben innovativen Riesling-Kollektionen drum herum noch allerhand Serviceleistungen und Angebote: individuelle Degustationen, informative Weinbergsführungen, kulinarische Events, Weinseminare, Kunst- und wineGELLERy und supergünstige Übernachtungsangebote im wunderschön am Fluss gelegenen Gästehaus. Des weiteren warten auf Sie interessante Einblicke in die Philosophie des Gutes, ein komfortabler Online-Shop mit wechselnden Monatsangeboten, ein Veranstaltungskalender, ein Präsent-Service und viele Online-Events wie die Rebsorten-Datenbank oder die Erläuterung von Wein-Etiketten. Geller-Steffen – eben einfach mehr Weingut.

Weingut Gorges-Mueller

http://www.jns.de/weingut.gorges-mueller

„Im Wein liegen produktivmachende Kräfte sehr bedeutender Art" – dieser Meinung war schon Goethe. Wenn man Weingenuss und Urlaub kombiniert, hat das ganz bestimmt die allerbesten Auswirkungen. Bei Christa und Jörg kriegen Sie alles: Wein und Übernachtungsmöglichkeiten im liebevoll zum 4-Sterne-Ferienhaus renovierten Winzerhof. Schauen Sie sich um, denn hier gibt es Wein und Geselligkeit pur!

Weingut Rebenhof

http://www.rebenhof.de

Das Wein- und Gästehaus Rebenhof begrüßt Sie mit seinem Wein-, Sekt- und Spirituosen-

Homepage Weingut Geller-Steffen

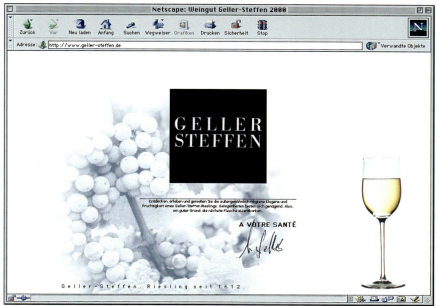

angebot. Es gehört mittlerweile zur Tradition des Hauses, dass Sie die guten Tropfen nicht nur schlicht käuflich erwerben, sondern auch ersteigern können. Natürlich ist das nicht das einzige Angebot der Rebenhofler. Sie können sich „Ihr persönliches Etikett" gestalten lassen, an Weinpicknicken und weiteren interessanten Veranstaltungen teilnehmen sowie sich über den „Geschenkservice", die „Rebenhof-Weine" und den „Urlaub in Ürzig" informieren. Was es noch zu entdecken gibt, schauen Sie sich am besten selbst an.

Weingut A. Gessinger

http://www.weingut-gessinger.de

In Zeltingen an der Mittelmosel gibt's guten Wein: Das Weingut Gessinger baut in sonniger Süd-Steillage Riesling und Spätburgunder für Sie an. Kein Wunder, dass vor kurzem wieder zwei Gessinger-Weine mit der Goldenen Kammerpreismünze ausgezeichnet wurden. Wenn Sie diesen edlen Tropfen kosten wollen, rufen Sie den Winzer doch einfach mal an – er sagt Ihnen dann, wann er Sie zur Weinprobe erwartet. Aber vorher wollen Sie sicher mal ins Weinangebot schauen und in der Rubrik „Neuigkeiten" nachlesen, dass das Weingut neuerdings auch ein Ferienhaus zu bieten hat – im Ortszentrum und doch erholungsfördernd ruhig gelegen. Und ganz bestimmt nicht allzu weit von der labenden Quelle entfernt...

Nahe

Weingut und Sektgut Dr. Hubert Gänz

http://www.gaenz.de

Das Wein- und Sektgut von Dr. Hubert Gänz präsentiert sich mit allem, was es über Gut, Produkte und Familie zu wissen gibt. In der Rubrik „Über uns" erfahren Sie, nach welchen Grundsätzen der Wein auf dem Familiengut angebaut wird, „Produkte" zeigt wie zu erwarten eine Auswahl der Rebsäfte. Diese eignen sich auch ganz hervorragend als Präsente, da sie in unkonventionelle Flaschen abgefüllt und mit Etikettenkunst geschmückt werden. Als kleines Extra können Sie gravierte Gläser erwerben. Wie Sie bestellen oder das Weingut finden, verrät die Seite außerdem.

Weingut Emrich-Schönleber

http://www.schoenleber.de

Wenn Nomen auch Omen ist, dann haben Sie beim Genuss des Weines vom Gut Schönleber ja nichts zu befürchten. Aber bevor Sie jetzt überstürzt aufbrechen, sollten Sie sich erst einmal die Website anschauen – dort erfahren Sie alles über das Weingut und seine Historie, die Lagen, in denen die köstlichen Tropfen wachsen und gedeihen und natürlich die Weine, die Sie ganz nach Ihrem Geschmack auswählen können. Neuigkeiten gibt es in der entsprechenden Rubrik, und wenn Sie ein begeisterter Weinfest- und Weinmessen-Besucher sind, finden Sie in der Rubrik „Veranstaltungen" alle wichtigen Termine.

Wein- und Sektgut Schluss Gutenburg

http://www.weingut-schloss-gutenburg.de

Seit 1870 wird das Weingut rund um die Schlossruine Gutenburg von den Mitgliedern der Familie Puth bewirtschaftet. Die Erzeugnisse aus den naturnah angebauten Rebsorten können Sie in der Weinliste einsehen. 14 Weine stehen zur Auswahl, zwei davon eignen sich sogar für Diabetiker. In den Genuss dieser guten Tropfen kommen Sie, wenn Sie das Bestellformular ausfüllen oder Sie warten, bis das Weingut sich aufmacht, Sie persönlich zu beliefern. Die Termine können Sie der Seite entnehmen.

Pfalz

Weingut Alfred Blaul
http://blaul.eudaimonia.de

Wollen Sie das Hofgut Gönnheim kennen lernen und virtuell ein gutes Tröpfchen durch Ihre Kehle rinnen lassen? Hier erfahren Sie alles über die Entstehung des Gutes und darüber, welche Weine – von Scheurebe über Riesling und Spätburgunder bis zum Müller-Thurgau – angebaut und nach der Lese für Sie in Flaschen abgefüllt werden. Die Rubrik „Neuigkeiten" informiert Sie nicht nur über Angebote wie den unter ärztlicher Leitung angebauten Diabetikerwein, sondern auch über originelle und interessante Events (zum Beispiel über das Brunnenfest oder den Adventsmarkt) oder auch über Ausstellungen rund ums Thema Wein.

Weingut Rolf und Gisela Hagenbuch
http://home.t-online.de/home/320000623798-0001

Rolf und Gisela laden Sie ein, sich über ihr Weingut, die Weinstube und natürlich einige der dort erzeugten und ausgeschenkten Weine zu informieren. Bestellungen nehmen die beiden allerdings nur telefonisch entgegen – die Abholung der gewünschten Weine obliegt Ihnen. Auf der Website finden Sie auch eine Auswahl an netten, erholungsfördernden Gästezimmern, von denen aus Sie Ihre Weinbergswanderungen starten können.

Pfalzweine.de
http://www.dib.de/moerschel

Wenn Sie keinen eigenen Weinkeller haben, macht Ihnen das Stöbern im garantiert aufgeräumten und spinnwebenfreien Weinkeller dieser Seiten bestimmt Spaß. Hier finden Sie alles rund um den Pfälzer Wein. Die einzelnen Rebsorten von Riesling über Silvaner und Ruhländer bis hin zum Gewürztraminer werden en detail beschrieben. Hätten Sie zum Beispiel gewusst, dass Johann Seeger Ruhland 1711 im verwilderten Garten des Assessors Seuffert in der Streifengasse in Speyer die dann nach ihm benannte Rebsorte „Ruhländer" gefunden und verbreitet hat? Hier können Sie eine Menge lernen, um damit später Ihre Freunde zu beeindrucken.

Pfälzer Weingüter
http://www.die-pfalz.com

Erleben Sie die Pfalz. Sie stellt sich mit gastronomischen Betrieben, Schlössern und Burgen, Museen, Veranstaltungen und natürlich mit ihren berühmten Weingütern vor. Auf den Seiten der Weinbauern erfahren Sie über jedes der aufgeführten Güter, welche Rebsorten dort angepflanzt werden, wie Kelterung, Abfüllung und Lagerung vonstatten gehen und natürlich, welche Philosophie dem Ganzen zugrunde liegt. Im Weinshop können Sie dann entscheiden, welches Tröpfchen Sie demnächst durch Ihre Kehle fließen lassen wollen. Und damit Sie nicht nur lesen müssen, können Sie auch an einem virtuellen Rundgang durch die Weingüter teilnehmen – dafür benötigen Sie noch nicht einmal festes Schuhwerk!

Pfalzweine.de
http://www.pfalzweine.de

Vier Winzergenossenschaften aus der Pfalz haben sich zusammengeschlossen, um gemeinsam ihre Weine im Internet zu präsentieren. Nach dem Studium der an der deutschen Weinstraße wachsenden Rebsorten kann man in den virtuellen Weinkeller hinabsteigen, um dort seine Auswahl zu treffen. Auch an Diabetiker wurde gedacht. Nach Lektüre der allgemeinen Geschäftsbedingungen ist es dann so weit: Sie können bestellen.

Weingut Rudi Rüttger

http://www.ruettger.de

Scheurebe, Kerner, Huxelrebe und Chardonnay sind nur einige der zu Wein veredelten roten und weißen Traubensorten, die auf dem Pfälzer Weingut von Rudi Rüttger angebaut werden. Mehr über Anbau und Lagerung erfahren Sie auf den Seiten – oder vor Ort: Das Weingut serviert seine guten Tropfen in drei urigen Weinstuben. Informieren Sie sich aber, wann sie für Sie geöffnet sind. Bevor Sie jetzt lange suchen, verraten wir Ihnen, dass Sie unter „Weinsorten" nachschauen sollten. Wäre doch schade, wenn Sie mit staubtrockener Kehle und leerem Kofferraum wieder zurückfahren müssten...

Weingut Rumsauer

http://www.rumsauer.de

Das Weingut Rumsauer nimmt sich Ihrer Geschmacksnerven an, denn es bietet Ihnen eine Vielzahl an Weinen, von blumig bis schwer. Sie können die Philosophie der Gutsbesitzer nachlesen, sich über die verfügbaren Weine und ihre Qualität informieren, in der Fotogalerie zusehen, wie der Winzer auch nach Feierabend übermütig Fässchen durch die Gegend wirft und im Online-Shop nach Geschenkideen für Freunde oder sich selbst stöbern. Und dann? Einfach bestellen, wonach Ihnen gerade ist.

Weingut Karl-Heinz und Markus Manz

http://www.weingut-manz.de

Muss man Sie zur Lektüre eines Lexikons erst zwingen? Vielleicht sind Sie ja motivierter, wenn es sich um ein Weinlexikon handelt! Im kleinen Kompendium des Weingutes von Karl-Heinz und Markus Manz erfahren Sie von A wie Abstich über M wie Mostgewicht bis W wie wann-welcher-Wein alles, was es über den Rebsaft zu wissen gibt. Danach können Sie sich der reichhaltigen Wein-, Sekt- und Likörpalette widmen und das Gewünschte auswählen. Liebhaber geselliger Weinfeste kommen auch auf ihre Kosten: Weinfeste in Dresden, auf Fehmarn, in Unterhaching, Leipzig und Berlin locken mit edlen Tröpfchen in geselliger Runde.

Weingut Manfred Münch

http://www.weingut-muench.de

Das Weingut Manfred Münch in der Toskana Deutschlands wurde geadelt: 1991/92 war es nämlich die Residenz der lieblichen Weinkönigin Silvia! Sie wollen dort mal eine Weinprobe besuchen? Kein Problem, im Veranstaltungskalender finden Sie die Informationen und auch alle anderen wichtigen Events rund um den Wein. Und wenn Ihnen gerade in diesem Moment siedend heiß einfällt, dass Sie noch kein passendes Geschenk für Onkel Pankratius Geburtstag haben, nichts wie an die Maus: Der Winzer stellt Ihnen ein schönes Weingeschenk zusammen. Ob dem Gemüt des Onkels eher der knorztrockene oder der mild-liebliche Rebtropfen entspricht, müssen Sie natürlich selbst entscheiden.

Weingut Scholler

http://www.weingut-scholler.de

„Sehr zum Wohl!" wünscht Familie Scholler auf ihrer Homepage – klar, dass mit dem hauseigenen Wein auf Ihre Gesundheit angestoßen wird. Wenn Sie wissen wollen, welche Rebensäfte dort abgefüllt werden, schauen Sie am besten unter „Weine" und „Sekt" nach. Roter Portugieser und Spätburgunder, tiefdunkler St. Laurent mit feinen Kirscharomen, leichter, fruchtiger Müller-Thurgau und viele weitere Weinspezialitäten versorgen Sie bei feuchtfröhlichen Anlässen. Sie können natürlich auch Ihren eigenen Wein hegen und pflegen: Das Weingut Scholler bietet Ihnen eine Rebstockpatenschaft an. Welche Events das Weingut sonst noch für Sie bereithält, können Sie den Seiten außerdem entnehmen.

Weingut Walter Schuster

http://www.weingut-schuster.de

Das Weingut Schuster wartet zwar nicht mit vielen Informationen, dafür aber mit vielen Weinen auf: 30 Weine und zwei Sekte aus eigenem Anbau – wenn das nichts ist. Falls Ihr Weinkeller schon bis zum Bersten gefüllt ist, können Sie natürlich auch anderen eine Freude machen: Die Präsentkörbe des Weingutes Walter Schuster finden mit Sicherheit dankbare Abnehmer.

Winzergenossenschaft Edenkoben

http://www.wg-edenkoben.de

Um eine Oase zu finden, in der Sie Ihre ausgedörrte Kehle befeuchten können, müssen Sie sich nicht erst in die Wüste begeben – Edenkoben liegt in einem der mildesten Landstriche Deutschlands, immerhin gedeihen hier Zitronen, Mandeln und Feigen und natürlich von der Sonne verwöhnter Wein. Die Winzergenossenschaft Edenkoben präsentiert Ihnen in ihrem Webangebot ihre Weine und Sekte und natürlich gibt es auch Probepakete, damit Sie sich nicht gleich auf eine Rebsorte festlegen müssen. Die „Weine der Jahreszeit" sind übrigens ein neues Angebot im Online-Shop der Winzergenossenschaft.

Weingut Wilker

http://www.wilker.de

Hereinspaziert in die Vinothek des Weingutes Wilker. Von rot über rosé bis weiß können Sie im Online-Shop jede Menge leckerer Weine bestellen. Für alle, die auch auf schöne und praktische Accessoires großen Wert legen, gibt es diverse Gläser, Geschenkkartons, Weinprobebecher und für eilige Genießer Wein- und Sektkühler, die die Flaschen innerhalb von nur fünf Minuten auf die richtige Temperatur bringen. In der Rubrik „Neuigkeiten" erfahren Sie, was sich rund um den Wein tut, können die aktuellen Sonderangebote des Weingutes Wilker und außerdem natürlich die Termine von Weinfesten und Flammkuchenabenden einsehen, bei denen Sie in geselliger Runde so richtig genießen können.

Winzerverein Deidesheim

http://www.winzervereindeidesheim.de

Ein Verein, der es versteht, sich zu präsentieren: Auf den Webseiten der Winzer aus Deidesheim zeigt sich die Weinkultur von ihrer schönsten Seite: Fotografien, die die Atmosphäre der von Weinbau geprägten Landschaft widerspiegeln, Geschichtsinformationen, die bis in die Gegenwart reichen und natürlich die Weinerzeugnisse verschiedener Rebsorten, die sich mal klassisch, mal modern umhüllt präsentieren.

Zum Wohl: Die Pfalz

http://www.zum-wohl-die-pfalz.de

Der Name ist Programm: die Deutsche Weinstrasse. Aber nicht nur die Gegend um Neustadt, sondern die Pfalz insgesamt erweist sich aufgrund ihres Klimas und ihrer Bodenbeschaffenheit als vorzüglich für den Weinanbau. Diese Site informiert Sie über das zweitgrößte Weinanbaugebiet in Deutschland: von den Rebsorten über die Winzer bis hin zu Veranstaltungen, Weinfesten und der Weinkönigin. Auch die Aufmachung mit schönen Fotos, informativen Texten und rankenden Weinreben am Bildschirmrand vermag zu gefallen.

Die Palz

http://zeus3.mzes.uni-mannheim.de/wwwboard

Die Pfalz, oder, wie die Einheimischen sagen, die Palz, ist Deutschlands zweitgrößtes Weinanbaugebiet. Der Einführungstext ist mit zahlreichen Links versehen, die vorwiegend zu Statistiken, Landkarten und Tabellen führen. Es gibt aber auch weniger ernste Bereiche, so zum Beispiel die internationale Weinsprache, sprich „55 Worte zum Wein, mit denen man sich fast überall durchschlagen kann". Historisch Interessierte finden außerdem die Weinerträge der letzten drei Jahrhunderte.

Rheingau

Georg Breuer – Weine seit 1880
http://www.georg-breuer.com

Die Historie und Philosophie des Weinguts finden Sie hier ebenso wie Fakten über die Weinberge, Lagen, Rebsorten und erzielte Erträge. Richtig interessant wird es in der Weinübersicht: Von edelsüßen Gewächsen über grauen Burgunder und Ortsriesling bis hin zu Spitzengewächsen finden Sie hier eine große Auswahl an Liebhabertröpfchen. Da Weinkenner oft auch Kunstliebhaber sind, werden die Etiketten seit 1980 von einem Künstler gestaltet – die Ergebnisse können Sie sich auf den Seiten anschauen. Außerdem gibt es Infos über die Vinothek und das angeschlossene Restaurant sowie als besonderes Bonbon einen Einblick in „Breuers Kellerwelt", wo Sie Kunstobjekte, Glassammlungen, Etiketten und Flaschen vorfinden.

Jean Buscher – Weine vom Könner für Kenner
http://www.jean-buscher.de

Metallgeprägte Künstleretiketten – das sieht natürlich edel aus. Aber das Weingut Jean Buscher hat noch mehr zu bieten. Mal davon abgesehen, dass hier nur Trauben ohne Stiele gekeltert werden, informiert man Sie hier auch noch über Rebsorten, Lage, Anbau und Lese. Und natürlich nicht zu vergessen: die Vermählung von Kunst und Wein bei dem jährlichen gleichnamigen Event und all die anderen interessanten Veranstaltungen, die Jean Buscher für Sie geplant hat. Mehr als nur einen Blick wert ist der Online-Weinshop – dort findet bestimmt auch Ihr verwöhnter Gaumen manch gutes Tröpfchen.

Weingut Hans Lang
http://www.lang-wein.com

Das Weingut von Hans Lang in Eltville präsentiert Ihnen seine Erzeugnisse: Riesling, Spätburgunder, Chardonnay, Müller-Thurgau... Auf diesen Seiten finden Sie bestimmt ein Tröpfchen, das Ihrem Gaumen mundet. Anbau, Lagen und Charakter der Weine werden detailliert beschrieben, so dass die Auswahl leicht fällt. Falls nicht, ordern Sie am besten eines der Probierpakete – wenn Sie sich gleich entscheiden, gibt's 15% Rabatt und Lieferung frei Haus! Können Sie zu einem so großzügigen Angebot „nein" sagen?

Weingut Balthasar Ress
http://www.ress-wine.com

Das Weingut Balthasar Ress hat einen der 100 besten Weine der Welt produziert, den 1997er Hattenheimer Schützenhaus Riesling Kabinett. So urteilt zumindest das renommierte Magazin „Wein Spectator". Wenn Sie mehr über den Erzeuger dieses weltweit gelobten himmlischen Tropfens lesen wollen, sollten Sie die verschiedenen Rubriken in Augenschein nehmen, in denen vom „Portrait" des Winzers bis hin zu „Portfolio" und „News" alles Wissenswerte aufbereitet wurde. Zum Schluss lockt der Blick in die virtuelle „Schatzkammer", die eine außergewöhnliche Sammlung großer Rieslinge und Spätburgunder beherbergt.

Rheingau
http://www.rheingau.de

Der Rheingau ist für seine Weine berühmt. Auf dieser Seite lernt man aber auch andere sehenswerte Seiten der Region kennen. Natürlich kommt der Wein dennoch nicht zu kurz. Der „Rheingauer Leichtsinn" zum Beispiel ist keinesfalls ein Karnevalsverein, sondern ein Markenprodukt, das aus ausgesuchten Riesling-Weinen komponiert wird. Ebenso informativ wie unterhaltsam sind auch der Bericht über den „Freistaat Flaschenhals", den es bis 1923 gab, sowie die weiteren Themen rund um Wein und Rheingau.

Rheingauer Wein

http://www.rheingauerwein.de

Wer die Pforte des Rheingaus durchschritten hat, wird zuallererst mit den Grundsätzen einer Weinprobe vertraut gemacht. Mit diesen Regeln im Gepäck ist man bestens gerüstet, um sich zu den Rheingauer Weingütern zu begeben. Ein heißer Tipp: Wer gute Ideen hat, kann diese zu Wein machen, denn Verbesserungsvorschläge zur Seite werden mit Naturalien belohnt. Diese Seite wird mit Sicherheit bald Maßstäbe setzen!

RheingauNET

http://www.rheingaunet.de

Welche Weingüter, Hotels und weitere Dienstleister gibt es im Rheingau? Rheingaunet.de, ein Service der Rheingauer Volksbank, hat diese Informationen für Sie zusammenzutragen. Die Auswahl ist zwar noch bescheiden, aber das wird sich mit Sicherheit schnell ändern – also am besten mal unverbindlich reinschauen. Neben der Präsentation von einheimischen Rock- und Popbands präsentiert die Volksbank außerdem Vereinsadressen und Wissenswertes zum Thema Gesundheit.

Rheingau-Online

http://www.rheingau-online.com

Rheingau-Online steht ganz im Zeichen des Weines. Die Seite lädt zu besonderen Erkundungstouren ein: Je nach Vorliebe haben Sie die Möglichkeit, sich für die Riesling-Route, den Riesling-Pfad oder die Wein-Wander-Wege zu entscheiden. Auch den Gemeinden ist

Homepage Weingut Balthasar Ress

ihre Prägung deutlich anzumerken. So stellt sich keine Ortschaft vor, ohne ihren Bezug zum heimischen Wein aufzuzeigen. In der Vinothek schließlich findet man das, was den Rheingau berühmt gemacht hat: seine Weine.

Rheingau Wunderbar

http://www.rheingau-wunderbar.de

Ist er nicht wunderbar? Der Rheingau schon, die Seite nicht, möchte man dem Webmaster entgegenhalten. Wer mit dieser Domain um die Gunst der Besucher buhlt, sollte auch halten, was der Name verspricht. Doch was findet man anstelle von wunderbarem Design? Unscharfe Grafiken und eine verwirrend unübersichtliche Rubrizierung. Hier muss man wirklich suchen, um zu finden, was das Herz begehrt: den Wein des Rheingaus. „Die Internet-Spezialisten – dem Rheingau verpflichtet" entpuppen sich als Dilettanten. Auf ein Neues!

Weingut Kopp

http://www.rieslingroute.com

Das Weingut Kopp versteht sich auf die Deklaration seiner Weine: Hier gibt es Prozentiges für „Männer ohne Nerven", herzhaften „Zechwein" oder ein „Rendezvous der Sinne". Wissen Sie schon, wo Sie sich einordnen würden? Hervorragend, dann können Sie gleich zur Bestellung übergehen. Wenn Sie noch zögern und zaudern, sollten Sie sich in den Rubriken „Weingut" und „Weinanbau" umsehen. Sie können die Weine natürlich auch vor Ort verkosten. Der „Terminkalender" verrät, wann dies möglich ist.

Rüdesheim – Die goldene Mitte vom Rhein

http://www.ruedesheim.com

Sie haben gerade den fetten Sonntagsbraten und das kalorienbombige Dessert verzehrt und wollen jetzt nur noch im Sessel abhängen und verdauen? Wir schlagen Ihnen stattdessen einen kleinen Stadtrundgang vor – keine Panik: einen virtuellen natürlich, die Finger werden Sie ja wohl noch bewegen können! Also, nichts wie ran an die Maus und sich durch Rüdesheim am Rhein geklickt. Schauen Sie sich die Gasthöfe und Hotels an, die Shoppingmöglichkeiten, diverse Restaurants und sogenannte Stimmungslokale und klicken Sie sich in den gut gefüllten Veranstaltungskalender – das Angebot der Rüdesheimer reicht vom Helicopter-Rundflug über die Beobachtung von seltenen Wasservögeln bis hin zu Weinbergwanderungen und natürlich Weinproben und Weinfesten.

Weingut Schamari-Mühle

http://www.schamari.de

Die Schamari-Mühle wurde 1593 von den Mönchen des Klosters Johannisberg für 20 Gulden an Junker Knebel von Katzenellenbogen verkauft. Von geistlichem in weltlichen Besitz übergegangen, wechselte die Mühle noch manches Mal den Besitzer. Heute gehört sie zum Weingut Andersson und stellt mit Gaststube und Blumengarten einen schönen Ort zum Verweilen dar. Die Weine der Schamari-Mühle können Sie aber nicht nur in Johannisberg verkosten, sondern auch bei sich zu Hause. Nutzen Sie dazu einfach das vorhandene Bestellformular. Zum Schluss noch einen kleinen Rat an den Webmaster: Den Schriftgrad unbedingt erhöhen, sonst benötigen die Besucher dieser Seiten eine Lupe, um die Informationen einzusehen!

Rheinhessen

die-weinmacher.de

http://www.die-weinmacher.de

Noch haben die Winzer das Angebot dieser Seiten nicht für sich entdeckt. Wie sonst ist es zu erklären, dass sich gerade mal ein Weinbauer dazu entschlossen hat, sich bei den Weinmachern zu präsentieren? Die Idee, die dieser Site zugrunde liegt, ist nämlich sehr clever: Weinfreunde schauen hier vorbei, um Weingüter ausfindig zu machen, bei denen man direkt bestellen kann; Links führen die Besucher dann auf die Homepages der Winzer. Doch wie gesagt: Noch wird von diesem Angebot kaum Gebrauch gemacht, deshalb sollte man von Zeit zu Zeit wieder vorbeischauen, um in Erfahrung zu bringen, ob sich mittlerweile etwas getan hat.

Weingut & Weinrestaurant Dohlmühle

http://www.dohlmuehle.de

Das Weingut und Weinrestaurant Dohlmühle stellt sich in Wort und Bild vor. Schauen Sie, was die Winzer aus Flonheim für Sie eingekellert haben. Im Gewölbe können Sie nicht nur den einen oder anderen guten Tropfen für sich entdecken, sondern auch das Rezept des Monats in Erfahrung bringen. Dazu wird – wie es sich für ein Weingut gehört – der passende Wein empfohlen. Sie können natürlich auch einen Blick in die Vinothek werfen. Dort gibt es Essig und Öl, diverse Präsente und Spirituosen zum Selbstzapfen. Falls Sie sich zuvor einen Testschluck genehmigen wollen, sollten Sie sich im Online-Shop umsehen. Bei der reichhaltigen Auswahl ist sicher auch für Sie etwas dabei.

Weingut Louis Guntrum

http://www.guntrum.com

Auf dem Weingut Louis Guntrum wird schon seit 1648 Wein angebaut. Dank der langen Weinbautradition verfügt man auf dem rheinhessischen Gut über ein großes Maß an Erfahrung, und das zeigt sich vor allem bei den Besonderheiten wie zum Beispiel dem 96er Silvaner Eiswein. Neben Rot- und Weißweinen produziert das Gut auch Sektspezialitäten, die Sie dank des bequemen Warenkorb-Systems schon bald Ihr Eigen nennen können.

Freiherr Heyl zu Herrnsheim

http://www.heyl-zu-herrnsheim.de

Die Weine des Gutes Freiherr Heyl zu Herrnsheim werden mit Prädikaten wie Eleganz, Tiefe, Komplexität und Balance gelobt. Nachdem Sie sich mit Philosophie und Geschichte des Weingutes auseinandergesetzt haben, sollten Sie deshalb nachlesen, was man hier für Sie bereithält. ARCADIA, der Wein für Terrasse, Garten und Bistro, wird besonders empfohlen. Freiherr Heyl zu Herrnsheim hat aber nicht nur so manchen guten Tropfen im Angebot, sondern auch interessante Veranstaltungen – von der Messe in h-Moll über die „Große Gutsprobe" und die sogenannte „Adventskost" bis hin zu einem exklusiven Kochkurs im kleinen Kreise.

Weingut-Weinkellerei Kessler-Zink

http://www.kessler-zink.de

Das Grauen jeder nicht weinversierten Hausfrau: Welcher Wein passt zu „Brunnenkressensalat mit zarter Entenbrust aus dem Rauch in Distelöl-Orangenvinaigrette"? Das Weingut Kessler-Zink verrät nicht nur jeden Monat ein vielversprechendes Rezept, sondern berät auch in Sachen passender Wein. Die hier empfohlenen „Weine, Sekte und Spirituosen" können Sie selbstverständlich bestellen, um Ihr Menü damit zu bereichern. Auch Freunde geselliger Stunden kommen auf ihre Kosten, denn auf diesen Seiten erfahren Sie, wann die nächsten Weinfeste stattfinden.

Weingut Karthäuserhof und Weingut A. Jamin

http://www.midnet.de/karthause

Die Herren Meier und Meier haben sich zusammengetan, um Ihnen etwas Besonderes zu bieten: sie offerieren über diese Seiten die auf dem Karthäuserhof sowie die auf dem Weingut A. Jamin angebauten Weine. In der gut gefüllten Weinliste finden Sie Riesling, Silvaner, Müller-Thurgau, Grau- und Weißburgunder. Alles Wissenswerte rund um diese Rebsorten einschließlich der verwendeten „Technik im Weinbau" verraten die entsprechenden Rubriken. Ergänzt wird das Angebot mit Informationen darüber, wann Weinfeste in der Nähe der beiden Weingüter stattfinden.

Rheinhessen Weine

http://www.rheinhessenwein.de

Im Dreieck zwischen Mainz, Worms und Bingen liegt die Weinregion Rheinhessen. Dort werden nicht nur klassische Rebsorten angebaut, sondern auch neue – wie Kerner oder Scheurebe – gezüchtet. Diese passen hervorragend zur rheinhessischen Küche. Ein guter Grund, das Webangebot durch einige kulinarische Höhepunkte zu ergänzen. Natürlich gibt es hier nicht nur etwas zu sehen, Sie können den Wein Ihrer Wahl auch bestellen – und das passende Werkzeug wie Kellnermesser und Korkenzieher gleich dazu.

Rhein-Wein-Edition

http://www.rhein-wein-edition.de

Ob die Liebfrauenmilch ähnlich schmeckt und wirkt wie ein Schluck aus dem Krötenbrummen, sei an dieser Stelle Ihrem persönlichen Empfinden überlassen. In den Genuss dieser beiden Spezialitäten, die der neugierige Gaumen kosten möchte, kommen Sie durch eine Online-Bestellung oder einen Besuch des Herzens von Rheinhessen. Dort, wo nur beste Trauben die Fässer bevölkern, wartet man schon auf Genießer wie Sie.

Weingut Singer-Fischer

http://www.singer-fischer.com

Leicht und elegant: Wie die Weine des Hauses kommt auch die Präsentation des Weingutes Singer-Fischer daher. Interessieren Sie sich für die Rot- und Weißweine, die Schoppenweine oder den Winzersekt? Oder haben Sie Lust, Ihren nächsten Urlaub in Rheinhessen zu verbringen? Familie Singer-Fischer bedient diese Wünsche in hervorragender Weise. Damit Sie sich ein Bild von Landschaft und Gut machen können, haben die Winzer eine Dia-Show bereitgestellt, die die Umgebung ins rechte Licht rückt. Einen Vorgeschmack auf die Weine bekommen Sie, indem Sie das offerierte Probepaket bestellen.

Südlicher Wonnegau

http://www.suedl-wonnegau.de

Der südliche Wonnegau, das Land der Trulli, lädt Sie zu einem Streifzug ein. Trulli? Richtig, der Plural von Trullo werden Sie jetzt sagen – oder auch nicht. Was sich hinter dieser Bezeichnung verbirgt, bringen Sie am besten selbst in Erfahrung. Nur so viel sei schon verraten: Es hat mit Wein zu tun. Um Wein geht es auch im Weiteren. Einige der Winzer und Weingüter, die auf dieser Seite genannt werden, verfügen schon über eine eigene Homepage, die Mehrzahl jedoch nicht. Wenn Sie sich für ihre Produkte interessieren, können Sie sich per Telefon oder per Fax mit ihnen in Verbindung setzen.

Weingut Sander

http://www.umwelt.de/einkauf/sander

Das auf tiefgründigem Lössboden betriebene Weingut Sander in Meckenheim ist das älteste nach ökologischen Gesichtspunkten bewirtschaftete Weingut Deutschlands. Aus den dort wachsenden Reben wird ein besonders bekömmlicher Wein gepresst, der frei von Schadstoffen ist. Im Webangebot der Sanders finden Sie eine Auswahl der von ihnen produzierten Weine, die ausführliche Gesamtpreisliste können Sie per E-Mail anfordern. Einen kleinen Vorgeschmack auf kommende Genüsse verspricht das Probierpaket, das man auf diesen Seiten ordern kann.

Weingut Villa Bäder

http://www.villabaeder.de

Wenn Sie lesen, dass die tiefstehende Sonne die sanften Hügel in ein mildes Licht taucht und der Landschaft ihre typische Färbung gibt, dann sind Sie nicht in der Toskana, sondern in der rheinhessischen Schweiz im Herzen Rheinhessens. Da fühlten sich die alten Römer natürlich gleich heimisch und haben ihre mitgebrachten Gewächse angebaut. Das Weingut Villa Bäder tut es ihnen gleich und veredelt 250.000 Reben pro Jahr – da fällt garantiert auch für Sie ein Pflänzchen ab (die kann man nämlich kaufen, um seinen eigenen Weinberg damit zu bestücken). Wenn Sie allerdings die Arbeit scheuen, dann bestellen sie am besten gleich das fertige Produkt: trockene oder halbtrockene Weiß- und Rotweine, Sekte und Brände zu akzeptablen Preisen.

Weingut Boller-Klonek

http://www.weingut-boller-klonek.de

Das Weingut Boller-Klonek offeriert Ihnen Huxel-, Faber- und Scheurebe, Riesling, Dornfelder und Silvaner sowie weitere Rebsorten in flüssiger Form. Wenn Ihnen diese Namen nicht allzu viel sagen, sind Sie nicht allein. Die Weinbauern aus Stadecken-Elsheim tragen dem Rechnung, indem Sie zu jedem der im Shop angebotenen Weine angeben, zu welchem Anlass man den guten Tropfen verkosten sollte. Die Vorstellung der Sektmarke des Hauses rundet die Webpräsentation des Weingutes Boller-Klonek ab.

Weingut Kissinger

http://www.weingut-kissinger.de

Eine reichhaltige Auswahl an guten Weinen und ein großes Angebot an Geschenkideen rund um den Wein bietet Ihnen das Weingut Kissinger in Wallertheim. Aus den verschiedenen Weinlisten können Sie hier das Gewünschte auswählen – Grau- und Weißburgunder, Riesling oder Trockenbeerenauslese... Wählen Sie, wonach auch immer Ihnen gerade ist, am besten gleich mehrere verschiedene Weine, dann können Sie sie in Ruhe testen. Das komplette Weinprogramm erhalten Sie auf Anfrage.

Weingut Michel

http://www.weingut-michel.de

Eine kurze und knappe Beschreibung für ein ebensolches Angebot: Dieter Michel verkauft über diese Seiten Weine eigener Herstellung sowie den Sekt der Erzeugergemeinschaft Winzersekt Sprendlingen. Das war's. Keine Informationen. Keine Extras.

Weingut Stauffer

http://www.weingutstauffer.de

Die urige Kreuzgewölbeweinstube der Ihnen auf der Startseite frohgelaunt zuprostenden Winzerfamilie Stauffer ist über 250 Jahre alt – da lässt es sich gut feiern und den Gutswein

kosten. Sie haben die Qual der Wahl zwischen verschiedenen Rot- und Weißweinen, prickeln-
dem Winzersekt, feurigen Destillaten, frischem Traubensaft und verlockendem Weingelee.
Damit es nicht ganz so schwer wird, bietet Ihnen Familie Stauffer ein Probierset an, für das
verschiedene leckere Weine des Gutes zusammengestellt wurden. Sie können den Wein aber
auch auf einem der Weinfeste probieren, die im Veranstaltungskalender aufgeführt sind.

Saale-Unstrut

Naturpark Saale-Unstrut

http://www.naturpark-saale-unstrut.de

Der Naturpark Saale-Unstrut ist das nördlichste Weinanbaugebiet Deutschlands. Natürlich
hat die Region noch einiges mehr zu bieten, und dazu gehören nicht zuletzt die vielen his-
torischen Sehenswürdigkeiten, von denen auf der Website einige vorgestellt werden. Wer
dem Naturpark einen Besuch abstatten möchte, kann sich außerdem über die Möglich-
keiten vor Ort informieren.

Werderaner Wachtelberg

http://www.wachtelberg.de

Die delikaten Eier, die jeden Kulinarius ins Schwärmen bringen, gibt es hier nicht, dafür
aber Weine, die vielleicht ähnliche Gefühlsregungen hervorrufen. Sie sind trocken, aber „mit
angenehmer Milde und erfrischendem Bukett", erhältlich in rot oder weiß. Neben den
Weinen steht die Historie des Weinbaus in der Mark Brandenburg im Vordergrund. Aus
ihr geht hervor, warum auf dem Werderaner Wachtelberg nach hundertjähriger Unter-
brechung wieder Wein kultiviert wird.

Sachsen

Sächsischer Wein

http://www.saechsischer-wein.de

Im Elbtal beträgt die mittlere Jahrestemperatur gerade mal 10 Grad. Daher können dort aus-
schließlich solche Rebensorten gepflanzt werden, die früh heranreifen. Hinzu kommt, dass
die Weinberge in den Steil- und Terrassenlagen nur schwer zu bewirtschaften sind. Fazit: Die
Weine aus Sachsen sind echte Raritäten. Wenn man bedenkt, dass von dem eher beschei-
denen Ertrag nur 5% außerhalb der Region verkauft werden, stellt diese Seite mit ihrem
Online-Verkaufsangebot eine echte Chance dar, den sächsischen Wein kennen zu lernen.

Weingut Vincenz Richter

http://www.vincenz-richter.de

Das Weingut Vincenz Richter hat rund um die Uhr für Sie geöffnet. Auch wenn der Winzer
selig schlummert, können Sie in seinen Weinkeller schauen – online natürlich! Damit Ihnen
zu so später Stunde nicht langweilig wird, hat der Webmaster interessante Informationen
über das Weingut, das angeschlossene Restaurant und natürlich den dort kredenzten Wein
zusammengestellt. Zu jedem Bereich gibt es eine kleine Fotogalerie, damit Sie sich wie vor
Ort fühlen. Und wenn Sie nach dem virtuellen Erkundungsgang einen Müller-Thurgau aus
dem Meissner Spaargebirge, einen Meissner Kapitelberg oder einen Rieslingssekt probieren
wollen, dann können Sie ihn natürlich bestellen – selbstverständlich auch online.

Weinbauverband Sachsen

http://www.weinbauverband-sachsen.de

Seit mehr als 800 Jahren wird im Nordosten Deutschlands ein Wein angebaut, der „klassisch, sächsisch, trocken" überzeugt. Der Weinbauverband Sachsen präsentiert seine Mitgliedsbetriebe, die an diesem Erfolg maßgeblich beteiligt sind, informiert aber auch über die Geschichte des Weinanbaus seiner Heimat. Dazu gibt es die Termine zu einer Vielzahl von Weinproben, bei denen man feststellen kann, ob die Weine aus Sachsen halten, was hier vollmundig versprochen wird.

Württemberg

Weingut Birkert

http://members.tripod.de/WeingutBirkert

Das Weingut Birkert versorgt seine (virtuellen) Gäste nicht nur mit Wein, sondern auch mit einer guten Portion Service. Dazu gehören die ausführliche Präsentation des Weingutes, die Einladung zur Einkehr in die Besenwirtschaft, wichtige Weininformationen und nicht zuletzt ein ausgeklügeltes Shop-System, das die offerierten Weine innerhalb kürzester Zeit vom Monitor in die eigenen vier Wände befördert. Ein nettes Extra am Rande: Das Weingut Birkert hat einen SMS-Service auf seinen Seiten installiert, der es ermöglicht, die beliebten Handy-Kurznachrichten kostenlos zu verschicken.

Weingut Sonnenhof

http://www.gewnet.de/sonnenhof

„Große Weine aus kleinen Fässern" – so lautet das Motto einer Winzergruppe, die Kennern längst ein Begriff ist und zu denen auch die Spezialisten vom Weingut Sonnenhof gehören. Der Hof kann auf eine Weinbautradition zurückblicken, die bis ins Jahr 1522 zurückreicht. Erfahren Sie auf diesen Seiten, wie das Weingut einst entstand und welche Tradition und Philosophie seine Eigentümer bis heute verfolgen. Unter dem Link „Angebote" finden Sie klassische Rot- und Weißweine sowie Probierpakete, die Sie online ordern können. Auch für ein besonderes und stilvolles Geschenk haben die Winzer einen Vorschlag: Unter „Präsente" entscheiden Sie, ob das köstliche Tröpfchen in einem schlicht gestalteten Geschenkkarton oder in einer edlen Holzkiste versandt wird, denn „ein guter Wein gehört in ein ansprechendes Kleid".

Weingut des Hauses Württemberg

http://www.hofkammer.de

Seit dem 17. Jahrhundert besteht die Hofkammerkellerei des Hauses Württemberg. Die kleine, aber feine Website zum Gut stellt mit wenigen Worten die Geschichte des Hauses sowie die der Weinbautradition vor. In der „Weinliste" überzeugen die Erzeugnisse der württembergischen Hofkammer.

Staatsweingut Weinsberg

http://www.landwirtschaft-mlr.baden-wuerttemberg.de/la/lvwo/staatsweingut/weingut.htm

Die Staatliche Lehr- und Versuchsanstalt für Wein- und Obstbau Weinsberg ist eine der ältesten Weinbau-Schulen Deutschlands. So ehrwürdig diese Einrichtung damit auch ist, so innovativ zeigt sie sich im Internet. Neu sind auch die Räumlichkeiten, die das Staatsweingut bezogen hat und in der geballtes Weinwissen vermittelt wird. Die Arbeit der Lehr- und Versuchsanstalt dient aber nicht allein der Weiterbildung, hier darf natürlich auch ver-

kostet werden. Außer Wein werden Himbeeressig, Traubenkernöl, Sauerkirschlikör und Weingelee hergestellt. Gesammelte Weinlyrik rundet das Angebot ab.

Schlosskellerei Affaltrach
http://www.schlossaffaltrach.de

Mit Wein und Sekt der Spitzenklasse wirbt die Schlosskellerei Affaltrach um Ihre Gunst. Bei einem Klick auf die Kelterprodukte erfahren Sie von zahlreichen Auszeichnungen und Würdigungen, die der Schlosskellerei seit 1973 durch das Weinmagazin VINUM und den Förderverein PRO RIESLING zuteil wurden. Die Seiten ermöglichen Ihnen einen virtuellen Streifzug durch die Geschichte von Schloss Affaltrach und überlassen es Ihnen, die Kontaktanschrift, Telefonnummer und E-Mail-Adresse auf der Homepage für eine Anfrage zu nutzen.

Winzergenossenschaft Löwenstein
http://www.wein-aus-loewenstein.de

„Leo – der Wein für alle Fälle – Leicht, elegant, originell." So jedenfalls steht es in den Webseiten der Winzergenossenschaft Löwenstein. Was die aus über 200 Mitgliedern bestehende und mit dem Bundesehrenpreis in Gold ausgezeichnete Genossenschaft außer dem unkomplizierten Leo sonst noch im Angebot hat, können Sie hier nachlesen. Und wenn Sie sich danach spontan zu einer Weinverköstigung im geselligen Kreise entschließen, dann dürfen Sie eine E-Mail schicken – die Winzergenossenschaft lässt ihren Leo für 15 bis 60 Personen von der Kette. Wohl bekomm's!

Wein und die „Weinmacher" im Internet
http://www.weingut.de

Die „Weinmacher" sind bisher nur Armin Zimmerle und Jochen Mayer. Doch das ist nur der Anfang. Das Ingenieur-Büro Jochen Mayer bietet über diese Seiten auch anderen Weingutbesitzern eine Internetpräsenz an. Außerdem können Sie auf dieser Webpage erfahren,

Homepage Winzergenossenschaft Löwenstein

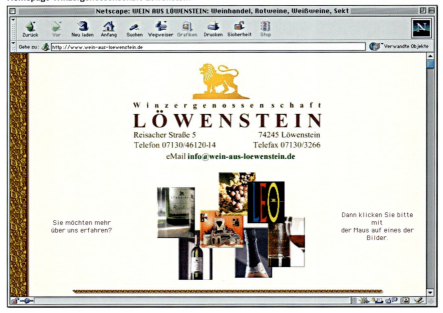

wie ein Weinberg angelegt wird. Wer es vorzieht, sich mit anderen über Weinbau zu unterhalten, wird im Forum fündig. Dort sind bereits zahlreiche Beiträge vorhanden.

Wein aus Hohenlohe
http://www.weinkellerei-hohenlohe.de

Seit 1950 arbeiten die Winzer der Weinlandschaft Hohenlohe Hand in Hand, um so „ihre Weine in einer gemeinschaftlichen Kellerei auszubauen und zentral zu verkaufen." Das hat natürlich auch Vorteile für den Endverbraucher, der auf diesen Seiten die Produkte verschiedener Weingüter, die der Genossenschaft angehören, sichten kann. Ein Klick auf die Landkarte verrät überdies, seit wann der Wein in den einzelnen Ortschaften Tradition hat und welche Besonderheiten die einzelnen Städte auszeichnen. Für ein erstes Kennen lernen eignen sich die zahlreichen Veranstaltungen, die in der Rubrik „Aktuelles" aufgeführt sind, vortrefflich.

Weingärtner Willsbach
http://www.wgwillsbach.com

Im schwäbischen Unterland baut man schon seit dem 11. Jahrhundert Wein an. Natürlich hat sich in Bezug auf die Herstellungstechnik mittlerweile einiges getan, doch noch immer ist die Arbeit des Menschen unersetzlich. So werden die Pflanzen vom Winzer gehegt und gepflegt, bis der Kellermeister dem aus ihnen gewonnen Saft den letzten Schliff verleiht. In Willsbach entstehen auf diese Weise Qualitätsweine mit und ohne Prädikat, die Exklusiv-Serie sowie die „Young Line" – und die sind trotz des hohen Aufwandes durchaus erschwinglich.

Weinland Württemberg
http://www.wwg.de

Ein Gläschen Wein macht aus jedem gemütlichen Beisammensein etwas Besonderes. Auch wenn man bereits eine Vorliebe für die guten Tropfen einer bestimmten Anbauregion entwickelt hat, sollte man sich neuen Offerten nicht gänzlich verschließen. Das „Weinland Württemberg" präsentiert auf seinen weinhaltigen Seiten die ganze Vielfalt des fünftgrößten Anbaugebiets Deutschlands, und die reicht von den Weinen selbst über die Weinbauern bis hin zu Tipps rund um die guten Tropfen.

Weingut Zipf
http://www.zipf.com

Biologische Schädlingsbekämpfung, intensive Stockpflege auch im Sommer, mineralische Düngung nach vorheriger Bodenuntersuchung, biologischer Säureabbau und Verzicht auf Erhitzen der Rotweinmaische: Das Weingut Zipf weiß, was es seinen Kunden schuldig ist. Wer so sorgfältig mit seinen Ressourcen umgeht, hat zwar mehr Arbeit als die Konkurrenz, dafür aber auch biologisch einwandfreien Wein. Und davon profitiert, wer hier bestellt. Die bekömmlichen Weine sind übrigens auch im Preis ganz hervorragend. Schauen Sie selbst!

X-Tras

Scharfe Schnitten: Butterbrot.de
http://www.butterbrot.de

Eine Initiative der besonderen Art: Butterbrot.de weist auf einen Verdrängungskrieg hin, der unter den Augen der Öffentlichkeit abläuft, aber kaum wahrgenommen wird. Die Rede ist vom schamlosen Vormarsch der Brötchen, Baguettes und Sandwiches, gegenüber denen das gute alte Butterbrot keine Schnitte mehr bekommt. Doch die Initiatoren der Site wollen sich nicht so einfach die Butter vom Brot nehmen lassen und fordern die Webgemeinschaft auf, sich in puncto Engagement eine Scheibe abzuschneiden. Die Homepage zeigt, dass es sich dabei nicht um brotlose Kunst handelt: „Scharfe Schnitten" in der Fotogalerie, Erfahrungsberichte junger Adoptiveltern im „Butterbrot-Report", „Ein Heim für Butterbrote", die ein Zuhause suchen und jede Menge News für alle, die in Lohn und Brot stehen – und sich nicht unterbuttern lassen wollen.

FoodLexx Cologne – Archiv für Foodfotografie & Internet-Food-Lexikon
http://www.foodlexx.de

Hier gibt es auch im tiefsten Winter frische Erdbeer- und Bananenfotos zu ernten. Herrliche Illustrationen und interessante Informationen über Herkunft, Geschichte und Nutzung verschiedenster Nahrungsmittel werden schmackhaft serviert und wecken das unwiderstehliche Verlangen, in den Monitor zu beißen. Ob delikate Desserts oder knusprige Hähnchenschenkel, die „Köche" dieser kulinarischen Online-Expedition scheinen echte Genießer zu sein und zelebrieren das Essen mit einer wahrlich kulinarischen Bilderflut. Ein Augenschmaus sondergleichen!

Warum in der Werbung nur weibliche Gummibärchen existieren: Gummibären-Forschung
http://www.gummibaeren-forschung.de

Endlich widmet sich die Wissenschaft einem Thema, das der Menschheit wirklich unter den Nägeln brennt. Wetten, dass nicht einmal der blondgelockte Fernsehmoderator ahnt, welch hochentwickelte Spezies er so ganz nebenbei in sich hineinstopft? Die Gummibären-Forschung leistet längst überfällige Aufklärung. Im Mittelpunkt stehen psychologische Studien rund um die kleinen, klebrigen Tütenbewohner. Neben einer Analyse von Gummibärenträumen, ihren sexuellen Phantasien und komplexen Problemlösungsstrategien wird auch das Sozialverhalten der bunten Fruchtgummis unter Einfluss der Tütenzugehörigkeit untersucht. Um den Aufsatz „Implizites Gedächtnis bei Gummibärchen" hat sich eine regelrechte Forschungskontroverse entwickelt. Aber auch andere Disziplinen haben das Thema aufgegriffen, so die Biologie („Populationsentwicklung und Vermehrungsbiologie bei Gummibären"; „Neuere Forschungen zur Klasse Elasto-ursina"), die Medizin („Epilepsie und EEG bei Ursus elasticus vulgaris") sowie die Literatur- („Meilensteine der Gummidichtung") und die Sprachwissenschaft („Und sie kommunizieren doch: Sprachliche Varietäten bei Gummibären"). Ein erstes Fazit der bisherigen Untersuchungen findet man unter „Die ersten zwanzig Jahre: Eine selektive Zusammenfassung ausgewählter Befunde der Gummibärchenforschung". Zudem gibt es weiterführende Links zu Literaturhinweisen, zur Gummibärchen-Befreiungsfront und – demokratisch wie man nun einmal ist – zur Kritik an der Gummibärchen-Forschung.

Nudelsuppen.de – Der Geschmackskompass
http://www.nudelsuppen.de

Nudeln und Suppe – eine unnachahmliche Kombination. Das dachten wohl auch die Nu-

delsuppen-Fans, die Ihrer Leib- und Magenspeise eine eigene Internetseite verschafft haben. In der Testküche der Suppenkasper wurden „streng unwissenschaftlich" und „rein subjektiv" Tüten der Qualitätsstufen „standards", „billig", „exotisch" und „suppig" getestet – und natürlich beurteilt. „Grottig, grausam, ungenießbar. Wer so etwas herstellt, muss wirklich skrupellos sein", warnen die Tütensuppler vor den „Bad 5", Lobeshymnen hingegen lassen sie den „Top 5" angedeihen. Wer den „Geschmackskompass" aufmerksam verfolgt, weiß für den nächsten Einkauf, bei welchen Warenregalen das Verweilen lohnt und bei welchen man sein Heil in der Flucht suchen sollte. Nichts wie „ab in die Supp-Kultur"!

Erste deutsche Mitesszentrale
http://www.schlemmerboerse.de

„Eat and see" heißt das Motte der Schlemmerbörse, die schon seit über einer Dekade Schlemmerteams aus ganz Deutschland an einen Tisch setzt. Wer nicht gern allein speist, bekommt hier die Möglichkeit – gegen eine kleine Vermittlungsgebühr – Gleichgesinnte zu finden. Flugs einen Schlemmerauftrag mit persönlichen kulinarischen Vorlieben ausgefüllt, wird es sicherlich nicht mehr allzu lange dauern, bis man mit einem neuen Tischnachbarn einen netten kulinarischen Abend verbringen kann. Hier bekommt der Mitesser eine völlig neue Bedeutung!

Weinfeste Online
http://www.weinfeste-online.de

Weinfreunde werden sich über diese Seiten freuen: Online sind hier schon bald alle Wein- und Winzerfeste sowie Weinproben in Deutschland aufgelistet. Die Seiten befinden sich noch im Aufbau, dafür können Sie auf der Homepage bereits so manchen schönen Erholungsurlaub in den klassischen deutschen Weinanbaugebieten buchen. Egal, ob Sie eine Ferienwohnung oder den Aufenthalt in einem großen, romantischen Hotel bevorzugen, ob Sie zwischen den Weinverkostungen lieber wandern oder eine Fahrradtour unternehmen möchten – hier ist für jeden Geschmack etwas dabei.

Homepage Mitesszentrale

Impressum

Die Deutsche Bibliothek – CIP-Einheitsaufnahme

deutsche-internetadressen.de – Genuss & Kulinaria online/
hrsg. von Jörg Krichbaum und Christiane Kroll
[Bearb. von Christiane Kroll]. – 1. Auflage, Köln: Arcum Verlag, 2000
ISBN 3-930912-63-5
NE: Krichbaum, Jörg [Hrsg.]; Piskar, Petra [Ill.]

1. Auflage
© 2000 Edition Arcum
im Arcum Verlag, Köln

Idee und Konzeption:
Jörg Krichbaum, Köln
Endredaktion: Christiane Kroll
Grafik: Petra Piskar, con-dere, Köln
Herstellung: Druckhaus Cramer, Greven
Gedruckt auf Primaset 150 gm^2.